KB244135

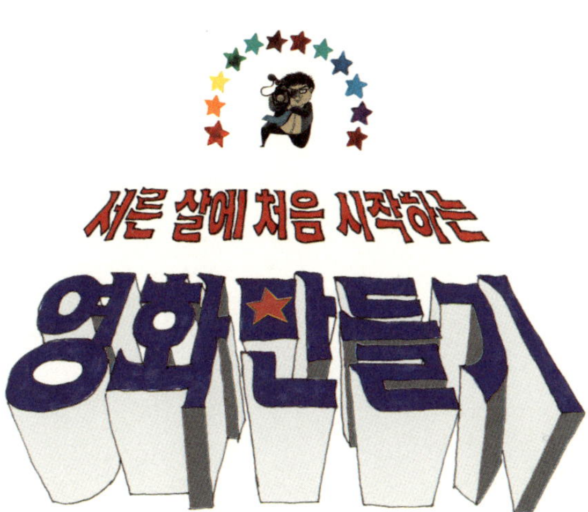

서른 살에 처음 시작하는

영화 만들기

백승기 지음

북하우스

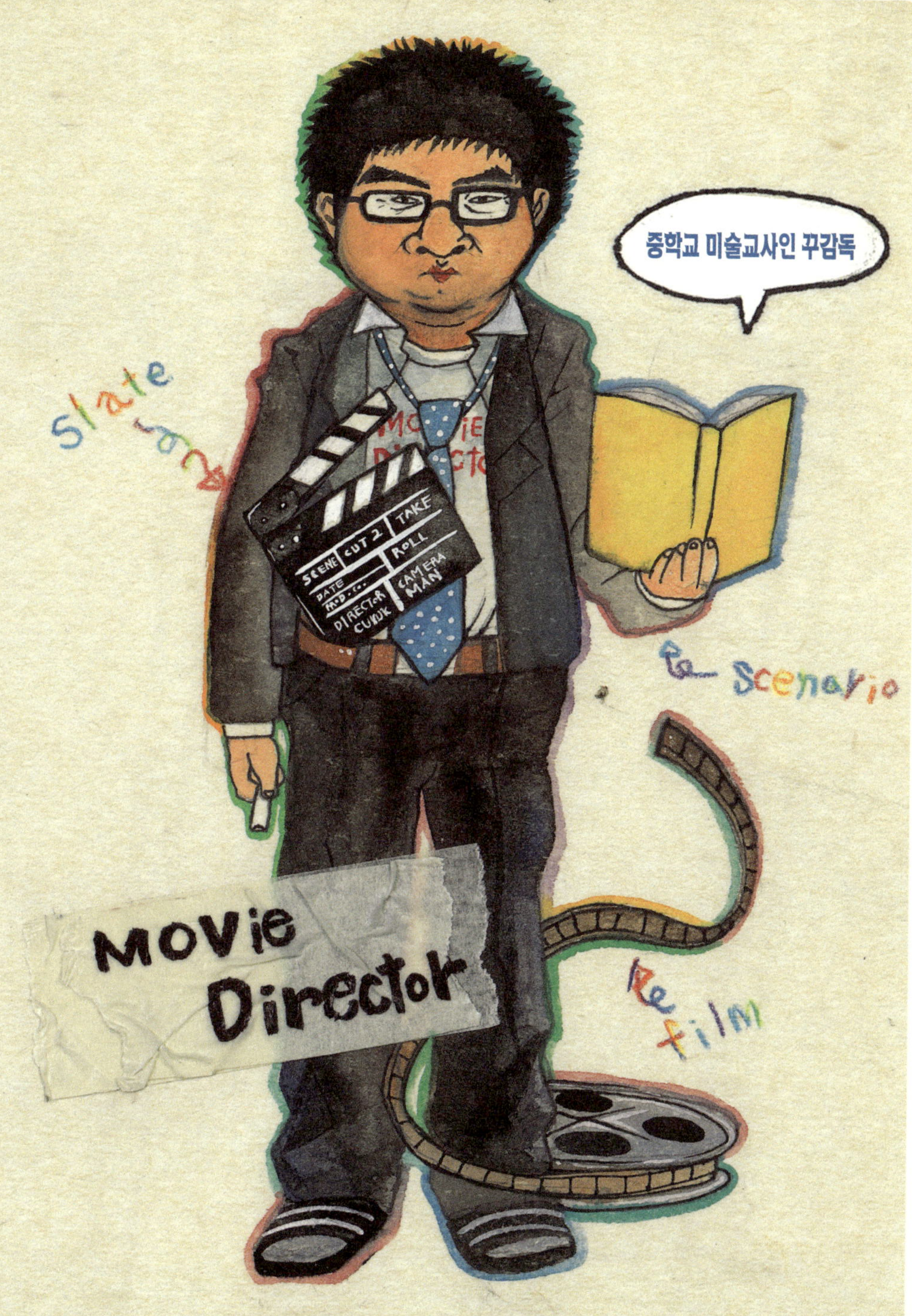
중학교 미술교사인 꾸감독
slate
scenario
film
MOVIE Director

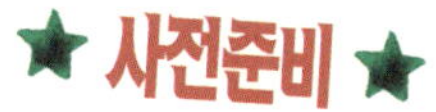

★ 사전준비 ★

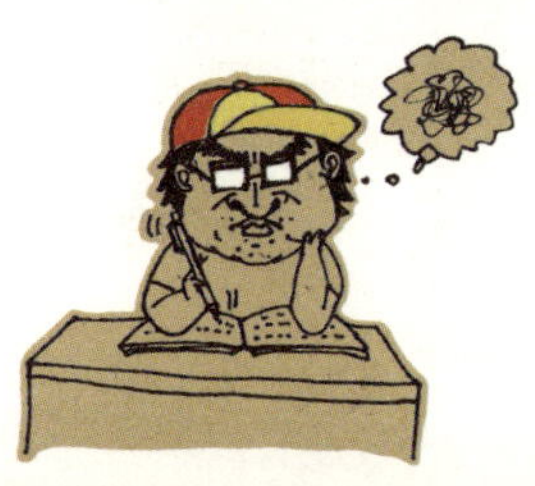

★ 편집 ★

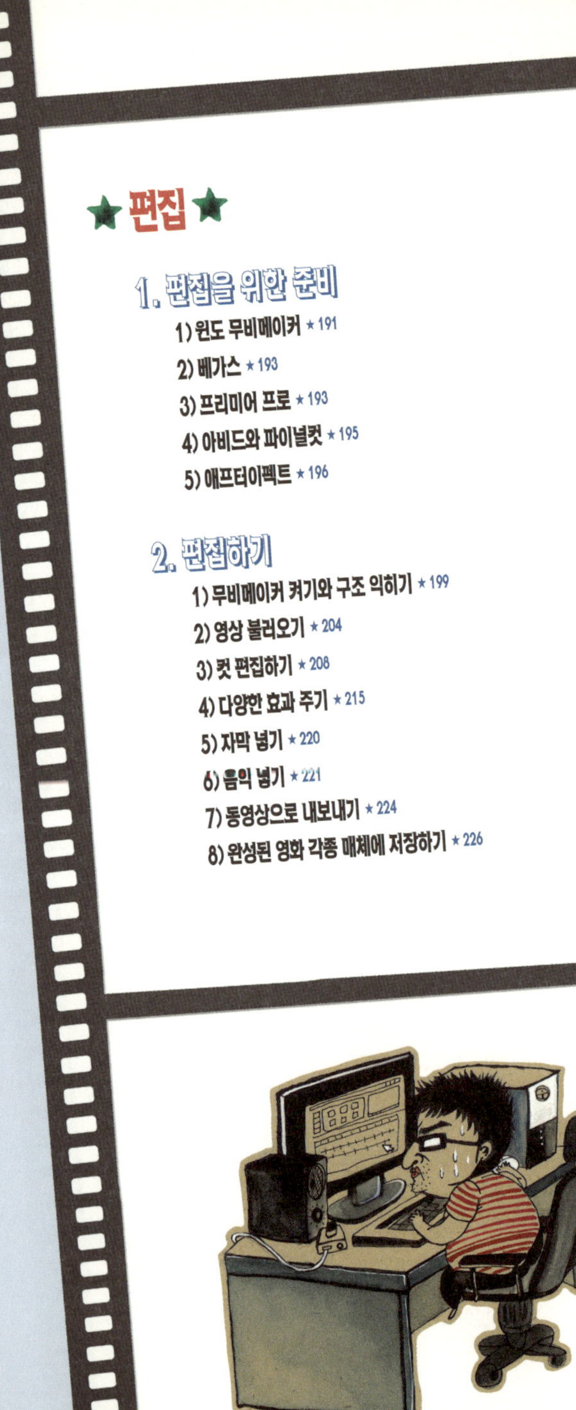

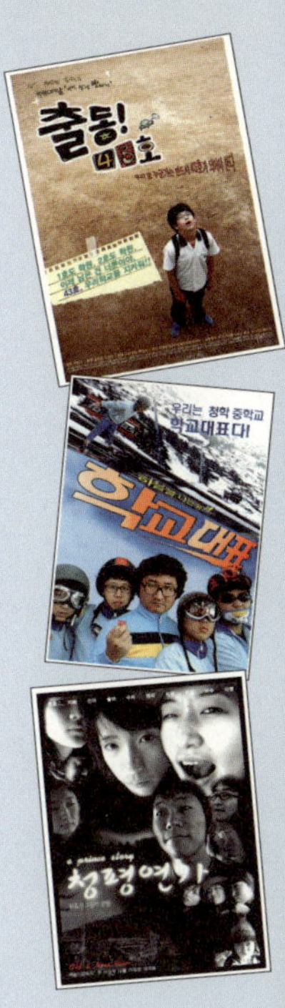

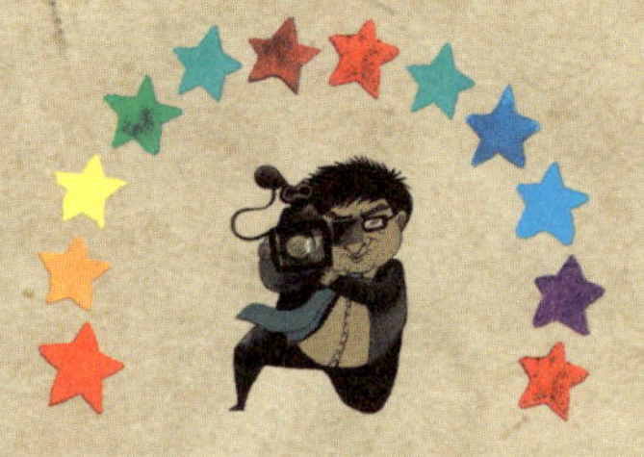

프롤로그

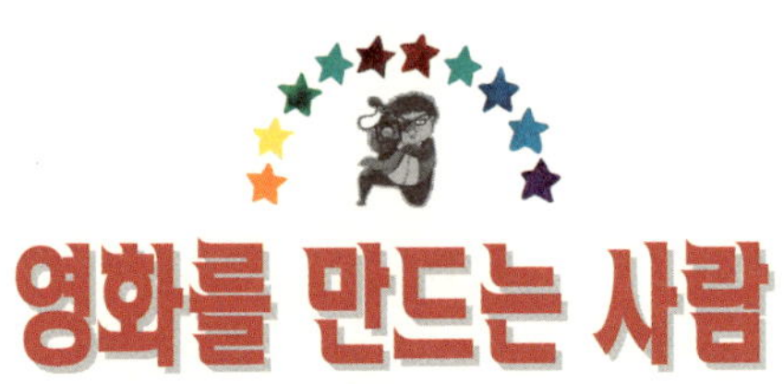

영화를 만드는 사람

나는 영화감독이다. 영화감독이란 영화를 만드는 사람을 말하고 나는 영화를 만든다. 고로 나는 영화감독인 것이다. 물론 내가 만든 영화가 CGV나 롯데시네마 같은 대형 극장에서 상영된 적은 없다. 아카데미나 칸 같은 국제영화제에서 초대를 받거나 수상을 한 적도 없다. 그럼에도 불구하고 나는 영화감독이다. 왜냐하면 이 세상에는 정말 다양한 영화가 존재하니까.

세상에는 다양한 사람이 있는 것처럼 정말 다양한 영화가 있다. 수백억원을 들여 만드는 영화가 있는가 하면 단돈 몇 천원으로 만드는 영화도 있고, 전세계 수많은 사람이 보는 영화가 있는가 하면 단 몇 사람만 보고 마는 영화도 있다. 마치 이런 사람도 저런 사람도 있지만 모두가 다 같은 '사람'인 것처럼 말이다.

분명한 건 돈을 많이 들였든 적게 들였든, 사람들이 많이 봤든 적게 봤든, 영화는 영화다!

물론 그런 영화들 사이엔 분명 차이가 존재한다. 진짜와 가짜, 좋은 것과 나쁜 것이 아닌 그저 차이. 많은 제작비를 들여 만든 영화는 화려한 볼거리를 전해주지만 적은 제작비를 들여 만든 작품은 소소함이 오히려 색다른 감동을 전해준다. 또한 크게 흥행한 작품은 그만큼 많은 사람들에게 웃음과 감동을 전해주지만 단 몇 사람만 본 작품이라도 관객들은 색다른 감동을 느끼기도 한다. 그 몇 사람만이 누린 감동은 그 영화를 보지 못한 수많은 사람들이 결코 누려보지 못한 소중하고 특별한 경험이기 때문이다.

이렇듯 세상엔 다양한 영화가 저마다의 가치를 지니고 존재한다. 나는 그중 어느 지점인가의 영화를 만들며 영화감독으로 살아가고 있다. 영화를 만드는 사람들에게는 영화를 만드는 저마다의 이유가 하나씩은 있을 것이다. 물론 나도 내가 영화를 만드는 데에 몇 가지 이유가 있다. 하지만 곰곰이 생각해보면 그중 내가 선택할 수 있는 가장 솔직한 대답은 단 한 가지인 것 같다.

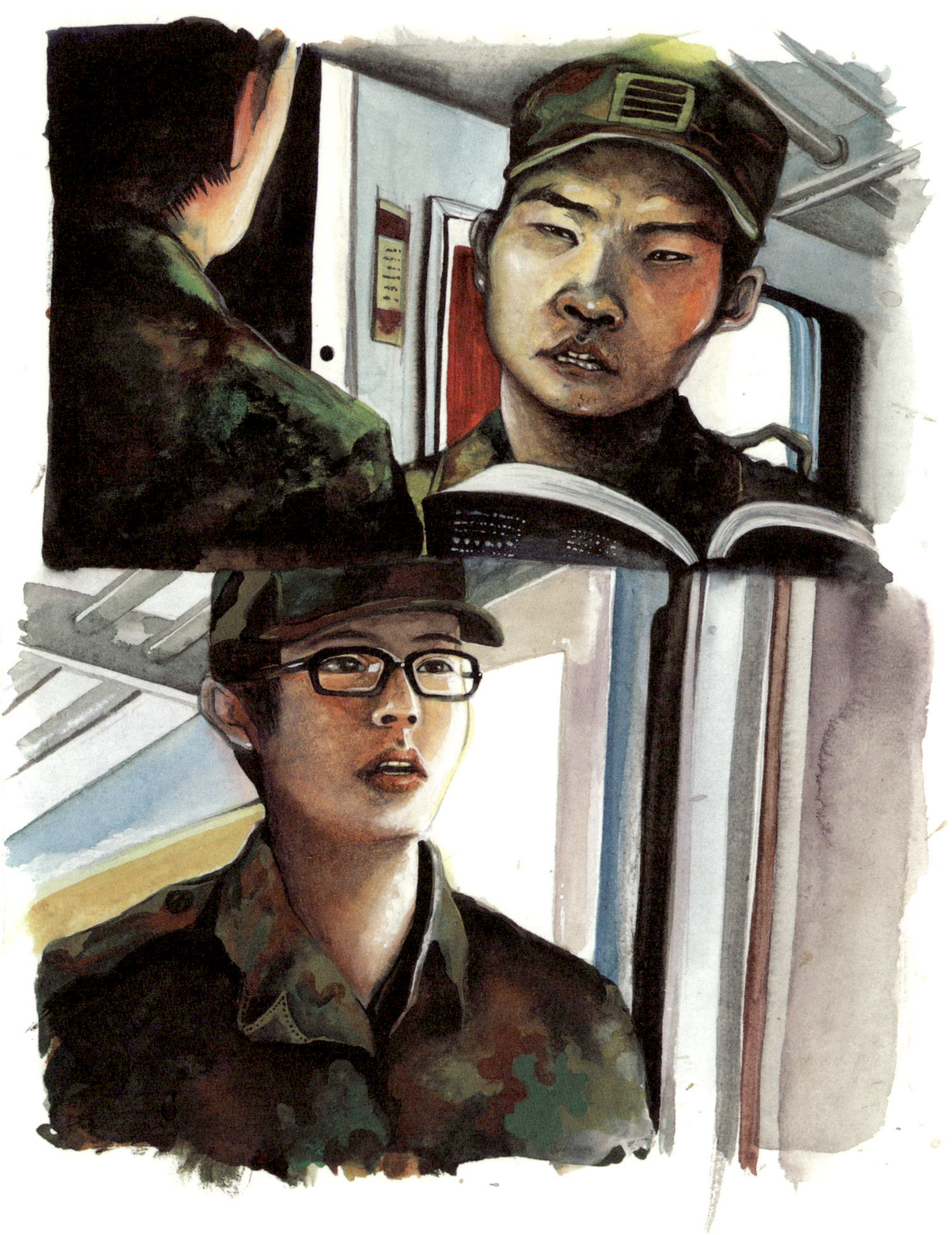

군대고참 : 자네는 꿈이 뭔가?

영재 : 네! 영화감독이지 말입니다.

군대고참 : 왜 영화가 하고 싶은데?

영재 : 그게 말입니다… 영화를 만들고 그러면 여자들이 좋아하지 않을까 해서 말입니다…

영화 〈은하해방전선〉 중

그렇다! 영화를 만드는 사람은 멋있다! 영화를 만들고 싶어하고, 결국 만들어내는 사람은 자신의 삶을 소중하게 생각하는 사람이다. 그런 사람은 한 번뿐인 인생이 무료하게 흘러가는 것 때문에 괴로워한다. 소중한 인생을 허비하지 않기 위해서 그들은 스스로에게 특별한 선물을 준다. 남들과 다른 짜릿하고 신나는 삶! 영화를 만드는 사람이 멋있는 이유는 영화를 만든다는 것이 아직은 아무나 할 수 있는 일이 아니라 특별한 일이기 때문이다. 당신이 그 특별한 일을 해낸다면 결국 멋있는 사람이 될 것이다.

왜냐하면 당신은 특별하니까.

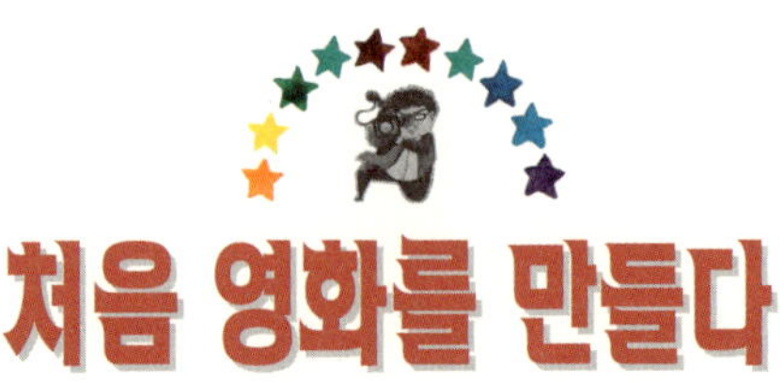

처음 영화를 만들다

군대를 막 제대하고 나서 친구들과 함께 청평으로 엠티를 갔다. 원래 엠티가 그러하듯이 잔뜩 준비해간 술과 고기 말고는 마땅한 놀거리가 없었다. 때마침 시간이나 좀 때울까 해서 다 같이 사진을 찍으러 나갔다가 내 디지털 카메라에 있는 동영상 촬영기능을 발견하고는 즉석에서 영화를 찍어보기로 마음을 먹었다.

그렇다! 나의 첫 영화가 탄생하는 순간이었다!

영화를 만들어보자는 말에 엠티에 참여했던 모든 인원들이 흔쾌히 승낙해주었다. 당연히 출연배우들은 함께 엠티에 동행한 동기와 후배 들이었고, 영화의 배경 역시 우리가 묵었던 청평의 어느 산장이었다.

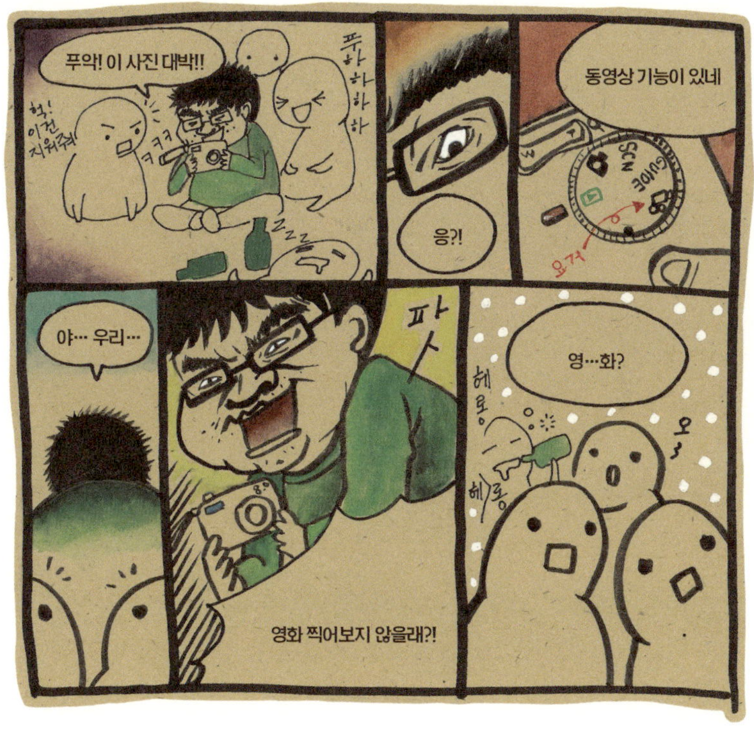

촬영을 하는 나를 제외하고 총 10명의 사람들이 있었다. 10명이
모두 등장할 수 있는 이야기가 뭘까 생각해보다가 〈백설공주와 일곱
난쟁이〉가 떠올랐다. 일단 주인공인 왕자와 공주 그리고 마녀를 제외
하면 나머지는 모두 일곱 난쟁이가 되면 그만이기 때문이었다. 전체
적인 이야기의 중심은 백설공주에 두되 그때그때 상황에 따라 즉석에
서 이야기를 만들어내기 시작했다. 이야기의 설정은 대략 이러하다.

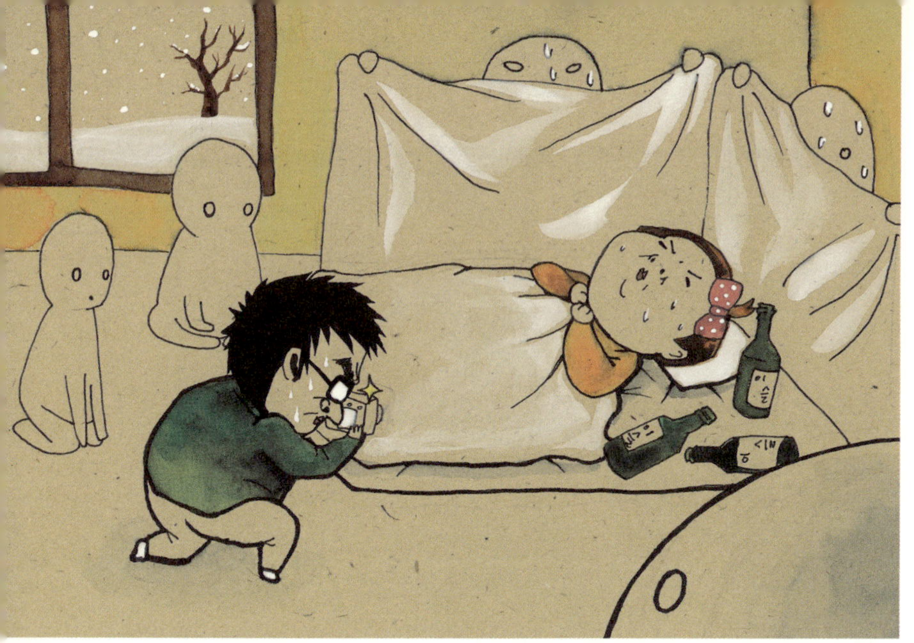

때는 2004년 겨울, 장소는 청평의 어느 산장, 왕자가 점술사인 왕꽃선녀님의 지시를 받고 이슬(참이슬) 먹고 잠든 공주를 깨우러 간다…

어랏! 그런데 이렇게 이야기 설정을 해놓고 보니까 원래 백설공주 이야기에는 등장하지 않는 '왕꽃선녀님'이 한 명 더 필요하다. 어쩌지? 뭘 어쩌나, 그냥 일곱 난쟁이에서 한 명 데려오면 된다. 고로 〈이슬공주와 여섯 난쟁이〉가 된 것이다!

뭐 대략 이런 식으로 쉽게, 그때그때 상황에 맞춰, 있는 인원 활용하고, 있는 소품 활용하고, 있는 지형지물을 활용하여 영화를 만들어내기 시작했다. 그때 처음 알았다. 영화라는 것이 얼마나 재미있는 작업인가를. 그동안 '보는 영화'에만 익숙해 있던 나는 '만드는 영화'의 매력과 재미를 처음 발견하고는 온몸으로 전율했다. 그런데 그런 느낌을 받은 사람이 비단 나만은 아니었던 것 같다. 촬영하고 연기하는 내내 모두들 너무 즐거워했다. 어릴 적에 마을 공터에서 동네 아이들과 놀던 때 이후로 이렇게 즐겁고 활동적인 놀이를 즐겨본 적이 있는가 싶었다. 미대를 다니면서 체험했던 그 어떤 문화적 활동보다도 짜릿했다. 순간 나는 '이거다!' 하는 생각이 들었다. 그랬다. 자칫하면 술만 밤새 마시다가 알코올에 절어 혼미한 상태로 여느 때와 마찬가지로 엠티를 맞이할 뻔했던 나와 친구들은 영화의 매력을 재발견한 덕분에 뭔가 특별한 추억을 남길 수 있었다. 나는 뭔가 대단한 것을 발견해낸 듯한 영감을 받았다.

엠티에서 돌아오는 내내 영화를 어떻게 완성해야 하나 또 어떤 영화가 나올까 하는 불안함과 설렘으로 들떠 있는 기분을 억누를 수가 없었다. 돌아오자마자 컴퓨터를 켜고 영화를 편집하는 방법을 찾아보기 시작했다. 어떤 장비들이 필요하며 또 어떤 프로그램이 필요한지 무엇이든 닥치는 대로 찾아보고 또 읽어보았다.

영상 편집에 대해 어디 가서 뭘 배워본 적도 없고 그렇다고 뭘 배워서 만들 만큼의 여유도 없을

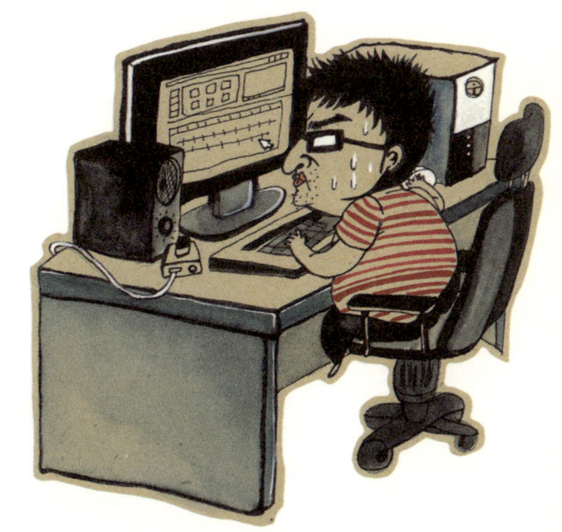

정도로 영화를 빨리 만들어내고 싶었기 때문에 일단 이것저것 하나씩 눌러보면서 툴을 익히기 시작했다. 어떻게 생각해보면 무척이나 어렵고 무식한 방법일지도 모르겠지만 내가 무엇인가를 누를 때마다 영상물이 하나하나 신기하게 변해가는 과정은 힘들기는커녕 흥미진진 그 자체였다.

결국 나는 밤을 꼬박 새워 독학으로 내 첫 영화를 만들어냈다. 그날 아침, 최종적으로 완성된 동영상 파일을 재생시키면서 직접 만든 영화를 처음으로 감상하는데, 그때의 기분이란 말로 다 설명할 수 없는 감동이었다. 내가 살아 있음을 새삼 느끼게 해주고 또 새삼 나 자신이 스스로 멋있어 보이기까지 했다.

영화! 영화란 것은 다 같이 함께 놀 수 있어 즐거웠다. 또 누구든지, 언제든지, 어디서든지, 무엇이든지 영화가 될 수 있을 것 같았다. 행복했다. 숨이 벅차오르고 그제야 비로소 내가 진정으로 하고 싶은 일을 찾은 기분이었다.

평범했던 직장인, 스파이가 되어 영화를 만들다

영화 〈거북이는 의외로 빨리 헤엄친다〉의 주인공은 평범한 가정주부인 스즈메다. 남편이 멀리 해외로 출장을 떠난 그녀가 하루 종일 하는 일이라고는 밥, 청소, 빨래 등 평범한 집안일과 남편이 애지중지 키우는 거북이에게 제때 먹이를 주는 일뿐이다. 그러다가 그녀는 조금씩 세상으로부터 소외되기 시작한다. 아무도 그녀에게 관심을 갖지 않으며 아무도 그녀의 존재를 특별하게 생각하지 않는다. 스즈메라는 개인이 아닌 그저 평범한 가정주부로만 세상을 살아가는 것이다. 그나마 그녀를 알아주는 건 이웃집의 개뿐이다. 평범해지다 못해 거의 '없는 사람' 취급을 당하던 그녀는 어느 날 길을 걷다가 문득, 자신의 존재에 대해서 생각하게 된다.

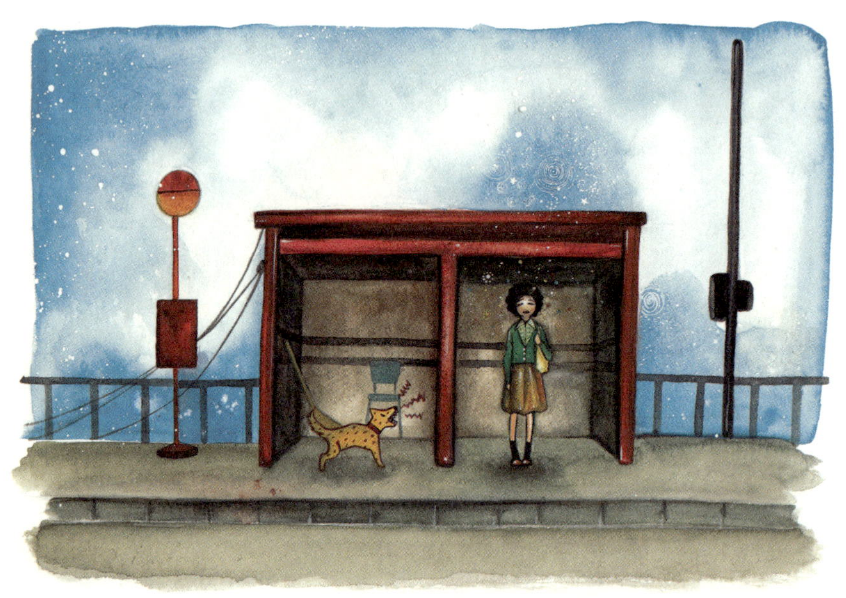

가끔 학교에서 정신없이 일을 마치고 집에 오는 길에 '이 길의 끝은 어디일까?'라는 생각을 할 때가 있었다. 아무래도 이런 생각을 하고 있는 것을 보면 아마도 내가 진정으로 원하는 끝의 모양이 학교에는 없는 것 같아서일지도 모르겠다.

그런데 일반 회사에 다니는 사람들은 오죽할까. 열심히 출근하고 또 시키는 대로 열심히 일을 하다보면 당신의 회사는 틀림없이 잘 돌아갈 것이다. 그러는 사이 당신은 몇 번의 칭찬과 보람, 그리고 한 달을 살아갈 수 있는 돈을 받게 될 것이다. 그러나 그 과정 안에, 당신은 없다. 회사를 성장시키고 또 다른 누군가에게 돈을 벌어다주는 대가로 인생의 대부분을 소비한다. 당신 회사 제품을 사용하는 그 누구도 당신의 이름을 기억해주지 않는다. 우리는 그렇게 생계를 위해서 자신의 존재를 끊임없이 희석시키면서 오늘도 열심히 하루를 살아가고 있다.

그렇다면 정말로 그냥 이렇게 사라져버리고 말 것인가?

이렇게 하루하루 버티다가 인생이 마감되면 혹은 갑자기 죽기라도 한다면 뭔가 억울한 생각이 들 것 같지 않은가?

특별한 인생이라는 것이 꼭 거창할 필요는 없다. 나를 위한다는 것 자체가 중요하니까 말이다. 나는 그런 자신을 위한 선물로 영화를 선택했다. 처음 영화를 하겠다고 했을 때 많은 사람들이 걱정과 우려를 했다.

"영화가 얼마나 힘든 줄 아냐?"

"영화과 출신도 아닌데 인맥도 없이 되겠냐?"

"충무로 같은 데 날고 기는 놈 쌓여 있는 건 아냐?"

물론 다 틀린 말은 아닐 것이다. 그래도 시작했다. 왜냐하면 진짜

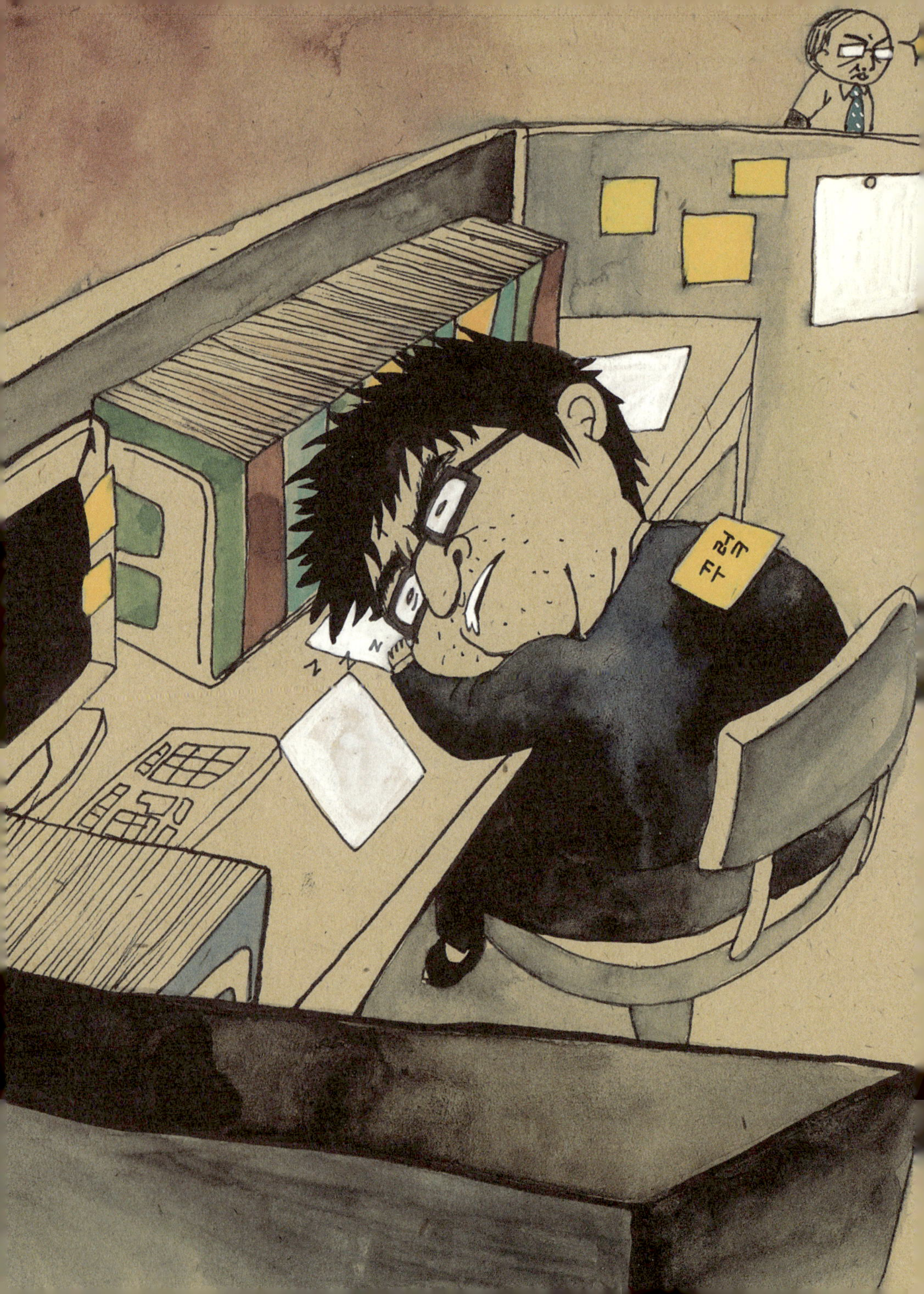

하고 싶었기 때문이다. 너무나도 하고 싶은 일이 있는데 힘들까봐서 아예 안 한다면 무슨 의미가 있을까? 하고 싶은 것을 하는 것이 그렇게 힘들단 말인가? 힘들게 될까봐서 하고 싶지 않지만 덜 힘든 일 하겠다는 뜻일까? 난 그럴 수 없었다. 진짜 너무너무 하고 싶었기 때문에. 그래서 했다.

가끔 주변 사람들 중에 무엇인가를 하고 싶다고 장황하게 이야기하면서 정작 행동으로는 옮기지 않는 사람들을 꽤 본 적이 있다. 난 그렇게 생각한다.

아… 어쩌면 그 사람, 그 일을 그토록 하고 싶은 것은 아니었나보다.

진짜 원하는 사람은 안 할 수가 없다. 그러면 사람들은 가정과 직장, 생계 등을 이야기한다. 그렇다. 가정도 중요하고 직장도 중요하고 생계도 중요하다. 그것은 나에게도 마찬가지다. 그리고 생계를 포기하거나 가족을 힘들게 하면서까지 원하는 일을 할 필요는 더욱더 없다. 그것 때문에 당신이 괴로워한다면 당신이 원하던 그 일도 썩 유쾌하진 않을 것이니까. 간혹 모든 것을 버리고 자신이 진정으로 원하는 일에만 몰두하는 사람들도 있다. 진심으로 존경을 표한다. 그러나 모든 일 다 포기하고 원하는 일에 올인하는 방법만 있는 것은 아니다. 최소한의 것들을 지키면서 내가 원하는 일도 할 수 있는 그런 삶이 분명히 존재할 수 있다고 믿는다.

영화 〈거북이는 의외로 빨리 헤엄친다〉에서 평범한 가정주부로 등장하는 우리의 여주인공은 어느 날 우연한 계기로 비밀요원이 된다. 그녀에게는 스파이로서의 임무가 주어지는데 그것은 바로 최대한 남들의 눈에 띄지 않도록 평범하게 사는 것! 그때부터 지루하기만 했던 그녀의 일상도 달라지기 시작한다. 평소와 다를 것 없지만 긴장되고 흥분되는 하루. 일부러 평범하게 살기란 쉽지 않은 일이다. 그러던 어느 날 평소 남다른 개성으로 눈에 띄는 삶을 살아서 늘 동경하기만 했던 친구가 장을 보는 모습을 보면서 우리의 주인공, 친구를 향해 마음속으로 멋지게 한마디 날려주신다.

"넌 지금 그냥 장을 보고 있는 거지만 난 스파이 활동인 거다! 풰풰 풰풰!"

언젠가 카메라에 대해 알아보기 위해 인터넷에서 관련 자료를 찾다가 어느 블로그에 들어가본 적이 있다. 내가 구입하고자 하는 기종의 카메라에 대한 간단한 정보를 포스팅해둔 블로그를 구경하다가 블로거가 그 카메라를 구입하게 된 이유를 읽었다. 단편영화를 만들기 위해서란다. 그리고 나서 그는 영화를 완성해냈다. 영화의 질을 떠나 자신의 이름으로 직접 연출한 영화 한 편이 세상에 나왔다는 것에 큰 의미를 둔다고 했으며 영화의 줄거리에는 자신의 과거 이야기도 포함되어 있다고 했다. 그는 영화를 만든 이유를 이렇게 말했다.

그렇다. 사람이 태어나서 이름 석 자를 남기면 얼마나 좋겠냐마는 이름 석 자를 남기는 것이 결코 쉽지 않다. 나와 같은 이름을 가지고 있으면서도 잘난 사람들이 이 세상에는 무척 많기 때문이다.

그런데 이름 석 자 남기는 것보다 훨씬 더 쉽고 멋있는 일이 있다. 자신의 이름으로 영화를 만들어내는 것이다. 이 세상에 내가 직접 연출한 영화 한 편이 있다는 것이 얼마나 생활에 활력을 주는지 아는가. 어렵지 않다. 당신도 충분히 할 수 있다. 그럴 수 있는 시대이다.

이제부터 당신은 그냥 평범한 회사원이 아닌 것이다. 남들 눈에는 당신이 평범한 회사원으로 보이겠지만 당신은 남몰래 영화를 찍는 스파이 영화감독이다! 아무도 눈치 채지 못할 정도로 조금씩 당신의 영화를 만들어보자. 회사에서 잘리지 않을 만큼만 농땡이를 부리며. 그러면 어느덧 이 세상에 당신의 영화 한 편이 만들어질 날이 의외로 빨리 오게 될 것이다. 거북이는 의외로 빨리 헤엄치는 것처럼 말이다. 남들이 보기엔 평범해 보이지만 180도 달라진 당신의 삶을 눈치챘을 리 만무한 직장 상사가 혹시라도 당신을 쪼아대기 시작한다면? 가볍게 웃어 넘겨주면 된다.

이제부터 본격적인 영화 만들기에 대한 이야기가 시작된다. 어쩌면 이 책을 읽고 있는 대다수의 독자들은 앞서 이야기했던 개인적인 이야기보다는 지금부터 시작될 영화 만들기 방법에 대해서 더 많은 관심이 있을지도 모르겠다. 그렇기 때문에 본론에 앞서 몇 가지 당부하고 싶은 것들이 있다.

경험에 의해서 썼다

이 책은 영화 만들기에 대한 전반적인 이야기를 담고 있기는 하지만 전문 기술서적은 아니다. 본문의 내용에 등장하는 영화 제작의 기술적인 내용은 모두 필자의 경험과 지식을 토대로 적은 것들이다. 그렇기 때문에 본문의 내용이 학계나 현장에서 내놓은 전문 지식들과는 다소 다른 내용들이 있을 수 있다. 그러므로 그 점을 감안하고 이 책을 읽어주면 좋겠다. 혹 잘못된 정보가 있거든 필자의 블로그를 통해서 알려주길 바란다. 그러면 필자에게도 상당히 많은 공부가 될 것이다.

이 블로그는 이 책에서 예로 들고 있는 대다수 작품을 직접 감상할 수 있는 곳이다. 이 책의 영상부록이라고 생각해도 좋다.

처음 영화를 만드는 사람들을 위한 책이다

이 책의 제목에서도 알 수 있듯이 이 책은 '처음' 영화를 만드는 사람들을 위해서 썼다. 그렇기 때문에 기획에서부터 촬영, 편집 및 상영에 이르기까지 영화 제작의 전과정을 최대한 쉽게 다뤘으나 영화를 이미 제작해본 사람들이나 영상업계, 학계에 있는 사람들에게는 다소 허접해 보일 수도 있다. 그러나 처음 영화를 만들어보고자 하는 사람들이나 돈 없이 영화를 만들어보고자 하는 사람들에게는 분명 큰 도움이 될 것이라고 생각한다. 그러므로 그런 초보자들이 아니라면 큰 불평 말고 조용히 책을 덮어주길 바란다. 전문인들에게 도움이 될 만한 서적들은 따로 얼마든지 있을 테니까.

그렇지만 여전히 어려울 수 있다

영화 제작은 크게 기획, 촬영, 편집, 상영 등의 몇 가지 과정으로 압축해서 생각해볼 수 있지만 막상 실제로 경험해보면 카메라 고르는 방법부터 다양한 편집지식 습득까지 꽤 복잡하고 까다로운 일이 많다. 그러므로 이 책을 200퍼센트 활용하기 위해서는 어려운 내용은 그냥 과감하게 넘기고 나중에 그 내용이 다시 필요한 시점이 되면 그때그때 자신에게 필요한 내용 위주로 보는 것이 좋다. 이해가 잘되지 않는 내용을 억지로 마스터하기 위해서 붙들고 있다가는 오히려 영화 제작에 대한 의욕만 떨어지게 되고 결국 포기하게 되는 등 역효과만 불러올 수도 있다. 이 책은 철저하게 편식을 해도 좋다.

실제로 해보라

이 책은 영화를 처음 만들어보고자 하는 사람들을 위해서 썼다. 그러므로 이 책을 그냥 읽기만 하는 사람들은 그 재미나 가치가 반으로 줄어들 것이다. 반대로 책을 다 읽는 동안 자신만의 영화 한 편을 만들어내는 사람들에게는 재미와 감동이 수백 배 이상 늘어나게 될 것이다. 뿐만 아니라 현장에서 직접 경험하다보면 책을 훨씬 더 쉽고 재미있게 이해할 수 있을 것이다. 반드시 꼭! 영화를 만들면서 읽기 바란다. 이 책을 구입해서 읽고 있는 이유가 바로 내 생의 첫 영화를 만들기 위함에 있음을 잊지 말자.

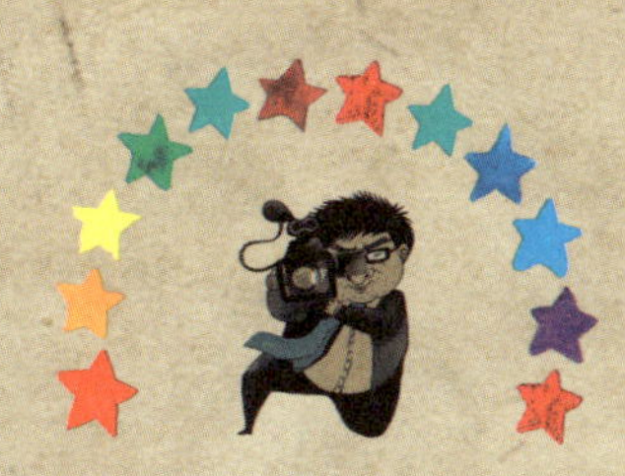

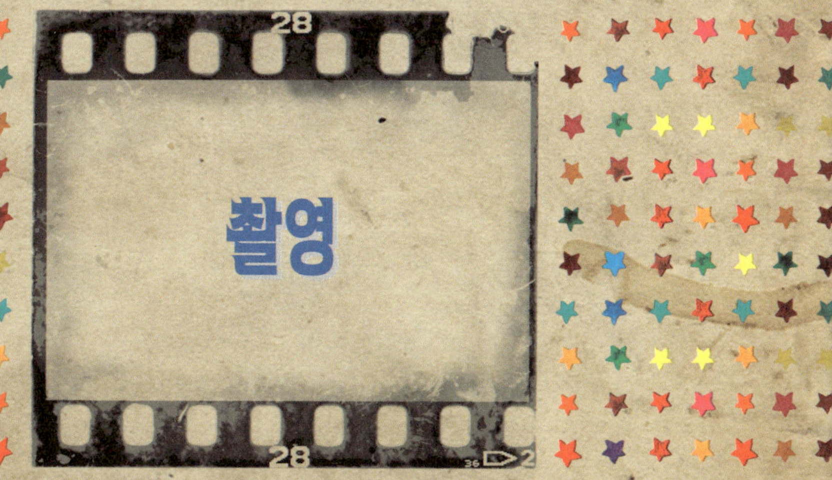
28
촬영
28

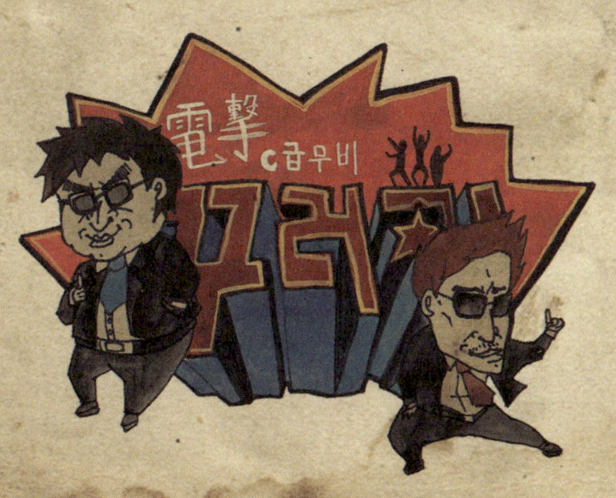
電擊
ㄷ급무비

1. 촬영장비 마련하기

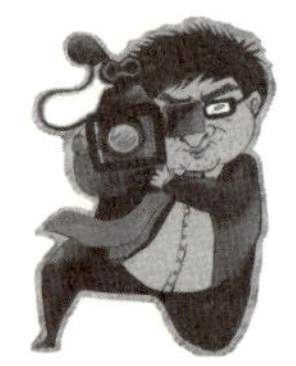

영화를 만들기 위해서 제일 먼저 필요한 것이 무엇일까?

화면을 통해 이미지와 이야기를 전달하는 영화를 만들기 위해선 당연히 화면을 기록할 수 있는 장비가 필요하다. 그것이 바로 카메라다. 여기서 카메라는 내 눈앞에 펼쳐진 장면을 사각의 프레임 안에 하나의 이미지로 기록하는 도구를 말한다. 우리 주변에는 다양한 종류의 카메라들이 있다. 우선 내가 갖고 있는 카메라의 종류만 따져봐도 알 수 있다.

필름 카메라, DSLR 카메라, 디지털 카메라(일명 똑딱이 카메라), 핸드폰 카메라, 디지털 캠코더, 폴라로이드 카메라

아마 이 세상엔 용도에 따라 더 다양한 카메라들이 있을 것이다.

여하튼 확실한 것은 카메라의 종류는 정말로 많다는 것이다.

그럼 영화를 만들기 위해선 어떤 카메라가 필요한 것일까?

아무 카메라라도 상관없다. 영화를 만드는 데 반드시 필요한 카메라란 딱히 정해진 것이 아니다. 물론 우리가 극장에서 보는 영화는 35mm 롤필름이 들어가는 카메라로 찍은 것이 대부분이다. 그런 카메라는 가격대가 수천만원에 이르며 그런 만큼 화질도 뛰어나다. 하지만 앞에서 이야기한 것처럼 영화의 종류는 다양하다. 디지털 캠코더로 촬영한 영화야 두말할 것도 없고 DSLR 카메라나 핸드폰 카메라로 찍은 영화도 있으며 형식에 따라 사진을 찍는 카메라인 필름 카메라나 폴라로이드 카메라로도 영화를 만들 수 있다.

자, 그럼 지금부터 내 호주머니 속사정으로도 주변에서 충분히 구할 수 있는 매력적인 촬영기구들을 살펴보자.

1) 디지털 캠코더

아마도 당신의 의욕에 가장 근접한 만족을 줄 수 있는 것이 디지털 캠코더가 아닐까. 누구나 공감하는 사실이겠지만 요즘은 디지털이 대세다. 물론 나는 아날로그를 무척 사랑한다. 어릴 적 아날로그 물건들을 무척이나 애용하며 살아왔고 가끔씩은 아날로그를 그리워하고 있다.

　게다가 영화를 찍는 데 있어 분명한 사실은 최고의 화질은 여전히 아날로그 방식에서 나온다는 점이다. 아날로그 방식은 35mm 필름 카메라가 제공하고 있지만 만만치 않은 제작비가 필요하다. 그러나 염려할 필요는 없다. 필름영화가 제공하는 최고의 화질에 도달하기 위해 빠른 속도로 발전을 거듭하고 있는 디지털 방식의 캠코더들이 이제는 꽤 그럴듯한 흉내를 내고 있기 때문이다. 디지털로 제작한 영화들이 각종 영화제에서 우수한 성적으로 각광을 받기 시작했을 뿐만 아니라 모르고 보면 필름영화인지 디지털영화인지 구분이 안 가는 경우도 종종 있다. 언제부터인가 카메라 제조회사들도 '필름 룩film look', 즉 필름영화처럼 보이는 카메라를 일부러 개발하기도 한다.

　그러면 그럴듯한 영화를 만들어낼 수 있다는 희망을 가지고 캠고더에 대해서 알아보도록 하자. 캠코더camcorder란 '카메라camera+레코더recorder'의 합성어다. 즉 영상을 기록하는 카메라와 영상을 볼 수 있는 VTR의 기능을 동시에 갖추고 있다. 그리고 여기서 카메라는 사진을 찍는 카메라보다는 동영상을 촬영하는 카메라를 말한다. 종종 동영상과 사진을 모두 촬영할 수 있는 기기들이 있긴 하지만 어디에 주를 두느냐에 따라서 사진중심 기기는 '카메라' 또는 '디지털 카메라' 라고 부르며 동영상중심 기기는 '캠코더' 혹은 '디지털 캠코더' 라고 부른다.

기록매체에 따라

캠코더도 다 같은 캠코더가 아니다. 종류에 따라 여러 가지로 분류될 수 있다. 우선 반드시 알아야 할 캠코더의 분류 방법 중 하나는 기록매체에 따른 분류 방식이다.

시중에서 판매되고 있는 디지털 캠코더의 기록매체는 크게 테이프 방식과 디스크 방식, 메모리 방식으로 나뉜다.

쉽게 얘기하면 테이프tape 방식은 말 그대로 테이프를 넣는 것이다. 여기서 테이프란 스카치테이프나 청테이프 같은 접착용 테이프를 말하는 것이 아니라 90년대 음반시장에서 인기매체로 명성을 날리던 까맣고 긴 비닐이 돌돌 말려 있는 저장매체를 말한다. 그렇다고 예전에 녹음기에 넣고 노래가 나올 때에 맞춰 라디오에서 나오는 노래를 녹음하던 음반용 공테이프를 넣어서는 안 된다. 디지털 캠코더를 위한 전용 테이프가 존재하며 이들은 각각 테이프의 크기에 따라 6mm와 8mm로 구분하며 그 이상은 16mm와 35mm인데 이것들은 테이프가 아닌 필름에 해당된다. 고로 테이프는 6mm와 8mm가 일반적인 규격이며 이 중에서도 8mm는 현재 거의 사용되지 않는다. 테이프를 저장매체로 사용하는 디지털 캠코더는 6mm 테이프가 들어가는 캠코더가 대부분이라고 생각하면 된다. 디지털 캠코더에 사용되는 6mm 미니테이프는 미니 DV라고 부른다. 또한 HD 전용 테이프가 있는데 그것은 HDV라고 부른다.

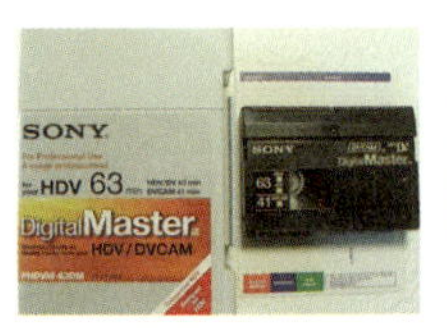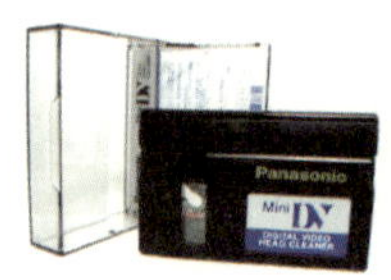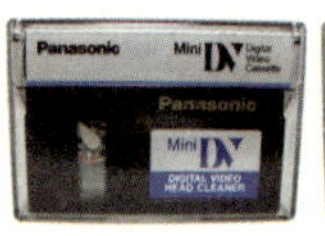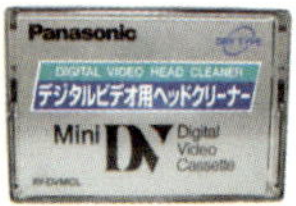

HDV 테이프　　　　　　　　　　　DV 테이프

　　당신이 만약 중고 캠코더를 구입하기 위해서 알아보는 중 8mm 캠코더가 굉장히 싼값에 나와 당신을 유혹한다고 해도 가급적이면 8mm는 사지 말라고 이야기해주고 싶다(뭐든 싼 것에는 다 그만한 이유가 있기 마련이다). 취향에 따라 8mm를 애호하는 사람들이 있을지도 모르지만 8mm 캠코더는 워낙 오래된 모델이라 캠코더의 상태는 물론이며 당신이 촬영하려는 화면을 썩 만족스럽게 담아낼지도 의문이다. 또 다른 문제는 8mm 캠코더로 찍어놓은 동영상을 편집하기 위하여 컴퓨터에 옮기는 과정조차도 만만치 않은 작업이 되어버렸다는 점이다. 8mm 테이프를 작동시키는 VTR조차도 단종 위기에 처해 있기 때문이다.

　　디스크disk 방식은 테이프가 아닌 디스크에 저장하는 방식으로 우리가 익히 알고 있는 '하드디스크'나 'DVD' 등이 해당된다. 촬영 영상을 테이프에 저장하는 것이 아니라 바로 파일로 만들어 저장하는 방식이다.

　　하드디스크 방식은 캠코더에 하드디스크(컴퓨터에 내장되어 있는 하드디스크와 같은 방식이다)가 내장되어 있어 정해진 용량 내에서 동영상을 기록하고 저장할 수 있다. 용량이 다 차게 되면 USB를 이용해 컴퓨터로 옮기고 하드디스크를 비운 뒤 다시 새로운 영상을 촬영할 수 있다.

DVD 방식은 하드디스크처럼 내장된 방식이 아니라 캠코더에 DVD를 넣을 수 있게 설계되어 있다. DVD의 허용 용량 내에서 영상을 기록할 수 있으며 용량이 다 차면 새 DVD를 넣어 촬영을 할 수 있다. 영상의 최종 저장매체로 DVD가 꽤 많이 활용되고 있다는 점에서 유용한 방식이라고 할 수 있다.

그밖에 디스크와 같은 방식이지만 디스크 대신 메모리카드를 사용하는 메모리memory 방식이 있다. 디스크 방식과 비슷하지만 메모리를 사용함으로써 하드디스크나 DVD 방식보다 캠코더의 크기와 무게를 가볍게 할 수 있다는 장점이 있어 차세대 매체로 떠오르고 있다. 단, 유의해야 할 점은 테이프 방식이나 디스크 방식의 캠코더에도 메모리카드가 장착되어 있는 경우가 있는데 이 경우 메모리카드는 사진을 기록하기 위한 것이다. 요즘은 테이프나 하드디스크 방식과 더불어 메모리카드로도 동영상 촬영을 할 수 있는 하이브리드형 캠코더가 등장하기도 했다.

그렇다면 테이프 방식과 디스크 방식, 메모리 방식 각각의 차이점과 장단점은 무엇일까? 물론 장점과 단점이란 지극히 주관적인 판단이다. 나에게 단점인 것이 누군가에겐 장점이 될 수도 있고 나에게 장점인 것이 누군가에겐 단점이 될 수 있다는 것을 유의하자.

테이프 방식과 디스크 방식의 가장 큰 차이점은 영상의 전송과 보관에 있다. 테이프 방식이나 디스크 방식이나 촬영하는 방법은 매한가지다.

그러나 촬영된 영상을 보관하거나 편집하기 위해 다른 장치로 전송하는 과정에는 많은 차이가 있다. 우선 테이프 방식은 테이프라는 아날로그 방식을 디지털로 변환시키는 과정이 필요하다. 따라서 캠코더에서 컴퓨터로 전송하는 과정에 촬영한 내용을 한 번 재생시키는 시간이 필요하다. 예전에 라디오에서 나오는 노래를 공테이프에 녹음하기 위해서 노래 한 곡이 흘러나오는 동안 녹음 버튼을 누르고 노래가 끝날 때까지 기다려야 했던 것처럼 촬영된 영상이 담겨 있는 테이프를 캠코더에서 재생시켜 컴퓨터에 녹화되도록 하는 것이다. 그 과정에서 테이프에 담겨 있던 영상은 디지털화되면서 하나의 파일로 생성되어 컴퓨터에 저장된다.

이러한 일련의 과정을 바로 '캡처capture'라고 한다. 이것이 테이프 방식의 장점이라면 장점이고 단점이라면 단점이다. 내가 한 시간을 촬영했다면 그것을 컴퓨터로 옮기기 위해서는 똑같이 한 시간이 걸린다.

또한 이 과정을 수행하는 데에는 두 가지 부수적인 것들의 도움도 필요하다. 그중 하나가 바로 '캡처보드'라고 불리는 녹화 프로그램이며 또 하나는 '1394선'이라 불리는 별도의 전송장치다.

반면 디스크 방식이나 메모리 방식은 애초부터 바로 디스크나 메모리에 디지털화하여 동영상 파일 형태로 저장하기 때문에 디지털변환과정이 필요 없다. 따라서 디스크에 저장된 동영상을 전송장치인 USB를 통해 컴퓨터로 바로 전송할 수 있다. 마치 디지털 카메라의 사진을 컴퓨터로 전송하는 것처럼 말이다. 용량에 비례하여 약간의 차이만 있을 뿐이지만 이러한 전송 방식은 촬영시간에 비례하여 전송시간을 기다려야 하는 테이프 방식보다 훨씬 쉽고 빠르다.

또 한 가지 큰 차이는 촬영된 동영상의 보관 방식이다.

테이프 방식은 촬영된 동영상을 테이프에서 컴퓨터로 옮기는 작업과정이 번거롭긴 하지만 테이프 그 자체로의 보관은 용이하다. 컴퓨터에서 보관 중이던 영상이 실수로 삭제되어도 테이프에 원본이 보관되어 있으므로 몇 번이고 다시 불러올 수 있기 때문이다. 게다가 한 번 사용한 테이프는 재촬영이 가능하다. 하지만 너무 많이 재활용할 경우 테이프가 파손되거나 데이터에 악영향을 미칠 수도 있다. 공테이프인 줄 알고 녹화했다가 중요한 영상물을 덮어버리는 사고가 발생할 위험성도 있으므로 각별한 주의가 필요하다.

반면 캠코더에 디지털 데이터 형식으로 직접 저장되는 디스크 방식의 경우 원본 파일이 따로 존재하지 않기 때문에 컴퓨터나 하드디스크의 데이터를 부주의나 사고로 잃어버릴 경우 되살릴 방법이 없다. 또한 디지털 제품의 특성상 하드디스크는 잔고장이 쉽게 발생할 수도 있다. 이럴 경우 힘들여 촬영한 소중한 데이터가 한순간 허무하게 사라져버릴 수도 있기 때문에 디스크 방식은 이런 점에선 안정성이 부족한 편이다. 복사를 통해 원본을 손쉽게 몇 개씩 만들어낼 수 있다는 장점이 디지털의 특징이지만 반면에 의외로 쉽게 모든 것을 날려버릴 수 있는 것도 디지털인 것이다. 이런 단점을 최대한 보완하기 위해선 반드시 백업을 해놓는 습관이 필요하다. DVD 방식의 캠코더라면 이러한 단점을 어느 정도 보완해줄 것이다. 하드디스크 방식이라면 중요한 자료는 반드시 DVD에 따로 저장해두는 것이 좋다.

캠코더별 저장 방식

1. DV 캠코더 – 테이프 방식이며 AVI 동영상으로 서상(단, HDV는 MPEG-2 동영상으로 저장).
2. HDD 또는 DVD 캠코더 – 디스크 방식이며 MPEG-2 동영상 또는 AVCHD(고선명 녹화 포맷)으로 저장.
3. 메모리 캠코더 – 메모리카드 방식이며 MPEG-2 동영상 또는 AVCHD으로 저장.

AVI 마이크로소프트의 윈도를 기반으로 하는 기본 동영상 포맷으로 압축 코덱에 따라 용량과 화질이 다양해질 수 있다. 기본적으로 DV 코덱에서는 고화질 고용량의 동영상이 실행된다. 윈도 미디어플레이어를 포함하여 대부분의 플레이어에서 가장 안정적으로 재생되며 용량에 상관없이 화질을 우선시할 때 사용된다.

MOV 매킨토시의 퀵타임플레이어를 기반으로 하는 기본 동영상 포맷으로 윈도의 AVI와 같은 맥락이다. 단 매킨토시와 마이크로소프트 간의 치열한 경쟁구도로 인하여 윈도에서 편집을 하거나 재생을 시키려면 별도로 퀵타임플레이어를 설치해줘야 하는 번거로움이 있다. 메모리카드를 사용하는 디지털 카메라들 중 동영상 촬영을 할 경우 이 MOV로 저장되는 기종들이 종종 있다.

ASF 인터넷에서 실시간으로 다운로드하면서 바로 재생하여 볼 수 있는 방식으로 한때 인터넷 강좌에 주로 사용되었다. 최근에는 자주 사용되지 않는 포맷 중 하나다.

WMV 'Windows Media Video'의 약자로 마이크로소프트에서 개발했으며 ASF와 마찬가지로 인터넷에 올리기에 유리하도록 만들어진

포맷이다. 압축률이 좋아 화질이나 음질에 비해 비교적 작은 용량
의 동영상을 만들어낼 수 있다. 최근에 인터넷 업로드 전용 포맷과
코덱 들이 등장하기 전에만 해도 인터넷 업로드용 포맷으로는 최강
자였다.

FLV	플래시로 만들어진 동영상 파일로 웹용 애니메이션 전문 프로그램인 플래시를 사용하여 동영상을 만듦으로써 비교적 고화질 저용량의 동영상을 만들어낼 수 있다. 처음에는 애니메이션 전문 포맷이었으나 최근에는 동영상을 만드는 데도 사용된다. 마찬가지로 압축률이 좋아 인터넷에 올리는 목적으로 동영상을 만들 때 유리하다.
MPEG	국제표준화기구에서 개발하고 지정한 영상가 오디오 압축형식. 효율성이 좋아 영화 DVD를 포함하여 생활 전반에서 다방면으로 활용되고 있다. 처음에는 비디오를 CD에 담는 정도였지만 발전을 거듭하면서 그 기술력과 활용도가 점차 높아지고 있다. **MPEG-1** 영상크기 320×240 VCD에 활용 **MPEG-2** 영상크기 720×480, 1920×1080 TV, HD TV, DVD 제작에 활용. **MPEG-4** 저주파, 고화질의 전송용 목적 동영상 제작 기술, DMB나 IP TV 등에 활용. **MPEG-7** 텍스트를 통한 검색이 아닌 영상을 통한 검색을 구현

(현재 개발 중).

그밖에 MPEG-12 등, MPEG의 진화는 계속되고 있다.

M2TS AVCHD 방식으로 만들어진 동영상 포맷으로 해당 코덱이 설치되어 있어야 각종 플레이어에서 재생할 수 있다. AVCHD는 MPEG-4 기술을 기반으로 개발된 고압축 방식으로 고용량, 고화질이었던 HD 영상의 화질은 그대로 유지시켜주면서 용량을 극적으로 줄여준다. 기본적으로 대부분의 플레이어들이 이 파일을 동영상 파일로 인식하지 못하는 경우가 있는데, 이 경우 확장자명을 MPEG로 변경해주거나 플레이어로 강제 드래그해주면 실행이 가능하다.

RAM 또는 RM 리얼미디어플레이어 전용 포맷. 한때 많이 사용되었으나 최근 국내에선 리얼미디어플레이어의 사용이 점차 줄어들면서 거의 사라지고 있는 추세다.

K3G 또는 MP4 동영상 재생이 가능한 MP3 플레이어나 핸드폰, PMP 등에 동영상을 넣고 다니면서 볼 때 주로 사용하는 포맷으로 주로 작은 화면의 저용량 동영상을 제작할 때 사용한다.

음악 파일의 확장자명

MID MIDI로 제작된 파일로 주로 컴퓨터로 음악을 만들 때 사용하는 확장자명이다.

WAV 실제 음원을 원본에 가깝게 저장하는 방식으로 고음질인 만큼 용량을 많이 차지한다. 그렇기 때문에 이동식 음원으로는 잘 사용하지 않지만 CD로 제작되는 음반의 경우 이 방식을 주로 사용한다.

MP3 고압축률을 활용한 음원 저장 방식으로 최소한의 용량으로 최대한의 음파를 활용하여 음원을 만들어낸다(동영상의 MPEG와 같은 개발자에 의한 같은 기술력), 고음질까지는 아니지만 우리 귀가 어색하지 않다고 느낄 수 있을 정도까지만 음질을 표현해줌으로써 용량을 최소화시킨다.

WMA 동영상 형식 중 하나인 WMV의 형제뻘로 'Windows Media Audio'의 약자이다. WMV와 마찬가지로 마이크로소프트에서 개발했으며 인터넷에 효율적으로 음원을 올릴 수 있도록 만들어진 음원 전용 고압축 방식으로 MP3보다 두 배 가까운 압축률을 자랑한다. 그렇기 때문에 같은 음질일 때 MP3의 절반 용량으로 음원 파일을 만들어낼 수 있다.

OGG

MP3나 WAV, WMA에 비해 눈에 잘 띄진 않지만 꽤 유용한 음원 형식이다. 사실 MP3나 WMA 등은 무료로 다운받아 사용하는 경우가 많아 공짜라고 생각할 수도 있지만 두 형식 모두 이동하면서 음원을 감상하기 위하여 용량을 효율적으로 압축해 사용하는 유료 코덱들이다. 그것이 못마땅하여 개발된 것이 바로 OGG이다. 이 음원은 MP3나 WMA 못지않게 고압축률을 자랑할 뿐만 아니라 마음 놓고 무료로 사용해도 된다는 장점이 있다. 그러나 개발자의 파워가 부족한 탓일까? 이런 장점들로 똘똘 무장된 형식임에도 불구하고 우리 주변에선 거의 OGG된 음악 파일을 찾아보기 힘들다.

캠코더를 선택할 때 중요한 것 중 하나가 화면의 크기다. 당연히 화면이 클수록 보기엔 좋다.

큰 화면이라고 해서 무조건 다 좋은 것은 아니다. 큰 화면은 용량도 그만큼 많이 차지하게 되고 그렇게 되면 편집하거나 저장할 때 꽤나 불편해지기 때문이다. 그러면 캠코더 고르기 두 번째 시간! 화면 크기에 따른 캠코더의 종류에 대해서 알아보자.

시중에서 판매되고 있는 디지털 캠코더들은 화면 크기에 따라서 크게 두 가지의 부류가 있다.

1. SD 캠코더
2. HD 캠코더

SD 캠코더는 화면크기 720 × 480으로 일반 아날로그 TV의 규격에 해당된다. 그동안 우리가 보아오던 TV 프로그램은 대부분 이 규격대로 만들어진 것들이었다. 적어도 지금까진 말이다. 그렇기 때문에 SD 크기로 영상을 촬영해주는 SD 캠코더라고 해도 어느 정도 만족스러운 화면을 만들어준다. 그동안 화면이 너무 작다거나 잘 안 보인다거나 하면서 불평을 하지 않고 너무나도 잘 보아오던 규격이기 때문이다. 새삼 이 규격이 아쉽게 느껴지기 시작한 것은 그리 오래되지 않은 일이다. 몇 년 전만 해도 SD 규격은 캠코더로 촬영되는 동영상으로서는 너무나도 만족스런 크기였다. 그러던 것이 이제 와서 작은 화면 취급을 받는 이유는 바로 HD가 등장했기 때문이다.

HD란? 'High-Definition'의 약자로 그냥 쉽게 풀어 해설하자면 높은 해상도를 뜻한다. 그럼 SD는? SD는 'Standard-Definition'의 약자로 표준 해상도를 뜻한다. 즉 그동안 비디오의 표준 규격으로 군림해 있던 720×480 사이즈를 표준 규격으로 정한 것이다. HD의 크기는 1280×720에서 1920×1080에 이르기까지 그 크기가 SD에 비해 월등히 크며 다양하다.

어찌됐건 최근 생산되는 캠코더는 대부분 HD 캠코더다. 캠코더뿐만 아니라 아날로그 TV도 생산이 중단된 상태이며 디지털 방식을 활용한 HD TV가 속속들이 안방과 거실의 아랫목을 차지하고 있다. 미래를 생각한다면 SD 캠코더는 아날로그 TV와 함께 점차 사라져가고 있는 추세이기 때문에 HD 캠코더를 사는 쪽이 현명하다.

그렇다면 SD 캠코더는 내버려야 하는 것일까? 대답을 짧게 해보자면 필자의 캠코더는 SD 캠코더다. 물론 내가 이 캠코더를 살 때만 해도 HD 캠코더는 이제 막 등장하는 제품이었다. 그러나 지금은 거의 모든 캠코더가 HD로 생산되고 있다. 그렇지만 나는 지금도 열심히 SD 캠코더를 사용하고 있으며 앞으로도 당분간 이 캠코더를 더 사용할 생각이다. 내가 SD 캠코더에 유독 애착을 갖는 이유야 여러 가지 있지만 아직 HD 캠코더로 전환을 하지 않는 이유는 몇 가지가 더 있다.

그중 첫 번째는 바로 용량의 문제다. HD가 만들어내는 영상은 SD에 비해 용량이 크다. 화면이 크다보니 담아야 할 정보가 많고 그에 따라 용량이 늘어나는 것이야 당연한 현상이겠지만 크게 불편할 때가 종종 있다. 처음 HD 캠코더가 등장할 때만 해도 HD 영상을 속 시원하게 편집할 수 있는 컴퓨터나 프로그램이 별로 없었다. 즉 가정용 컴퓨터로 엄청난 용량의 HD 캠코더를 손쉽게 편집하기란 쉽지 않은 일이었다. 최근에야 컴퓨터도 빠르게 업그레이드가 되어서 이제는 HD도 제법 편집한다고들 하지만 그래도 여전히 시원치 않은 부분이 있다. 반면에 SD 캠코더로 촬영한 동영상은 웬만한 가정용 컴퓨터에서도 끊기는 현상 없이 편집이 잘된다.

두 번째 이유는 바로 상영매체다. 촬영된 동영상을 어디서 재생시키느냐 하는 문제인데 이는 캠코더를 구매하는 목적에 부합되는 내용으로 캠코더를 선택하는 데 중요하게 작용한다.

우선 영화를 어디에서 상영할 것인가 하는 점에 주목해야 한다. 물론 영화의 특성상 극장 스크린에서 상영할 것을 염두에 두고 있다면 당연히 화소가 높은 HD가 유리할 것이다. 하지만 처음 만든 영화가 극장 스크린에서 상영될 기회는 얼마나 될까? 현실적으로 내가 만든 첫 영화는 컴퓨터의 모니터 화면이나 빔 프로젝터를 통해서 상영될 확률이 높다. 그런 점을 따져 봤을 때 HD와 SD는 얼마나 차이가 날까? 우선 기존의 아날로그 TV나 컴퓨터 모니터 등은 대부분 SD 전용 상영장치였다. 이런 장치는 HD 영상을 틀어도 SD처럼 보인다.

HD 캠코더가 처음 나왔을 때만 해도 HD 영상을 틀 장치가 없다는 이야기가 많았다. 물론 이제는 벽걸이형 TV처럼 HD를 재생시킬 수 있는 상영장치가 많이 보급되고 있는 시점이긴 하다.

정리해보자면 HD 영상물은 HD를 HD답게 보여줄 수 있는 HD TV나 HD 모니터, HD가 호환되는 빔프로젝터에서 봐야만 그 가치가 입증된다. 물론 집에 이러한 장치가 있다면 HD 캠코더를 살 만하지만 캠코더는 HD인데 모니터는 SD라면 HD가 무용지물이 된다는 이야기다. 그렇기 때문에 상영기기가 뒷받침되지 않은 상태라면 HD 캠코더는 쓸모가 없다. 또한 내가 만든 영화를 온라인을 통해서 상영하려면 고도의 압축과정을 거쳐야 하고 이 과정에서 HD가 갖고 있던 고화질은 의미가 없어지게 된다. 그렇기 때문에 주변의 상영기기들이 모두 HD급으로 세대교체를 완벽하게 이루지 않은 상태에서 HD는 SD와 별다른 차이가 없다.

세 번째는 가격이다. 이제는 HD 캠코더가 대세라 SD는 신기종의 개발이 중단된 상태이지만 그래도 SD는 최고의 기종들이 이미 나와 있는 상태다. 이들은 그래도 나름 한 시대를 군림했던 기기들인 만큼 최고의 화질과 색감을 만들어준다. 다만 화면 크기만 SD급일 뿐이다. 물론 HD가 등장하기 이전 즉 불과 몇 년 전만 해도 그들은 웬만한 월급쟁이가 덜컥 지르기에는 절대로 만만치 않은 가격이었다. 그러던 것이 HD가 등장하면서 가격대가 큰 폭으로 내려가기 시작했다. 게다가 같은 기종의 HD 버전은 가격이 SD급의 두 배에 육박하기도

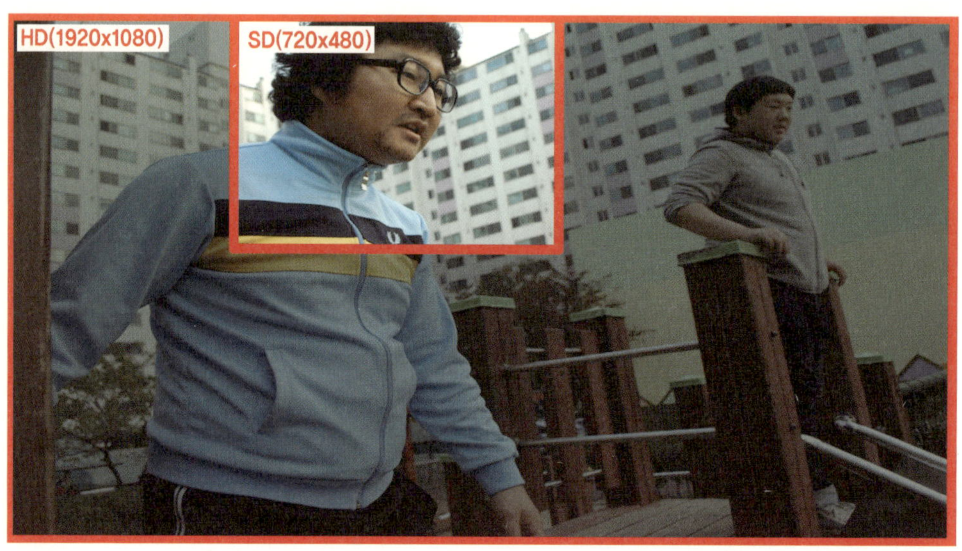
HD(1920x1080)
SD(720x480)

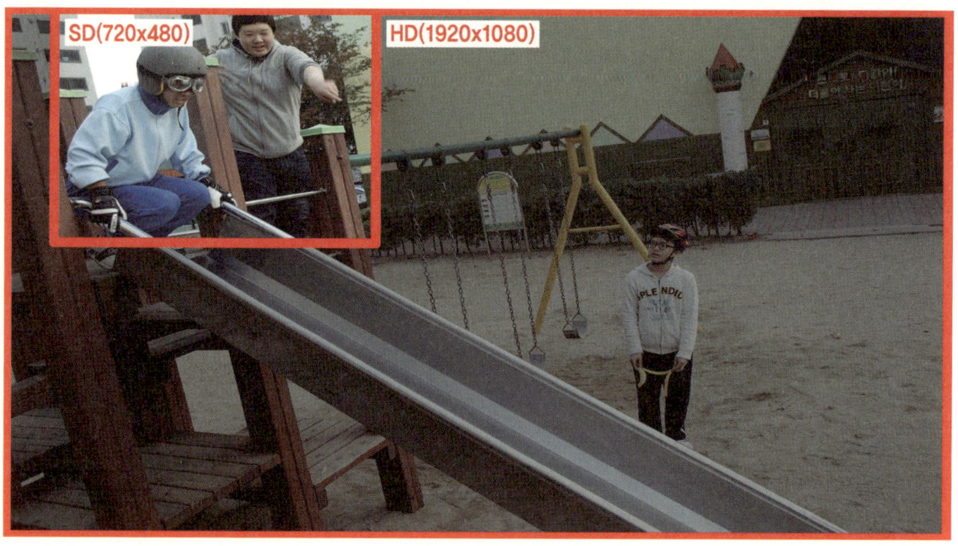
SD(720x480)
HD(1920x1080)

한다. 상황이 이렇다보니 값비싼 HD를 사는 것보다 한때 돈이 없어서 침만 흘리던 SD급 최고 기종을 이참에 구입해서 그 가치를 맘껏 누려보는 것도 나쁘지 않은 선택이다.

마지막으로 내가 SD 캠코더에 아직 미련을 버리지 못하고 있는 이유는 SD 캠코더로 만든 기존의 작품이다. 국내에서도 이미 알려진 바 있는 윤종빈 감독의 영화 〈용서받지 못한 자〉가 SD 캠코더로 만들어졌고 송일곤 감독의 〈깃〉 역시 SD 캠코더로 만들어졌다. 외국 작품 중에서도 많은 독립영화와 일부 상업영화들이 SD 캠코더로 제작된 사례들을 찾아볼 수 있는데 대표적인 작품으로 스티브 부세미가 연출한 〈론섬 짐〉이라는 영화가 있으며 대니 보일 감독의 〈28일 후〉, 라스 폰 트리에 감독의 〈어둠 속의 댄서〉 등 일부 장면에서 SD 캠코더가 사용되었다. 이런 작품들은 나로 하여금 SD 캠코더로도 충분히 좋은 작품을 만들 수 있다는 자신감을 심어주었다. 물론 HD가 더 유리한 것은 분명한 사실이다. 하지만 아직은 SD 캠코더로도 충분히 만족할 만한 영화를 만들어낼 수 있다는 것도 틀림없는 사실이다.

크기와 가격에 따라

시중에 나와 있는 디지털 캠코더는 그 크기에 따라 가정용 소형 캠코더와 방송용 중형 캠코더로 나뉜다.

가정용 캠코더라 흔히 말하는 소형 캠코더는 한 손으로 잡을 수 있는 크기로 만들어져 있어 핸디캠이라고도 불린다. 대부분 이렇게

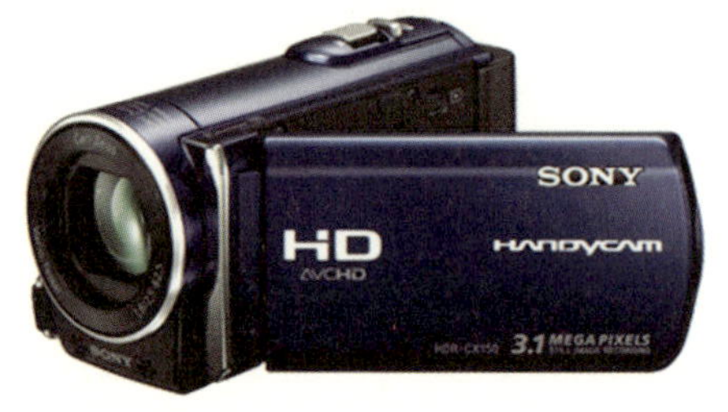

생긴 것들이 우리가 말하는 가정용 핸디 캠코더다.

소형 캠코더의 가장 큰 장점은 휴대성과 기동성이라고 할 수 있다. 크기가 부담 없기 때문에 어디든지 휴대할 수 있으며 즉흥적으로 영화를 촬영하기에 매우 유리하다. 그리고 이러한 소형 캠코더는 중형 캠코더에 비해 가격이 저렴한 편이다. 가격은 천차만별인데 대략 새 제품의 경우 브랜드나 성능에 따라 60~120만원대가 보편적이다. 소형 캠코더도 테이프 방식이냐 디스크 방식이냐 혹은 메모리 방식이냐에 따라 가격이 다르며 HD 방식이냐, SD 방식이냐에 따라서도 가격이 다르다. 또한 중고 제품의 경우 잘만 사면 훨씬 더 싼 가격에 구입할 수도 있다. 중고 제품으로 DV 테이프 방식의 소형 SD 캠코더를 구입한다면 10만원 내외로도 구입이 가능하다. 디지털 제품은 매우 빠른 속도로 신제품이 등장하기 때문에 기존 제품의 가격 하락속도가 무척 빠르다. 캠코더도 마찬가지다. 그렇기 때문에 중고 제품의 가격이 매우 싼 편이다. 이 점을 잘 활용한다면 적은 돈으로도 좋은 캠코더를 장만할 수 있다.

스티븐 스필버그도 처음엔 가정용 캠코더로 영화를 만들었다.

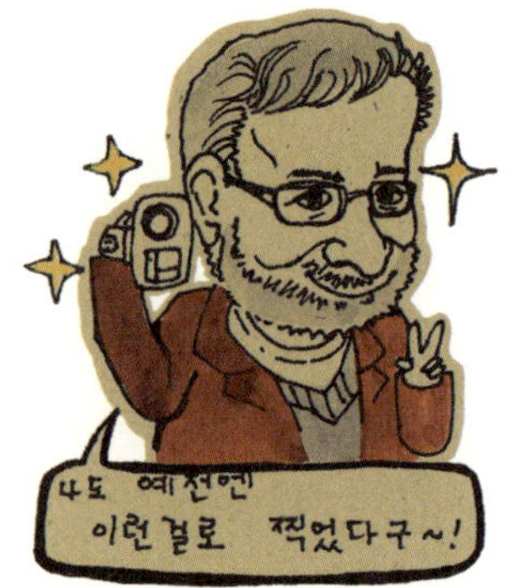

소형 캠코더보다는 크며 방송국용 전문장비보다는 작은 중형 캠코더는 〈VJ특공대〉의 VJ들이나 뉴스 현장 기자들이 주로 사용하는 캠코더다.

크기가 그리 작은 편은 아니라 두 손으로 들고 촬영해야 하며 무게도 웬만큼 나간다. 중형 캠코더의 장점은 뭐니 뭐니 해도 소형 캠코더보다 뛰어난 화질과 성능이다. 확실히 큰 캠코더로 찍은 영상들이 좋다. 색감 표현도 뛰어나고 전체적인 느낌도 확실히 다르다. 직접 영상을 비교해보면 알게 될 것이다. 직접 보면 '아! 역시 다르긴 다르구나!' 하고 감탄사를 지르게 될지도 모른다. 그런데… 비싸다!

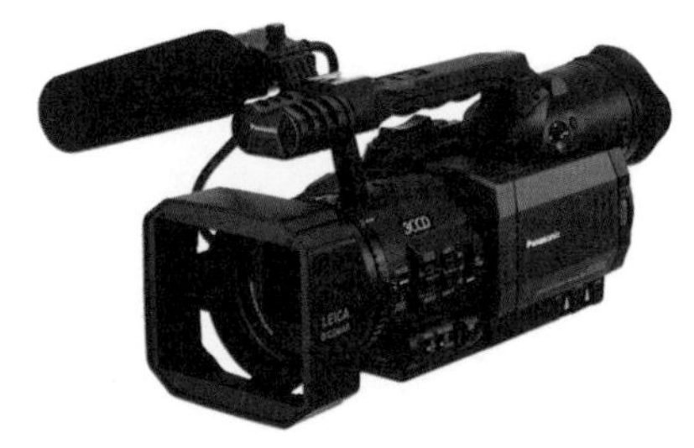

이들 중형 캠코더의 신품 가격은 대략 250~500만원대로, 구입하려면 작심해야 한다. 물론 1000만원을 호가하는 녀석들도 있지만 그런 녀석들은 가뿐하게 제쳐놓고 이야기하는 게 나을 듯하다. 처음 영화 찍는 사람이 1000만원짜리 캠코더를 사는 경우는 아마 없을 것이다. 중형 캠코더 역시 소형 캠코더와 마찬가지로 테이프 방식이냐 메모리 방식(중형 캠코더에는 디스크 방식이 아직 없다)이냐 혹은 HD 방식이냐, SD 방식이냐에 따라서도 가격이 다 다르다. 뿐만 아니라 이것 역시 중고시장을 잘 이용한다면 비교적 저렴한 가격대로 구입할 수 있다.

디지털 방식으로 영상을 만들어낼 때는 렌즈를 통해서 들어온 빛을 CCD라는 소자에서 분해한 다음 디지털 신호로 변환시켜준다. 여기서 CCD라는 장치는 일종의 필름 역할을 하는 것이다. 보통 가정용이라 불리는 소형 캠코더들은 대부분 이 CCD가 한 개뿐이다. 그래서 1CCD라고 부른다. 반면에 방송용 혹은 전문가용으로 불리는 중형 캠코더들은 3개의 CCD로 이뤄진 기종들이 많다. 이 3CCD는 들어오는 빛을 세 개의 CCD가 색별로 분담하여 분해하게 되는데 이때 각각 분담하는 색은 삼원색(Red, Green, Blue)이다. 아무래도 세 개의 CCD가 각각 나뉘서 빛의 색을 분해하기 때문에 1CCD보다 3CCD가 색감이나 화질이 좋다.

CMOS방식은 CCD와는 약간 다른 방식이다. CCD에 비해서 화질은 약간 떨어지는 대신 전력소모는 적다는 평이 있다. 하지만 최근 기술이 워낙 발달되었고 CCD와 CMOS를 개발하고 생산하는 회사들마다 차이점이 존재하기 때문에 CMOS와 CCD 중 어떤 것이 더 좋다고 단정할 수는 없다. 사실 요즘에는 CCD냐 CMOS냐의 문제는 그다지 큰 의미를 갖지 못한다. 하지만 한 가지 확실한 것은 같은 CCD 캠코더의 경우에는 내

장된 CCD의 크기가 클수록 좋고 개수가 많을수록 화질이 좋

다는 것이다.

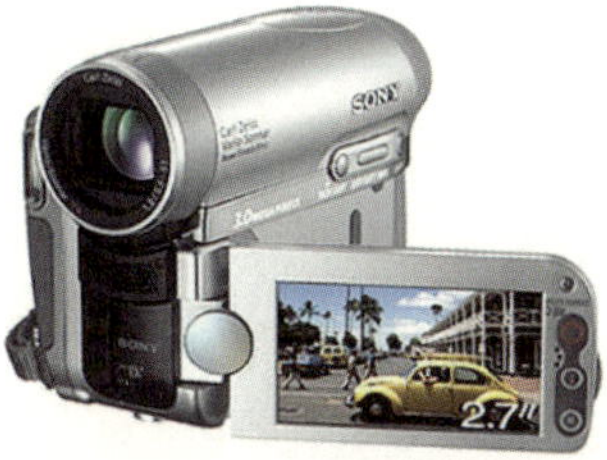

1CCD 캠코더

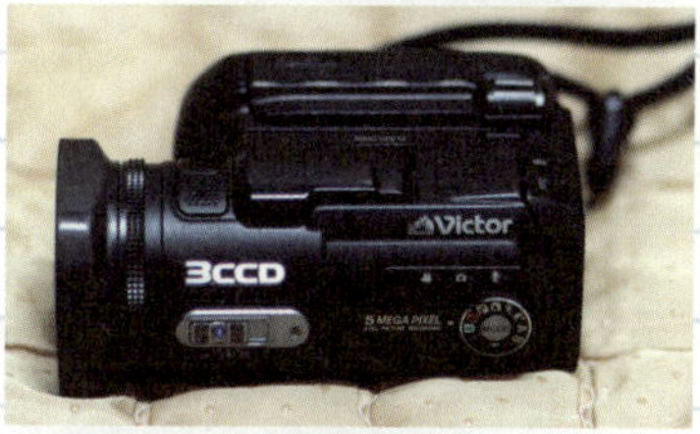

3CCD 캠코더

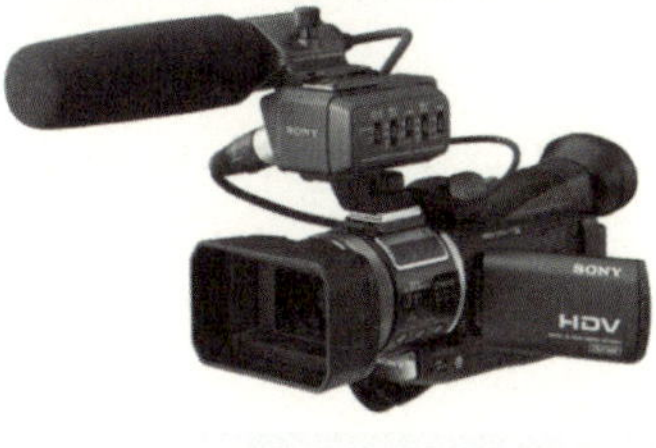

CMOS 캠코더

캠코더의 가격은 결코 만만치 않다. 디지털 제품은 수명이 비교적 짧아 소모품에 가깝기 때문에 중고를 사는 것은 위험하다고 생각하는 사람들도 있다. 하지만 새것이라고 강철로 만들었을까? 큰마음 먹고 새것 사고 나면 어김없이 두세 달 후 구식으로 전락하는 것이 디지털의 세계다. 내가 돈을 지불하고 기계에 지문을 찍는 순간 중고가 되는 것이다.

물론 사기를 당할 수도 있고 애프터서비스가 문제가 될 수도 있지만 그것은 충분히 주의를 기울이면 어느 정도 극복해낼 수 있는 문제다. 몇 가지 수칙만 지킨다면 사기는 피할 수 있다. 애프터서비스의 경우라면 새 제품이나 중고 제품이나 다 비슷하다는 생각이 든다. 새 제품의 경우 말로만 1~2년 무상이지 웬만한 경우 소비자 과실로 처리하기 때문에 제대로 무상 서비스를 받을 수 있는 경우는 극히 드물다. 그럴 바엔 맘 편히 중고를 사는 것이 낫다. 캠코더라는 기계 자체가 워낙 정밀한 부품이 많이 사용되고 민감한 기계다보니 사용자의 실수 아닌 실수로 고장 나는 경우가 허다하다. 심지어 그렇지 않다고 해도 판매자나 애프터서비스 기사가 "이거 중요한 부품이 고장 나서 한 40만원 정도 나오겠는데요?"라고 사망판결을 선고해버리면 도리가 있겠는가? 영락없이 당하는 수밖에… 이런 경우 차라리 새로 하나 사는 것이 낫다. 캠코더의 부품은 보통 30~40만원은 기본이고 중형 캠코더의 중요한 부품은 50~70만원까지 부를 때도 있다. 싸게 나오는 경우가 10~20만원선이다. 환장할 노릇이다.

어차피 수명 짧은 캠코더, 심하게 낡은 것이 아니라면 중고 캠코더를 구입하는 것을 권해볼 만하다. 캠코더는 새것과 중고의 가격 차이가 정말 크기 때문이다. 중고로 구입해서 잘 쓰다가 사용감을 익히고 캠코더에 대해서 어느 정도 알겠다 싶을 때 자신에게 필요한 캠코더를 선택하는 것도 좋은 방법 중 하나다.

중고 캠코더를 구입할 수 있는 꽤 유용한 사이트들

DVUSER www.dvuser.co.kr

영상과 관련된 각종 유용한 정보를 공유할 수 있는 사이트로 게시판 중 'DVuser장터'를 이용하면 꽤 괜찮은 매물이 많이 올라온다.

캠유저 www.camuser.co.kr

마찬가지로 영상관련 정보들을 공유할 수 있는 사이트로 게시판 중 '중고장터'를 운영하고 있다.

중고나라 cafe.naver.com/joonggonara

네이버 카페 중 대표적인 중고 거래 카페로 꽤 쓸 만한 캠코더들이 저렴한 가격으로 자주 등장한다. 다른 영상 전문 사이트보다 캠코더에 대해서 잘 모르는 사람들이 올리기 때문에 꽤 비싼 물건을 헐값에 내놓는 일도 종종 있다. 잘 노려볼 만하다. 하지만 반대로 폐기물에 가까운 것을 비싼 값에 내놓는 사람들도 있으니 조심해야 한다.

중고 캠코더 구입 시 유의점

1. 가급적이면 직거래를 하라!
2. 전원을 켜보고 작동에 이상이 없는지 확인하라!
3. 충전기와 배터리 등의 필수 부품이 있는지 확인하라!
4. 사용시간을 확인하라(일부 제품의 경우 확인불가)!
5. 판매자의 이름과 연락처를 반드시 확보하라!
6. 구매 전 상품의 사양이나 시세 등에 대한 사전 조사를 충분히 하라!

몇 가지 유의점만 잘 지켜도 피해를 예방할 수 있다.

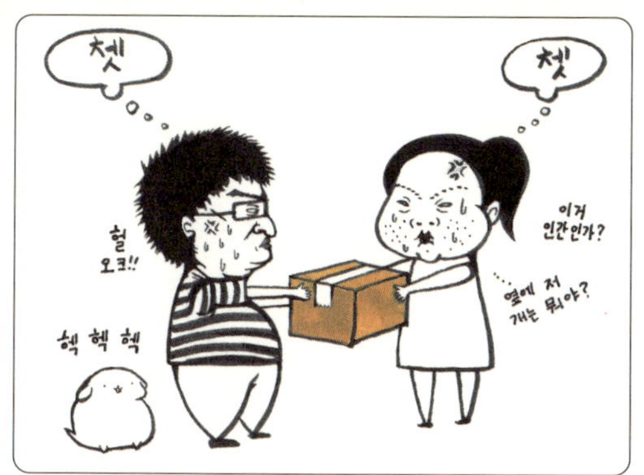

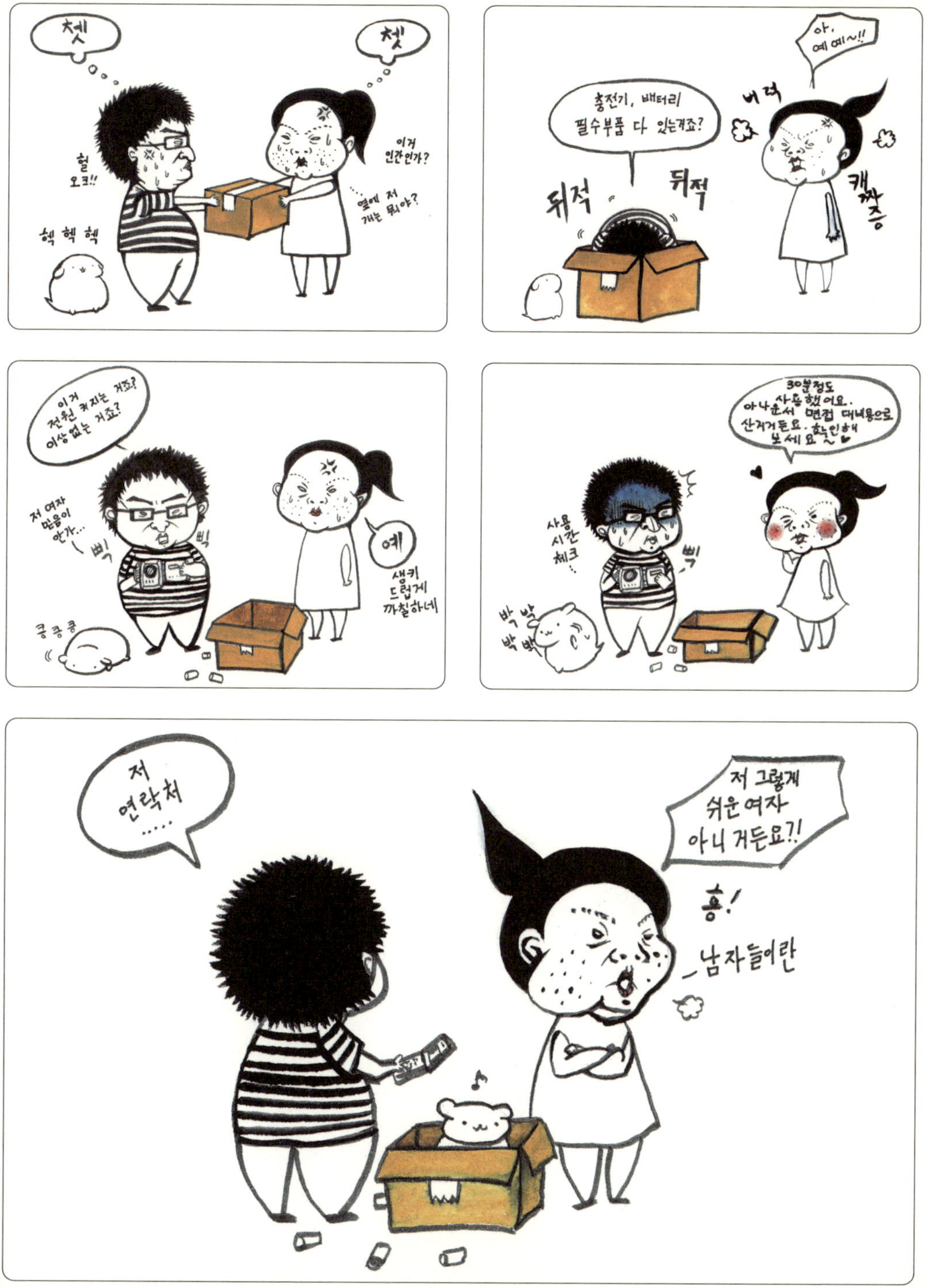

첫...
첫...
헐
오크!!
헥 헥 헥
이거
인간인가?
...옆에 저
개는 뭐야?

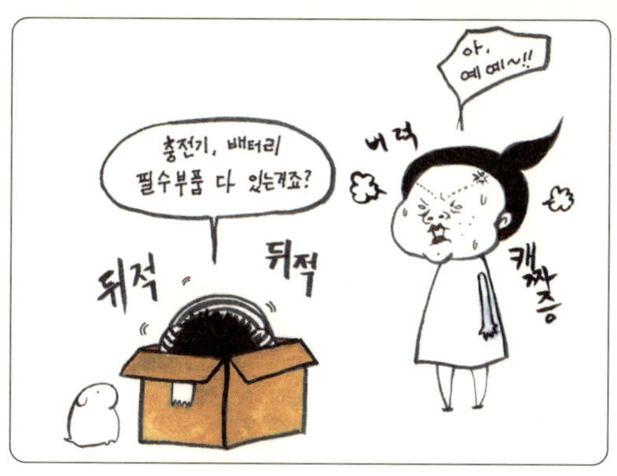

아, 예 예~!!
충전기, 배터리 필수부품 다 있는거죠?
버럭
뒤적 뒤적
캐짜증

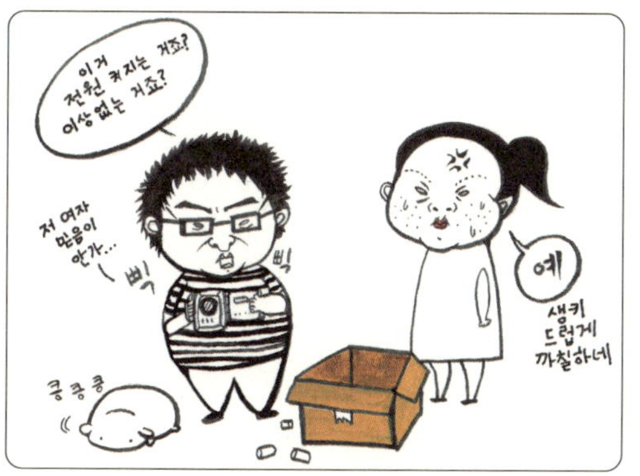

이거 전원 커지는 거죠? 이상없는 거죠?
저 여자 맘음이 안가...
삑 삑
쿵 쿵 쿵
예
샊키 드럽게 까칠하네

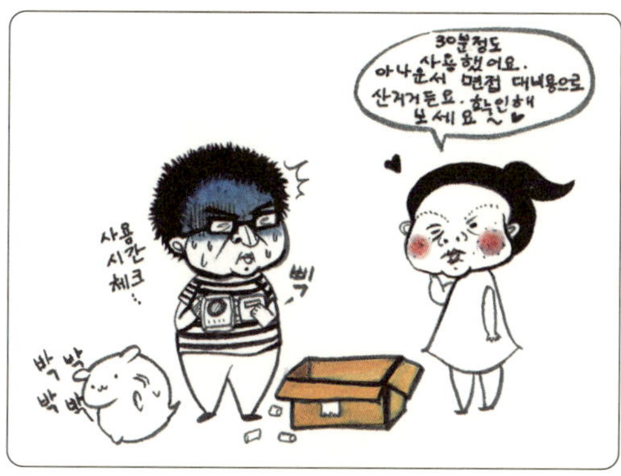

30분정도 밖에 사용 했어요. 이력서 면접 대녀용으로 산거든요. 확인해 보세요~ 흣♥
사용시간 체크..
삑
박 박 박 빽

저 연락처.....
저 그렇게 쉬운 여자 아니거든요?!
흥!
남자들이란

중고 제품이 뭔가 불안하다면 내수 제품을 구입하는 것도 좋은 방법 중 하나다. 여기서 내수란 쉽게 말해서 상인들이 현지에서 물건을 구입하여 국내로 들여와 판매하는 것을 말한다. 유사어로 '밀수'가 있는데 그것은 비슷한 방식이지만 몰래 들여오는 것을 말한다.

캠코더 회사들이 대부분 일본 회사라는 점을 고려할 때 일본 자국민들에게 판매할 목적으로 생산된 캠코더를 환율의 차이를 이용하여 비교적 저렴하게 들여오는 방식으로 국내로 공식 수출되는 정품보다 약간 더 싸게 구입할 수 있다. 내수와 정품의 가격 차이는 대략 그 가격 폭에 따라 10~30만원 정도의 차이를 보이는데 비싼 제품일 경우 차이가 더 나는 경우도 있다. 그러나 정품만 인정하는 공식 애프터센터로부터 무상 애프터서비스를 받기 어렵고 자국민을 위해서 만든 제품이기 때문에 화면상에 한글이 지원되지 않는다. 하지만 다행히 영어를 지원하는 월드버전도 있다.

2) 디지털 카메라

영화를 찍을 수 있는 장비에는 캠코더만 있는 것이 아니다. 요즘이 어떤 시대인가? 퓨전! 즉 짬뽕의 시대가 아니란 말인가! 요즘 핸드폰은 사진기능은 물론이요, 동영상 촬영까지 되는 최첨단 기기다. 그런 마당에 사진 촬영을 주목적으로 개발된 디지털 카메라가 동영상기능을 달고 있는 것 정도야 이미 익숙한 이야기다. 디지털 카메라의 동영상 촬영기능도 나날이 진화를 거듭하면서 이제는 디지털 캠코더의 영역을 위협할 정도가 되었다.

휴대용 디지털 카메라

일명 콤팩트형 카메라 또는 슬림형 카메라 그리고 '똑딱이'라고도 불리는 이 디지털 카메라는 예쁜 디자인과 간편한 휴대성을 겸비한 카메라로 많은 사람들에게 사랑을 받고 있다. 본래 카메라의 성능 그 자체보다는 디자인에 초점을 맞춘 보급형 제품이었으나 최근에는 진화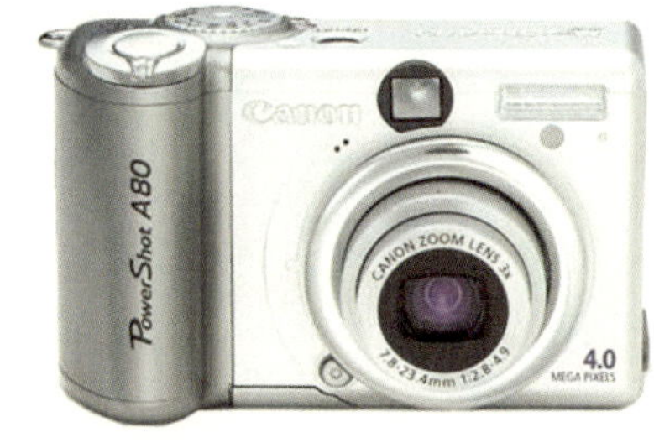를 거듭하면서 성능도 많이 업그레이드된 상태다. 가격은 20~50만원 대로 성능과 브랜드에 따라 차이가 난다. 이러한 휴대용 디지털 카메라도 사진기능은 물론 동영상기능을 겸비한 제품이 있는데 이러한 동영상기능을 이용해서도 역시 영화를 만들 수 있다.

필자가 만든 첫 영화인 〈청평연가〉의 경우도 이러한 휴대용 디지털 카메라를 이용하여 만들었다. 하지만 이러한 휴대용 디지털 카메라에서 촬영되는 동영상은 대부분 촬영되는 동영상의 크기(가로 × 세로 화소의 기본 크기가 320 × 240)가 작다. 그렇기 때문에 동영상을 제작할 수는 있으나 캠코더에 비해 화질이 많이 떨어진다. 그러나 최근

에는 이러한 휴대용 디지털 카메라의 동영상기능이 많이 발전한 상태
다. 640 × 480의 SD 캠코더와 같은 사이즈의 동영상을 기본적으로
촬영할 뿐만 아니라 일부 기종은 HD급 영상을 촬영할 수도 있다.

　저장 방식에 있어 이러한 휴대용 카메라의 경우 대부분 메모리 방
식으로 저장된다. 사진 촬영이 주목적이고 동영상기능이 덤이기 때문
에 무리해서 하드디스크를 달거나 테이프를 따로 넣어 몸집을 키울
필요가 없다. 크기가 작으면서도 비교적 많은 양을 저장할 수 있는 방
식인 메모리가 제격인 셈이다. 하지만 메모리의 용량이 제한되어 장
시간 촬영이 불리하다는 단점이 있다.

DSLR 카메라

요즘 거리를 거닐다보면 벽돌만 한 크기의 검은색 카메라를 목에 걸
고 다니는 사람들을 종종 볼 수 있다. 목에 걸고 있는 것 자체가 매력
적인 이 카메라는 사진 또한 황홀한 기분을 느끼게 해줄 만큼 멋스럽
게 나온다. 그렇다. 많은 사람들을 사진작가로 만들어주고 있으며 어

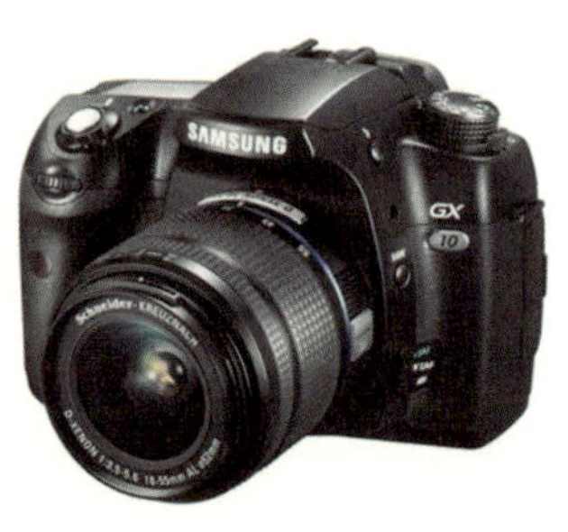

른들을 위한 필수 장난감으로 각광을 받고
있는 이 물건이 바로 DSLR이라고 불리는 디
지털 카메라다.

　DSLR의 D는 Digital을 뜻한다. 그럼 나
머지 SLR은 무엇일까? 'Single Lens
Reflex'의 약자로 쉽게 설명하자면 대상을
보고 기록하는 데 오직 하나의 렌즈만을 사

용하는 방식이라는 뜻이다. 이는 렌즈를 통해서 들어온 빛을 거울로
반사시켜 뷰파인더로 전송한 다음 눈으로 바로 확인할 수 있도록 해
주며, 셔터를 누르면 거울이 순간적으로 자리를 비켜줌으로써 빛이
필름이나 CCD에 바로 기록될 수 있도록 한다. 반대로 두 개의 렌즈
가 사용되는 방식을 TLR Twin Lens Reflex 이라고 부른다. 이는 두 개의

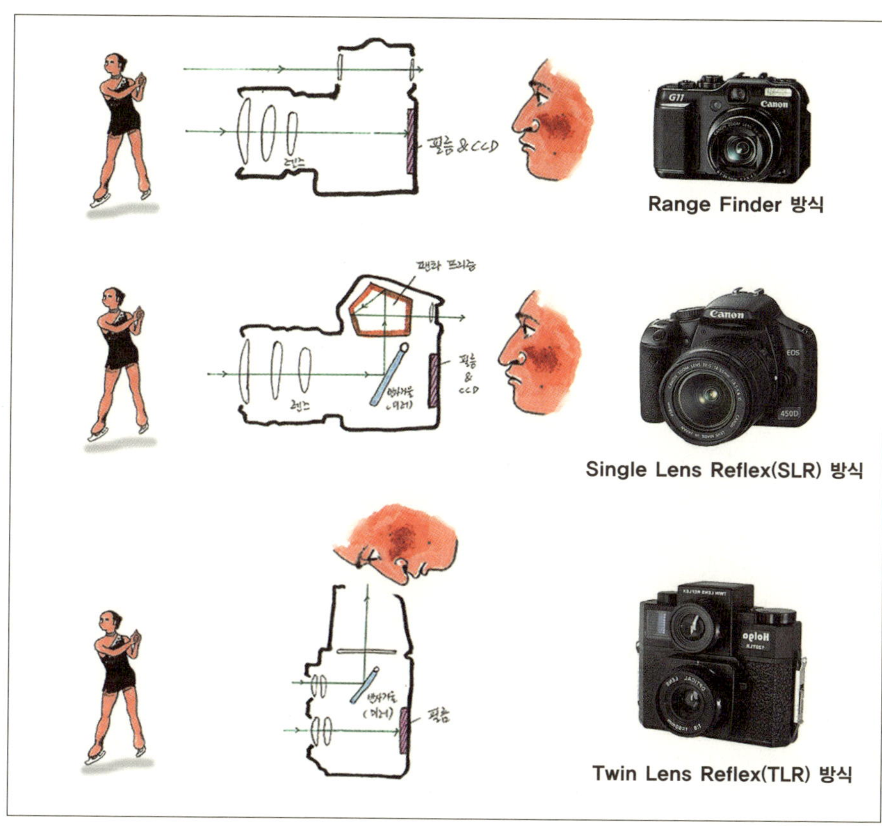

렌즈가 부착되어 각각 하나는 뷰파인더로 나머지 다른 하나는 필름이나 CCD 또는 CMOS 등으로 빛을 전사한다.

　SLR 방식의 장점은 렌즈를 통해서 들어오는 빛과 사람이 뷰파인더를 통해 보는 빛이 같은 것이므로 좀더 정확하고 세밀하게 있는 그대로 촬영할 수 있다. 따라서 렌즈를 교환하기도 쉽다. 어떤 종류의 렌즈를 장착하여도 렌즈를 통해 보는 것이 곧 내가 보는 것과 같은 것이기 때문이다. 하지만 TLR의 경우 렌즈에서 들어오는 빛과 뷰파인더를 통해서 바라보는 빛의 모양이 서로 다르기 때문에 약간의 차이가 있을 수 있다.

　DSLR 카메라의 경우 대부분 렌즈가 교환되는 방식이 많은데 이 때문에 본체와 렌즈를 따로 구입해야 하며 렌즈 가격 또한 만만치 않아 본체아 렌즈를 모두 구입하게 될 경우 가격이 꽤 비싸진다. 물론 그렇다고 해서 렌즈를 구입하지 않을 수도 없다. 렌즈를 장착하지 않으면 무용지물이 되어버리기 때문이다. 카메라 가격은 보통 렌즈를 제외하고 40~100만원대로 전문가들을 위한 고급 기종의 경우 300~500만원대의 카메라도 있다. 여기에 천차만별인 렌즈 가격을 별도로 추가한다면 아무리 기본 렌즈를 장착한다고 해도 결코 만만치 않은 가격이 됨을 알 수 있다. 동영상을 전문적으로 촬영하는 캠코더의 가격과도 거의 동일한 가격대다.

　하지만 캠코더가 동영상 촬영을 주 기능으로 하고 사진 촬영기능에는 소홀한 반면 DSLR 카메라는 사진 촬영을 주 기능으로 하면서도 일부 DSLR 카메라의 경우에는 동영상 촬영기능이 전문가용 캠코더에 버금갈 정도다. 그런 점을 감안한다면 DSLR 카메라의 가격은 캠코더의 기능을 동시에 활용할 수 있다는 점에서 그리 비싸다고 할 수는 없다. 또한 대부분의 디지털 캠코더가 렌즈를 교환할 수 없는 단일렌즈 방식인 것에 비해 DSLR 카메라는 렌즈의 교환이 용이하여 다양한 화각과 심도의 표현이 가능하다. 이는 다양하게 표현하고자 하는 영화의 특성을 고려했을 때 매우 중요한 이점이 될 수 있다. 물론 많은 렌즈를 마련하려면 그만큼 투자해야 하는 금액도 만만치 않겠지만 수십만원짜리 렌즈만으로도 방송 촬영이나 상업영화 제작에 사용되는 수천만원짜리 카메라의 느낌을 그럴듯하게 표현해줄 수 있다면 꽤 구미가 당기는 요소다.

여하튼 중요한 것은 오늘날 DSLR 카메라는 영화 촬영이 가능할 뿐만 아니라 캠코더 이상으로 유용할 때도 있다는 점이다. 물론 사운드의 빈약함이나 메모리 용량이 제한되어 있어 장시간 촬영이 불편하다는 점 등이 아쉽기는 하지만 단점은 하루가 다르게 빠른 속도로 개선되고 있기 때문에 그리 크게 염려할 문제는 아니라고 본다.

혹시라도 동영상 촬영기능이 되는 DSLR 카메라를 가지고 있는 사람이라면 캠코더 등의 별도 촬영장비를 추가적으로 구입하지 말고 소지하고 있는 DSLR 카메라를 충분히 활용해볼 것을 적극 권하는 바이다.

핸드폰 카메라

핸드폰 캠코더에 사용되는 렌즈는 초미니 렌즈이며 사용되는 부품들 역시 핸드폰의 경량화를 위해 무척이나 작게 설계되었다. 그러다보니 촬영기능 정도만 갖추고 있을 뿐 캠코더나 DSLR 카메라와 같은 고급 영상을 제공하지는 못한다. 촬영되는 동영상도 메모리의 용량을 최대한 절약하고 효율적으로 기록할 수 있도록 고압축 저장 방식을 사용하는 코덱을 활용한다. 이 경우 대부분 고압축 동영상인 MP4나 K3G 같은 영상의 형태로 저장되는데 용량을 최소화하기 위하여 고압축으로 저장된 동영상의 경우 압축률 때문에 편집이 쉽지 않다. 코덱 자체가 낯설어 편집 프로그램으로 실행되지 않거나 코덱 설치나 인코딩을 거친 후에도 높은 압축률 때문에 심하게 끊기고 버벅거리는 현상을 접할 수도 있다. 또한 동영상의 크기가 작아 고화질 영화를 제작하기에는 부적합한 면이 있다.

하지만 이러한 단점들이 있는 반면에 언제 어디서든지 돈 한 푼 안 들이고 영화를 제작해볼 수 있다는 점은 큰 매력이다. 지인들끼리 즉석에서 간편하게 영화 제작을 즐기기에 제격이다. 또한 편집만 잘하면 핸드폰 캠코더만으로도 얼마든지 좋은 느낌의 영상을 만들어낼 수 있다.

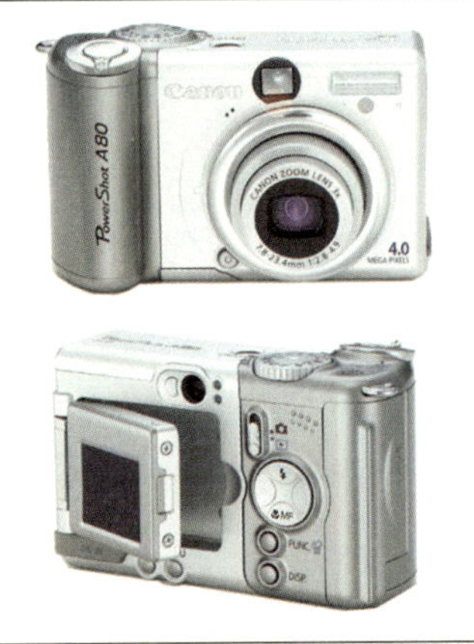

Canon A80

캐논에서 나온 가정용 디지털 카메라. 동영상 촬영은 320 × 240의 크기로 초당 15초의 영상을 한 번에 최대 3분까지 촬영할 수 있다. 역시 메모리 방식을 사용하기 때문에 촬영 후에는 USB를 통하여 간편하게 컴퓨터로 전송할 수 있으며 전송 후에도 동영상 크기가 크지 않아 비교적 안정적으로 편집을 할 수 있다 이 모델이 나온 지도 꽤 되었으니 그 이후에 나온 제품이라면 훨씬 더 향상된 기능을 갖추고 있을 것이다. 만약 당신이 그런 디지털 카메라를 소유하고 있다면 그것을 활용하여 첫 영화를 만들어보는 것도 좋은 방법이다(A80으로 촬영한 영화 감상 - 꾸러기스튜디오에서 〈청평연가〉를 검색).

Sony HC90

소니에서 나온 가정용 디지털 캠코더다. 일명 핸디캠이라고도 불리는 굉장히 보편적인 캠코더 중 하나. DV 테

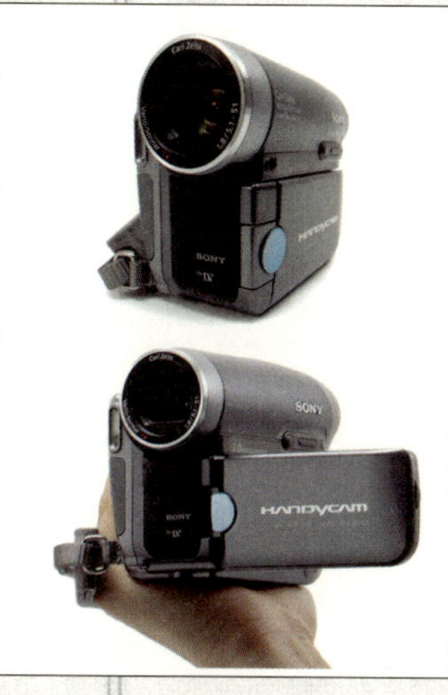

이프가 들어가는 테이프 방식이며 촬영 후에는 USB가 아닌 1394선으로 별도의 캡처 과정을 거쳐야 한다. SD 크기로 촬영되며 1CCD 방식이기 때문에 색감이나 화질이 그리 만족스러운 편은 아니지만 이런 점은 편집을 통해 보완하여 사용했다. 물론 보급형 캠코더인지라 이 녀석을 가지고 극장에서 상영되는 〈타이타닉〉이나 〈스타워즈〉 같은 느낌을 내기란 쉽지 않다. 그러나 이 녀석 고유의 느낌을 잘 활용한다면 충분히 좋은 영화를 만들어낼 수 있다.

Sony PD170

마찬가지로 소니에서 나온 준전문가용 중형 캠코더. 3CCD 캠코더이기 때문에 가정용 핸디캠보다 색감이나 화질의 표현력이 한눈에 알 수 있을 정도로 뛰어나며 크고 멋있기 때문에 들고 있는 것 자체만으로도 흐뭇한 자부심을 느낄 수 있게 해준다. 단 무게가 좀 무거운 편이라 장시간 들고 있으면 피곤하며 공공장소에서 도둑촬영을 해야 할 때 불리하다. SD 크기로 촬영되며 DV 테이

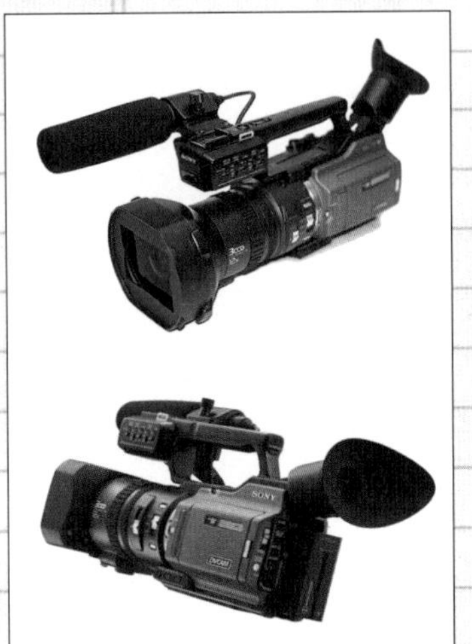

프를 사용하는 테이프 방식이다. 촬영 후엔 마찬가지로 캡처를 해야 한다. 방송국 업무가 주목적이기 때문에 아날로그 TV에서 볼 때 가장 이상적으로 보이는 1초당 30프레임(정확하게 29.97프레임)의 주사 방식으로 촬영된다. 이를 인터그레시브 방식이라고 하는데 이는 영화 필름의 촬영 방식인 1초당 24프레임의 방식과는 다른 방식으로, 방송국에서 TV에 전송할 때 사용하는 방식이다. 그렇기 때문에 영화 제작보다는 방송에 더 적합하다. 하지만 역시 사용자의 마음가짐에 달려 있는 문제이므로 주옥같은 독립영화 작품이 이 모델을 통해 만들어졌다.

Panasonic DVX100B

파나소닉에서 만든 업무용 중형 캠코더. 소니가 캠코더 시장을 거의 독식하다시피하고 있는 가운데 틈새시장을 노린 파나소닉의 야심작이라고 할 수 있다. 소니가 가정용 캠코더와 방송국용 캠코더에 집중하고 있는 사이에 저예산으로 독립영화를 제작하는 사람들을 겨냥해서 만든 독립영화 전용 캠코더라고 할 수 있다. 기존의 방송

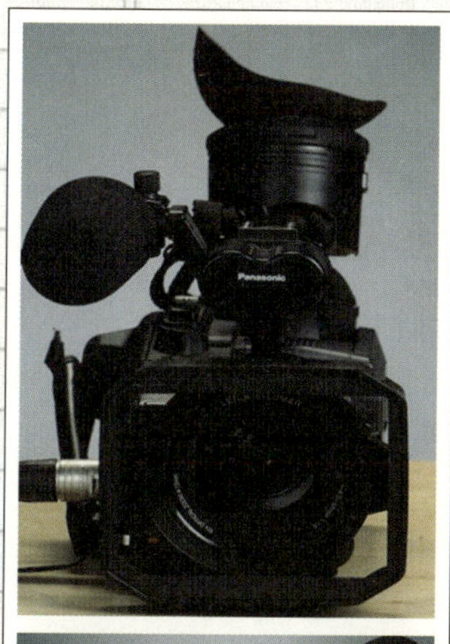

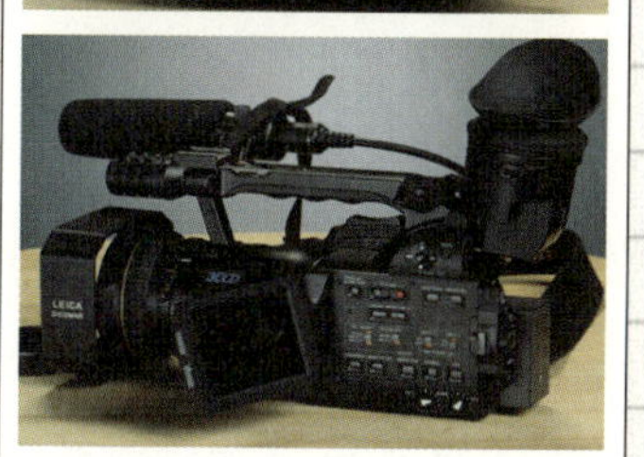

국 업무용 캠코더였던 PD170과 비교할 때 가장 큰 차이점은 필름영화와 같은 초당 24프레임의 영상을 찍을 수 있다는 점이다. 아날로그 TV용 주사 방식인 인터레이스 방식의 PD170과는 달리 DVX100B는 한 장 한 장의 완전한 사진으로 초당 24장을 만들어준다. 이렇게 초당 들어가는 프레임들을 주사 방식이 아닌 완전한 한 장의 사진으로 만들어주는 방식을 프로그레시브 방식이라고 부르는데 이 캠코더가 바로 그런 프로그레시브 방식을 사용한 캠코더다.

Canon 5D MARK 2

캐논에서 나온 전문가용 DSLR 카메라. 사진뿐만 아니라 동영상기능에 있어서도 풀 HD급으로 최고의 성능을 자랑하는 이 DSLR 카메라는 오랜 시간 캠코더시장을 독식하고 있던 소니에 대항하여 발표한 카메라시장의 터줏대감인 캐논의 선전포고와도 같은 작품이다. 요즘 같은 기술발전의 시대에 더이상 사진과 동영상이 따로 놀 필요가 없으며 오히려 렌즈의 교환이 편리한 DSLR 카메라의 이점은 동영상 촬영에 유리하기 때문에 구매자들은 따로 돈을 추가적으로 지불하지 않고도 기존의 카메라 렌즈들을 활용할 수 있게 된 것이다. 이러한 점은 지난 오랜 시간 사진 찍는 카메라와 동영상 찍는 카메라가 분리되어 생산되었던 역사를 생각한다면 혁신적인 변화라고 할 수 있다.

내장식 캠코더 렌즈가 아닌 DSLR 카메라의 사진 전용 렌즈가 만들어내는 엄청난 화각과 심도 그것은 TV나 영화관에서 보던 화면이다.

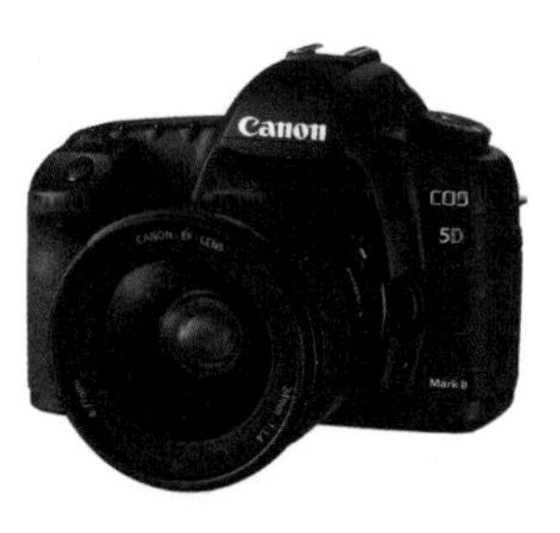

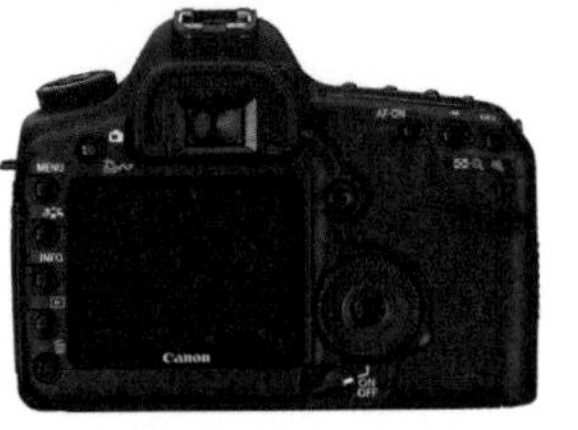

이왕이면 비싼 돈 주고 마련하는 것인데 하는 생각에 카메라를 선택하는 일이 결코 쉽지는 않다. 그러나 지나치게 신중한 생각은 때론 독이 되는 법이다. 물론 처음부터 카메라에 대해 어렵고 복잡한 설명을 잔뜩 들었으니 어떤 카메라를 사야 할지 더욱더 막막할 수도 있다. 하지만 정답은 하나다. 어떤 카메라를 사든 상관없다는 것. 최선의 선택은 자신의 형편에 맞는 카메라를 사는 것이다. 또는 자신이 선호하는 브랜드나 디자인에 따라 선택을 해도 무방하다. 왜냐하면 영화 제작에 있어 카메라란, 어떤 카메라인가의 문제가 아니라 어떻게 활용하느냐의 문제가 될 테니까 말이다.

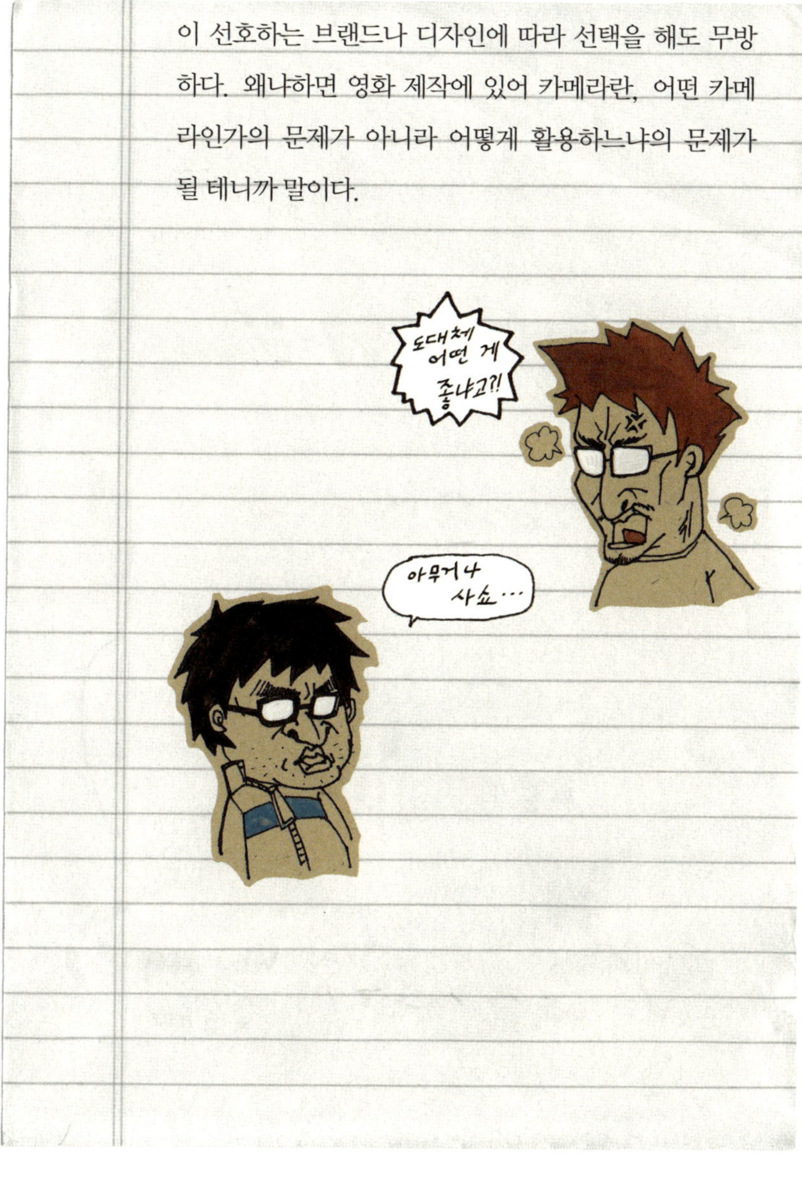

3) 촬영장비 대여하기

디지털 캠코더든 DSLR 카메라든 좀 그럴듯하게 영상이 나온다 싶은 것들은 모두 가격이 만만치 않다. 또한 그중 하나를 구입하려고 해도 당최 어떤 것이 좋고 나쁜지 직접 써보기 전까진 알 수 없다. 그럴 때 선택할 수 있는 좋은 방법 중에 하나가 바로 촬영장비를 대여하여 사용하는 것이다. 한국은 다른 나라에 비해 캠코더의 구입가격은 더 비싼 편이지만 대여비용은 무척 싸다. 이러한 점을 잘 활용한다면 충분히 좋은 장비들을 저렴한 가격에 이용할 수 있다. 구입해서 찍지 않고 대여해서 찍는다고 영화가 달라지는 것은 아니기 때문이다. 게다가 많은 사람들이 고가의 캠코더나 카메라를 구입해놓고 장롱 속에 고이 잘 모셔두는 것을 감안한다면 대여는 충분히 좋은 방법 중 하나다. 국내에서 캠코더를 공식으로 대여해주는 곳에는 크게 두 가지의 부류가 있다.

첫 번째는 캠코더 대여업체다. 국내에는 캠코더 대여업체가 꽤 많은 편이다. 게다가 대여료도 무척 저렴하다. 풍부한 색감에 고화질과 고화소로 촬영할 수 있는 중형 캠코더도 하루에 2~3만원 많게는 5만원이면 대여할 수 있다. 소형 캠코더의 대여료는 훨씬 더 저렴하다. 뿐만 아니라 삼각대와 특수렌즈 등 보조장비도 저렴한 가격에 대여할 수 있다. 대여 절차가 복잡하지 않고 비싼 장비들을 다량 보유하고 있다는 점이 장점이다. 캠코더 대여업체에 관한 정보는 인터넷 검색을 통해서 쉽게 찾을 수 있다.

두 번째는 각 지역별로 위치하고 있는 영상미디어센터다. 최근 미디어 산업과 각종 미디어 문화, 교육 등에 대한 관심이 증폭되면서 이를 전적으로 지원하는 시설인 영상미디어센터가 지역별로 많이 생겨나고 있다. 영상미디어센터는 각종 영상미디어에 대한 각계각층의 문화적 욕구와 활동에 대해서 갖가지 방법으로 지원한다. 시민을 대상으로 하는 영상교육뿐만 아니라 각종 공간 및 기자재 대여도 하고 있다. 이들 영상미디어센터의 경우 자체적으로 운영진이 따로 편성되어 있지만 국가나 시의 지원금을 받고 운영하는 경우가 대부분이라서 비영리 활동을 원칙으로 하는 경우가 많다. 그렇기 때문에 영상미디어센터에서 장비를 대여할 경우 대여업체에 비하여 더 저렴한 가격으로 대여할 수 있다. 최근 이러한 양상 때문에 대여업체들도 가격을 더 내려 이제는 그다지 큰 차이가 없는 상황이다.

그러나 아직까지 영상미디어센터에서는 월회비를 납부하는 정회원에게 대여료의 일정부분을 감액해주는 정책이 있어 더 저렴한 가격에 대여를 할 수 있다. 단, 이를 위해서는 회원가입을 따로 해야 하며 회비도 납부해야 한다. 대여해서 사용하는 횟수가 많은 사람에게는 이득이지만 그렇지 않은 사람에게는 적잖이 부담이 될 수도 있다. 뿐만 아니라 대여 절차가 복잡하고 대여업체에 비해 아직까지 장비가 다양하지 못하다는 것이 아쉬운 점이다. 그러나 영상미디어센터의 기능은 장비 대여에만 국한된 것이 아니니 회원가입을 하고 다양한 교육 프로그램을 이용하면서 많은 사람을 알아두면 훨씬 더 많은 것들을 얻을 수 있다. 이러한 점을 염두에 두고 영상미디어센터를 자주 드나들며 장비를 대여해보는 것도 좋은 방법이다.

2. 촬영의 기술

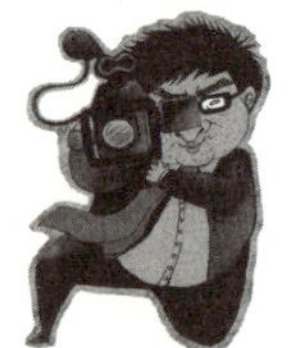

촬영을 하기 위해서는 배우도 필요하고 장소도 필요하고 시나리오도
필요하겠지만 우선은 촬영의 기술을 먼저 익혀놓는 것이 올바른 순서
다. 배우 섭이 먼저 해놓고 촬영법을 익힐 수는 없는 노릇이니까.

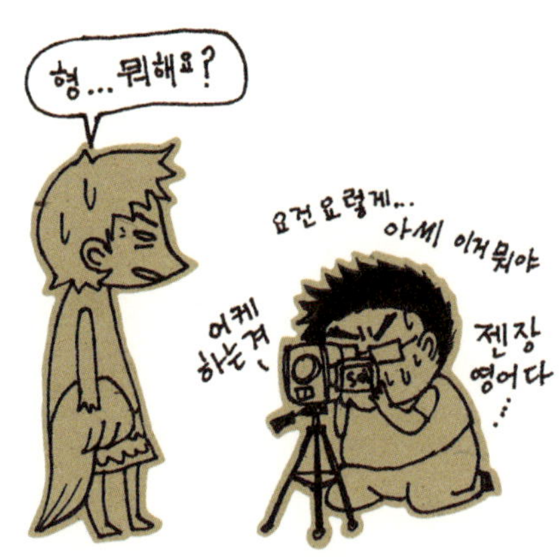

1) 캠코더의 기본 작동법

전원 켜기

캠코더의 작동법은 매우 간단하다. 우선 캠코더를 켠다. 전원 버튼은 각 카메라마다 위치가 다르다. 하지만 대부분 'ON-OFF' 또는 '켜짐-꺼짐'으로 되어 있다. 그것을 켜는 것이다. 그리고 나서 녹화 버튼을 누른다. 대부분 'REC' 또는 '녹화'라고 쓰여 있다. 색깔은 대부분 빨간색이다. 그 빨간색 버튼을 누르면 된다. 촬영 내내 누르고 있는 것이 아니라 한 번만 누르면 녹화가 시작된다. 녹화를 종료할 때는 같은 버튼을 한 번 더 누르면 종료가 된다. 혹시라도 앞이 보이지 않거나 액정화면이 까맣게 보일 경우 렌즈 커버가 닫혀 있는지 확인할 것.

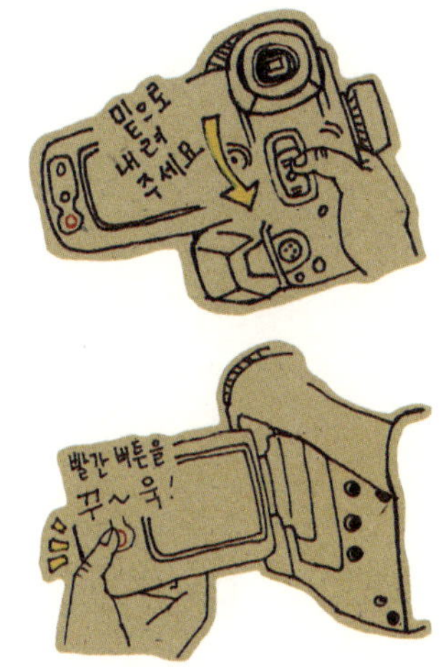

줌으로 밀고 당기기

줌zoom은 촬영에 있어서 매우 유용한 기능이다. 줌기능은 멀리 있는 대상에 직접 가까이 가지 않고도 가까이 있는 것처럼 확대시키거나 가까이 있는 대상을 멀리에 있는 것처럼 축소시킬 수도 있다. 같은 대상을 촬영하더라도 줌기능을 어떻게 사용하느냐에 따라 다양한 느낌의 영상을 만들어낼 수 있다.

대부분의 캠코더에는 줌기능이 있다. 줌을 활용하여 앞에 있는 대상을 가깝게 혹은 멀리 있는 것처럼 당기고 밀어보자. 대부분의 줌 버튼은 사용하기 편하도록 검지 손가락이 닿을 수 있을 만한 자리에 위치하고 있다. 줌 버튼을 눌러 대상을 밀고 당겨보자. 줌 버튼은 'T-W'로 표시되어 있는데 T$_{tele}$는 멀리 있는 대상을 확대해서 찍을 때 사용하며, W$_{wide}$는 넓은 시야를 확보하여 대상이 공간에 비해 작아보이도록 찍을 때 사용한다. T-W 버튼은 원하는 만큼 확대 또는 축소될 때까지 누르고 있어야 하며 한계에 다다르면 더이상 확대나 축소가 되지 않는다.

DSLR 카메라의 경우 줌기능 버튼이 따로 없고 렌즈 자체에 있는 경우가 많다. 렌즈를 직접 손으로 돌리거나 밀면 줌기능을 사용할 수 있다.

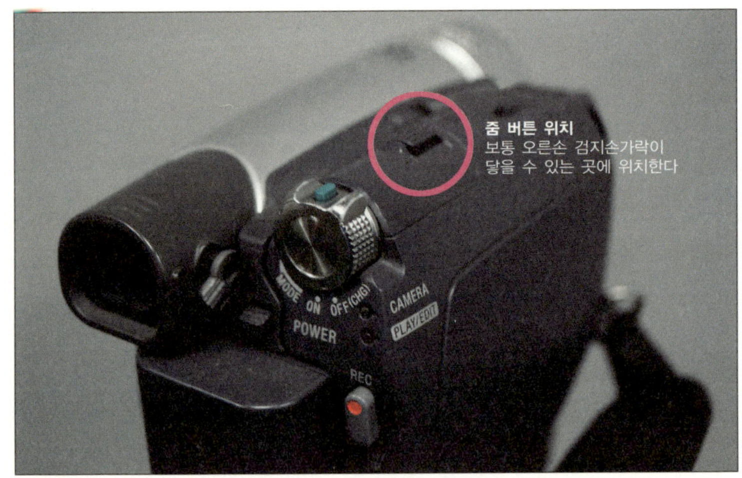

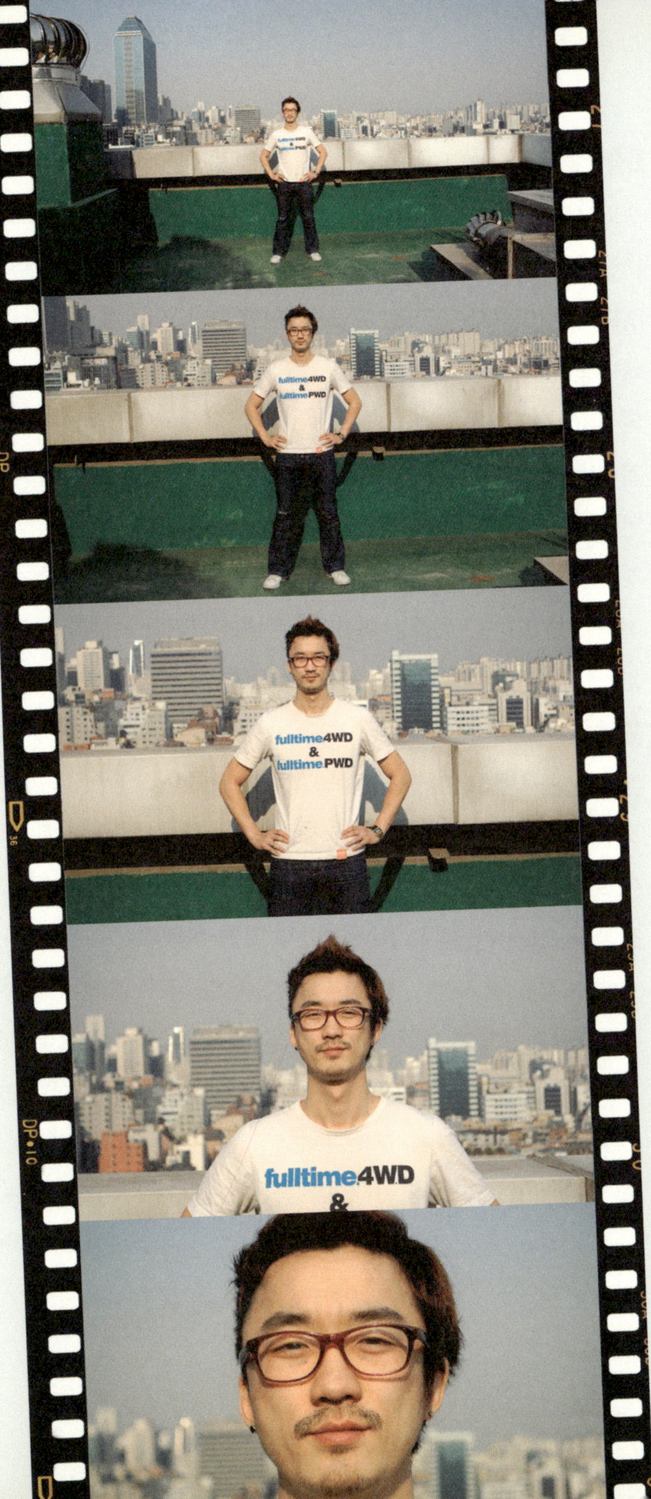

자동으로 찍기

캠코더도 사진 찍는 것과 같아서 수동으로 직접 화면의 밝기나 초점을 조절하면서 찍을 수 있다. 하지만 캠코더나 사진기의 작동법이 어느 정도 손에 익숙해지기 전에는 캠코더가 다 알아서 해주는 자동모드로 찍어보는 것도 좋다. 대부분의 캠코더는 기본적으로 자동모드로 설정되어 있으며 자동모드는 대부분의 설정을 캠코더가 알아서 조절해주기 때문에 촬영하는 사람은 그냥 녹화 버튼과 줌 버튼 정도만 조절해주면 된다. 단, 화면의 구도나 줌기능 같은 것은 촬영자의 몫이다. 그런 것까지 알아서 다 자동으로 찍어주는 캠코더는 없다. 자동모드로 따로 전환이 필요할 경우 Aauto 버튼을 눌러주면 된다.

수동으로 찍기

캠코더 사용에 있어 자동모드는 편리한 기능이긴 하나 기준값에 의해 작동하는 이 기능이 때로는 바보 같을 때가 있다. 촬영자가 지금 무엇에 초점을 맞추고 싶고 또 어떤 밝기로 촬영을 하고 싶은지 캠코더는 모른다. 그저 가장 가까이에 있거나 혹은 화면의 가운데에 위치한 대상에 초점을 맞추거나 적당한 빛으로 촬영을 할 수 있게 설정되어 있을 뿐이다. 그렇기 때문에 촬영자의 의지와 상관없이 작동할 때가 있다. 하지만 영화란 어떤 대상에 대하여 나의 의도를 표현하는 작업이므로 촬영자의 의도에 따라 화면을 구성하는 것이 중요하다. 대부분의 디지털 캠코더가 자동모드로 설정되어 있고 일부 캠코더는 수동기능의 사용이 무척이나 번거롭게 되어 있거나 수동기능이 아예 없는 경우도 있지만 수동기능은 무척이나 중요한 기능 중 하나다. 대부분의 캠코더에서 수동버튼은 Mmanual으로 표시되어 있다. 이 버튼을 활용하면 기종에 따라 다르지만 화면의 밝기나 초점을 손으로 직접 조절할 수 있다.

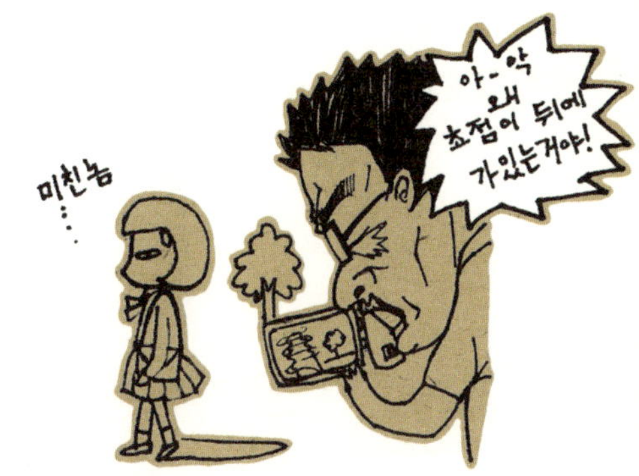

화면의 밝기 조절하기

카메라나 캠코더 사용에 있어 촬영되는 화면의 밝기, 즉 빛의 양을 조절하는 것을 흔히 "노출을 조절한다"라고 말한다. 필름이나 CCD가 빛에 얼마만큼 노출이 되는지를 조절하는 것이기 때문이다. 여기에는 두 종류의 노출이 있는데 하나는 빛을 받아들이는 구멍의 크기(조리개)를 조절해주는 방법과 구멍이 열고 닫히는 속도(셔터스피드)를 조절해주는 방법이다. 이 두 가지의 요인이 사진이나 영상의 밝기를 조절하는 데 결정적인 역할을 한다.

하지만 기종에 따라 조리개와 셔터스피드를 조절할 수 있는 것과 그렇지 않은 것이 있다. 소형 핸디캠의 경우 대부분 메뉴화면에서 밝기를 조절할 수 있고 중형 캠코더의 경우 본체 외부에서 수동으로 조절할 수 있는데 이 경우 조리개 조절 버튼은 'IRIS'로 되어 있으며 변하는 조리개의 값은 숫자 앞에 F로 표시된다(F1.4, F5.6, F16). 조리개로 밝기를 조절할 때 F값의 숫자가 낮을수록 화면이 밝아진다. 또한 F값이 낮을수록 촬영하는 대상과 배경 간의 깊은 심도(거리감)의

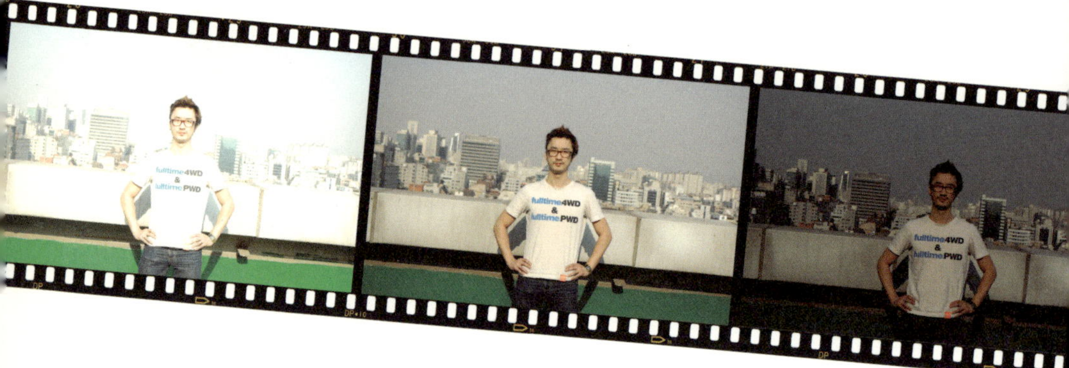

차이를 만들 수 있다.

    셔터스피드도 조절할 수 있는데 셔터스피드의 경우 1/n로 표시된다(1/30, 1/60, 1/1000). 1/30의 경우 1초당 30번 셔터가 열고 닫히는 속도로 촬영하고 있다는 뜻이다. 1/1000은 1초당 1000번 열고 닫히는 엄청난 속도로 촬영한다는 뜻이다. 단, 영상의 재생 속도와는 무관하며 빛의 조절과 관련이 있다. 열고 닫히는 속도가 빠를수록 순간적으로 받아들이는 빛의 양은 적어 어두운 화면이 만들어진다. 반면에 셔터스피드가 빠르면 움직임이 빠른 대상을 찍을 때(달리는 사람, 떨어지는 빗방울 등) 선명하게 찍을 수 있다. 조리개와 셔터스피드는 사진이나 영상의 질을 좌우하는 중요한 요인이 된다. 그렇기 때문에 이 두 기능이 얼마나 폭넓게 작용하느냐에 따라 카메라나 캠코더의 가치 역시 좌우된다.

초점 맞추기

촬영할 때 무척 중요한 요소 중 하나가 초점이다. 초점은 내가 찍고자 하는 대상이 화면에 가장 뚜렷하게 보이는 것을 말한다. 이것은 사진을 찍을 때도 마찬가지다. 사진을 찍을 때 인물에 초점이 맞지 않고 배경에 초점이 맞아 배경은 선명한 반면 정작 중요한 인물은 흐릿한 경우가 종종 있다. 이는 초점을 자동으로 설정해놓은 경우 카메라가 어떤 것이 중요한지 몰라 카메라의 기준대로 배경을 초점으로 잡은 경우가 대부분이다. 그렇기 때문에 자동초점기능은 때로 무척이나 답답할 때가 있다.

이 경우 수동초점기능을 사용해야 하는데 이는 영화 촬영에 있어서도 꽤 유용한 기능이다. 앞뒤로 걸어오며 대화를 하고 있는 두 인물의 대화 장면에서 두 인물 중 어디에 초점을 맞추느냐에 따라 관객의 시선도 따라서 이동하기 때문이다. 보통은 대사를 하고 있는 인물 쪽에 초점을 맞추지만 때로는 대사를 듣고 심각한 표정을 짓거나, 눈빛 연기 등을 하고 있는 쪽에 의도적으로 초점을 맞추기도 한다. 이는 초점의 변화만으로도 교묘하게 심리묘사를 연출해낼 수 있음을 뜻한다. 그만큼 초점은 중요한 요소 중 하나다.

DSLR 카메라의 경우처럼 대부분의 중형 캠코더에는 수동초점기능이 있다. 캠코더의 렌즈 주위에 손으로 돌리는 링이 있는데 그것을 돌리면 초점을 맞출 수 있다. 기종에 따라 민감하게 반응하는 것도 있고 둔하게 반응하는 것도 있다. 자동초점기능과 병행하는 경우 A에서

M 버튼으로 변경해줘야 한다.

반면에 소형 핸디캠의 경우 기종에 따라 수동초점기능이 없는 것들이 있으며, 있다고 하더라도 DSLR 카메라나 중형 캠코더처럼 편리하게 직접 손으로 작동할 수 있는 것이 아니라 액정화면상에 표시되는 메뉴화면의 촬영설정기능 중 수동초점기능을 선택할 수 있다. 하지만 이 경우 손으로 직접 돌리면서 초점을 맞추는 DSLR 카메라나 중형 캠코더에 비해 초점 조절이 무척 번거롭다. 그러면 수동초점기능을 활용하여 자신이 원하는 대상이 화면에서 가장 선명하게 보일 수 있도록 초점을 맞추는 연습을 해보자!

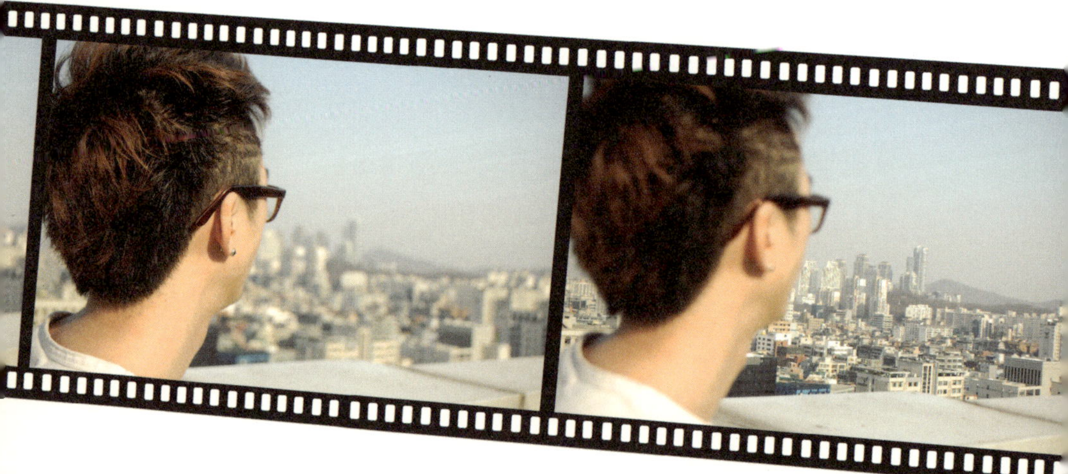

2) 다양한 구도

다양한 화면이 모여 하나의 이야기를 구성하는 영화는 어떤 구도의 화면을 사용하느냐에 따라 장면별로 다른 느낌을 나타낼 뿐만 아니라 영화 전체의 느낌에도 많은 영향을 준다. 비록 첫 영화라고 할지라도 누군가에게 보여줬을 때 "이야, 꽤 그럴듯해 보이는데!"라는 감탄사를 자아내려면 단순한 구도보다는 다양한 구도를 활용하여 좀더 프로페셔널한 영상미를 구사해보는 것이 좋다. 여기 쓰인 구도의 명칭은 기존에 쓰던 것과 필자가 나름대로 붙인 것이 섞여 있다.

고정샷

카메라가 움직이지 않고 한자리에서 고정된 촬영을 하는 것을 말한다. 특별한 기교 없이 배우들의 대사나 움직임에 좀더 집중할 수 있게 해주며 보편적으로 자주 사용된다. 안정된 고정샷을 촬영하기 위해서는 삼각대를 사용하는 것이 좋다.

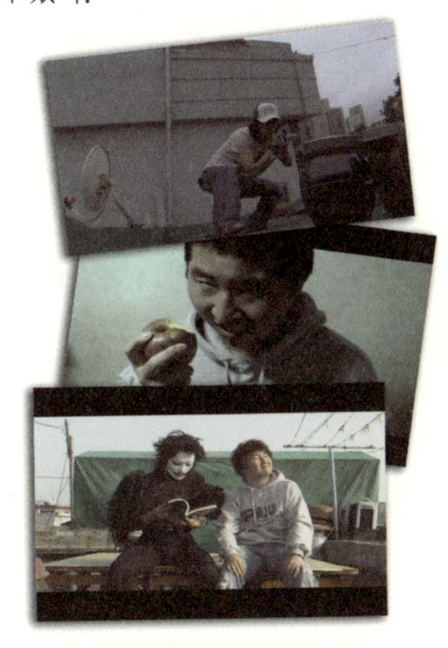

풀샷

눈앞에 보이는 화면을 전체적으로 모두 담아낸다. 배경에서부터 인물들이 한눈에 들어올 수 있도록 줌

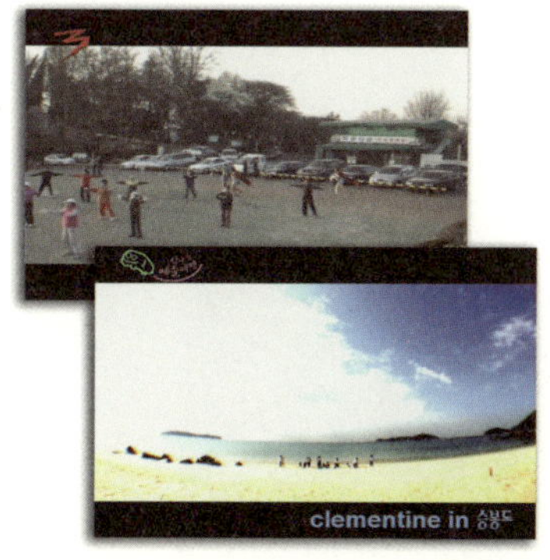

을 최대한 개방시키거나 광각렌즈를 사용하는 것이 좋다. 광활한 느낌을 표현하거나 한 화면에서 일어나는 상황을 동시다발로 보여줄 때 유용하다. 주로 풍경묘사에 좋으며 인물들 간의 사건 진행에도 간간이 사용하면 좋은 느낌을 얻을 수 있다.

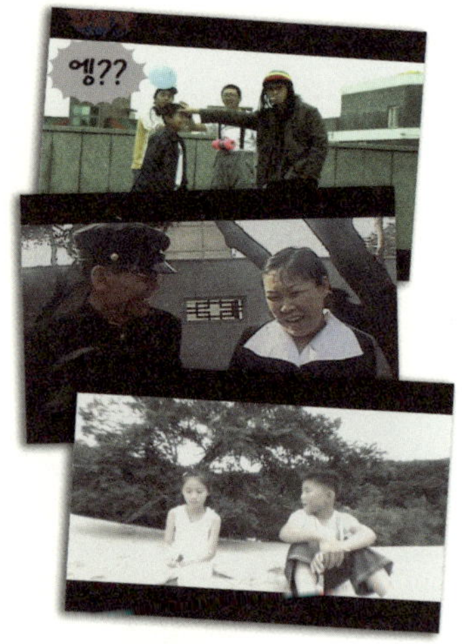

기본샷

가장 일반적으로 쓰이는 구도라서 그냥 기본샷이라고 표현하였다. 줌의 망원과 광각의 중간 단계의 구도로서 사람의 시야와 가장 비슷한 화면을 담아내는 것을 말한다. 별도의 렌즈나 줌 조작이 없이도 쉽게 촬영할 수 있는 구도로서 가장 무난하기 때문에 가상 많이 사용된다.

클로즈업

멀리 있는 대상을 가까이에 있는 것처럼 확대하여 촬영하는 것으로 특정 사물이나 인물의 집중적인 묘사에 주로 사용된다. 중요한 것을 강조해야 하거나 대사를 하는 사람의 표정을 묘사하는 데 매우 효과적이어서 자주 사용되는 구도다. 줌을 최대한 당겨야 촬영할 수 있으며 좀더 효과적인 클로즈업 촬영을 위해서는 망원렌즈를 사용하는 것이 좋다.

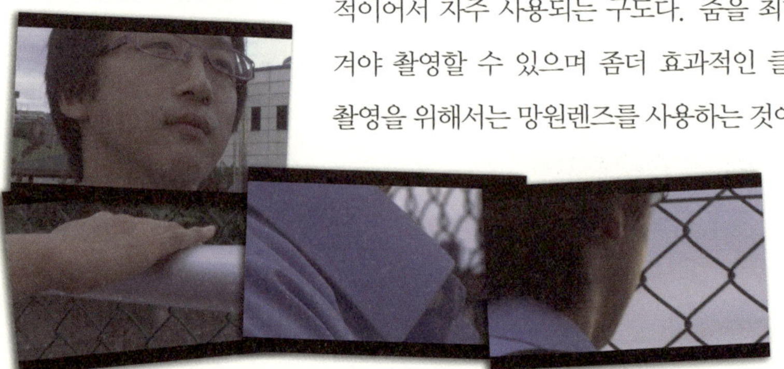

울트라 클로즈업

그야말로 헉! 소리 나오게 하는 울트라 클로즈업
이야 정식 명칭이 따로 있는지는 모르겠지만 그
런 건 중요하지 않다. 여하튼 '초특급 울트라'로
과장하여 클로즈업하는 것을 말한다. 사물이나
인물의 특정 부위를 과장되게 클로즈업함으로써
극한의 과장이나 심리묘사를 표현할 수 있다. 카
리스마 있는 눈빛연기나 다급한 상황에서 흘러내
리는 땀방울 등을 나타낼 때 자주 사용된다.

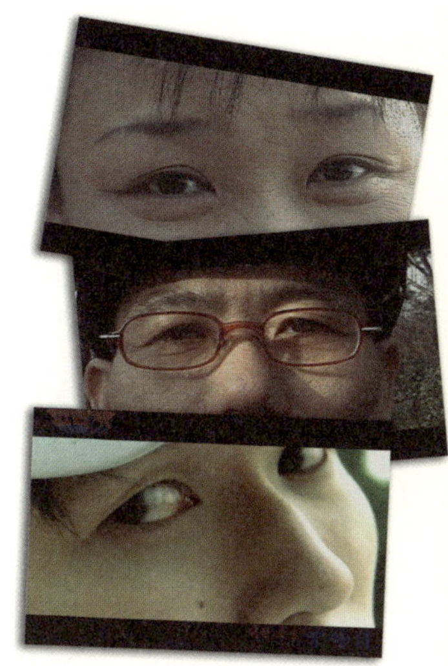

고원법

고원법은 전통 한국화에서 등장하는 구도 중 하나다. 자고로 우리 조
상님들께서는 풍경화를 그릴 때 아래에서 위로 올려다보며 그리는 방
법을 종종 사용하셨는데 이러한 구도가 바로 고원법이다. 카메라의
구도에서도 고원법은 종종 유용하게 사용되는 효과적인 구도 중 하나
다. 특정 건물이나 인물을 아래에서 위로 올려다보며 촬영함으로써
꽤 거대해 보이는 느낌이나 거
리감 등을 표현해낼 수 있다. 잘
사용하면 꽤 스타일리시해 보이
는 구도. 키가 작거나 머리가 큰
사람들에게 사용하면 효과 만점
이다!

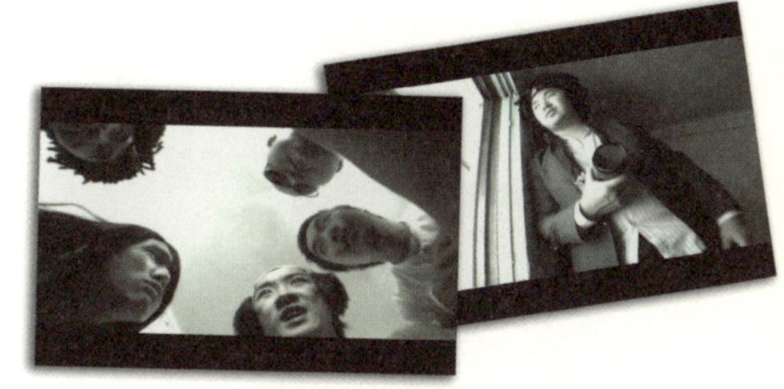

심원법

고원법이 아래에서 위로 올려다보는 방식이
었다면 심원법은 위에서 아래로 내려다보는
방식을 말한다. 위에서 아래로 내려다보며 촬
영하면 사람의 머리가 크게 보여 오히려 귀여
운 분위기를 연출할 수 있으며 평소 우리의
시야에서 보기 힘든 구도이기 때문에 독특한
효과를 연출할 수 있다. 기본적으로 손을 높게 들고 촬영하는 것부터
높은 건물 위로 올라가 촬영하는 것까지 다양하게 촬영할 수 있다.

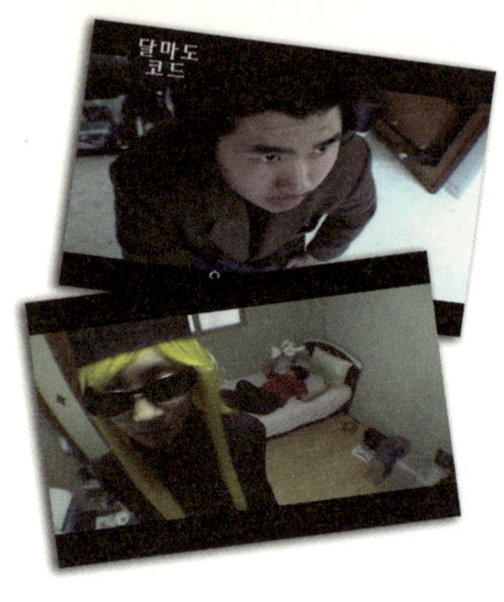

소외샷

이 구도는 등장인물을 초라하게 소외시키
는 구도이다. 거대한 건물이나 군중을 배경
으로 주인공이 화면의 구석을 차지하고 있
음으로써 우울하거나 스타일리시한 분위기
를 연출할 수 있다. 화면의 시야가 넓은 광각렌즈
를 사용하는 것이 효과적이다.

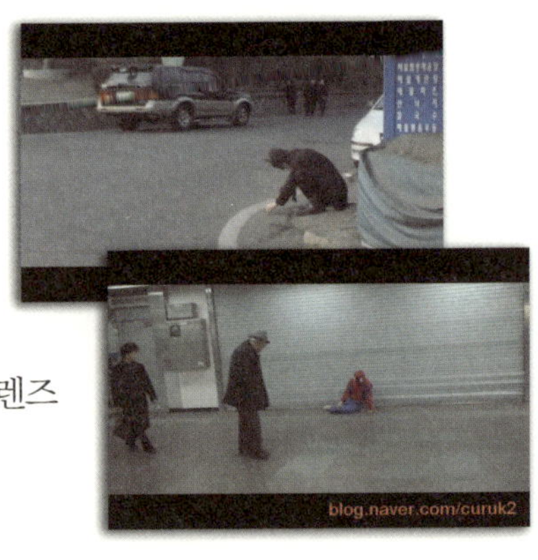

도촬

일명 '도둑촬영' 의 줄임말이다. 일반적으로 이
촬영 방법은 '몰래카메라' 를 촬영할 때 주로 사

용한다고 알고 있지만 영화에서도 종종 사용된다. 어떤 대상을 찍을 때 그 대상 앞에서 당당하게 촬영하는 방식이 아니라 주인공이 촬영하고 있는 것을 모르는 듯한 시점에서 촬영하는 것을 말한다. 공간 구석구석을 활용하여 다양한 곳에 카메라를 설치하여 촬영하면 독특한 분위기의 장면을 연출할 수 있다. 예를 들면 옷장 안이나 창문 밖에 카메라를 설치하고 주인공은 카메라의 존재를 모르고 있는 것처럼 촬영하는 것이다.

짐승샷

일명 짐승샷은 카메라가 짐승의 시야가 되어 촬영하는 것을 말한다. 짐승이 등장하는 영화에서 주로 사용되며 독특한 시점을 연출함으로써 재미있거나 무서운 화면을 만들어낼 수 있다. 예를 들면 배수관에서 사람들을 바라보고 있는 쥐의 시점, 물속에서 사람의 다리를 향해 헤엄쳐가고 있는 식인상어의 시점, 마당에서 주인을 바라보고 있는 개의 시점, 담벼락에서 사람들을 바라보고 있는 고양이의 시점 등등이 있다. 이 짐승샷을 사용할 때는 반드

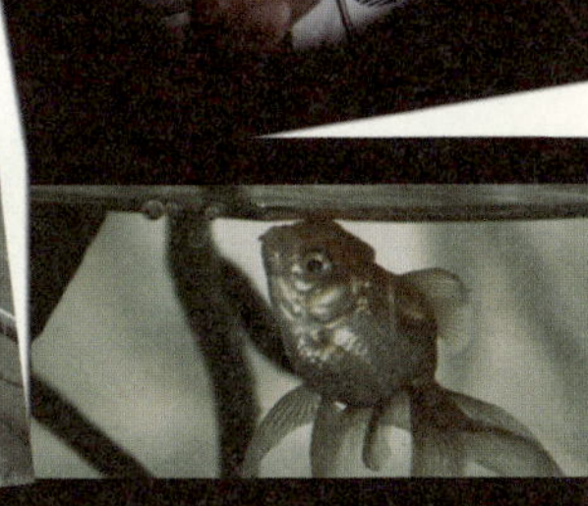

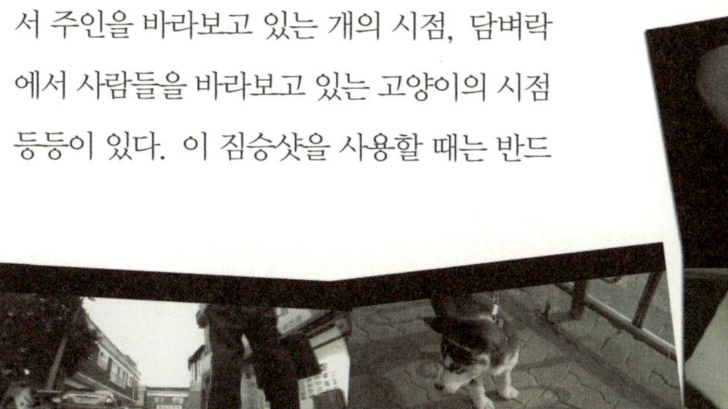

시 특정 장소에 짐승이 위치해 있는 것을 확인시켜준 뒤 사용하는 것이 좋다. 그래야 이해하기 쉬우며 짐승의 시점일 때 화면의 색을 달리해준다거나 짐승의 소리를 곁들이는 것도 효과적인 방법 중 하나다.

19금샷

이 구도는 특정한 상황이나 극한의 상황을 연출해야 할 때 주로 사용된다. 지나치게 잔인한 장면이라든가 야한 장면 등 자극적인 장면에서 이를 간접적으로 보여주고자 할 때 사용되는 구도로서 과거 성인 에로물에서 검열을 피하기 위해 고전적으로 사용하던 방법 중 하나다. 예를 들어 어떠한 '므흣한(?)' 상황이 이뤄지고 있을 때 고의적으로 전혀 상관없는 방 안의 어항을 보여준다거나 시계를 보여준다. 폭력적인 장면에서는 직접적인 가해 장면을 보여주는 대신 담벼락에 흩뿌려진 피를 찍는다서나 바닥에 떨어져 나뒹구는 물건을 대신 보여주기도 한다. 한때 결정적인 순간에서 화면의 구도가 바뀌면서 관객의 볼 권리를 침해하는 것이 아닌가 하여 격렬한 논쟁의 대상이 되기도 했던 촬영 방법이지만 최근에는 고의적으로 사용함으로써 코믹한 장면을 연출하는 데 사용되기도 한다.

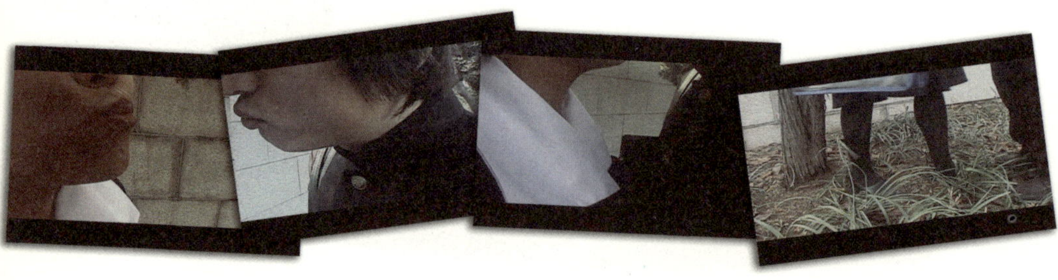

묻지마샷

그야말로 묻지도 따지지도 않고 시나리오와 관계 없이 이것저것 촬영하는 것을 말한다. 주로 촬영 공간의 사물이나 풍경을 촬영하는 것인데 이렇게 아무런 이유 없이 촬영한 영상은 차후에 영화의 내용을 더 풍성하게 해주기도 하고 진행 속도와 흐름을 윤활하게하는 데 결정적인 역할을 하기도 한다. 영화 중간에 편집되어 가미됨으로써 관객 에게 다양한 느낌을 제공해주는 것이다. 촬영장

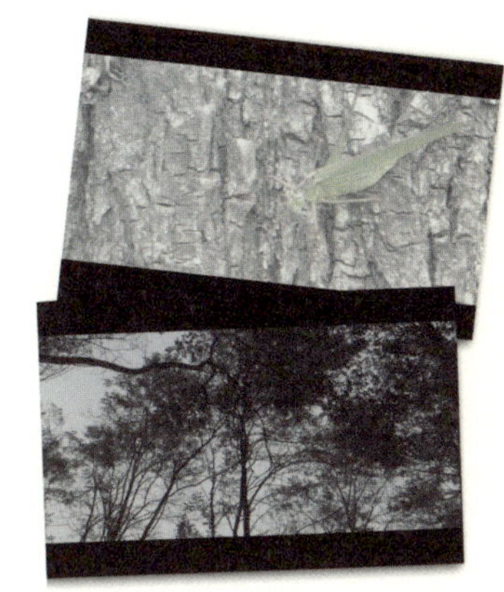

에서 배우들이 휴식을 취하는 동안 촬영감독은 이러한 소스를 최대한 많이 확보해두는 것이 중요하다. 당신의 영화를 돋보이게 하는 데 언 젠가 다 피가 되고 살이 될 것이다.

스토커샷

이름이 좀 괴상하게 들릴지는 모르겠지만 카메라가 주인공을 졸졸졸 따라다닌다 하여 필자가 붙인 이름이다. 말 그대로 스토커처럼 카메 라가 주인공을 따라 이동하면서 촬영한다. 주인공의 앞 또는 옆, 혹은

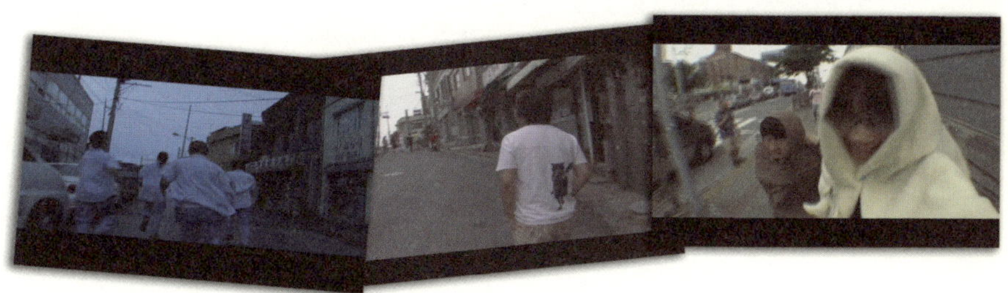

뒤에서 계속 인물과 함께하면서 인물이 만나는 다른 인물과 상황을 자연스럽게 촬영하는 방식을 말한다. 실제 스토커들이 자신이 흠모하는 대상을 몰래 촬영하는 것과는 거리가 멀다. 이때 촬영자가 인물과 지나치게 가까이에 있으면 안 된다. 간혹 햇빛을 등지고 있는 경우 카메라나 촬영자의 그림자가 인물에게 드리워질 수도 있기 때문이다.

이동샷

말 그대로 이동하면서 찍는 구도다. 스토커샷과 달리 인물을 따라다니면서 촬영하는 것이 아니라 카메라가 주체적인 입장이 되어 자유롭게 이동하면서 촬영한다. 이동샷의 가장 큰 특징 중 하나는 관객을 현장에 있는 '참여자' 처럼 느끼게 한다는 것이다. 주로 현장 취재나 다큐멘터리에 많이 사용되는 기법이지만 영화에서도 종종 사용된다.

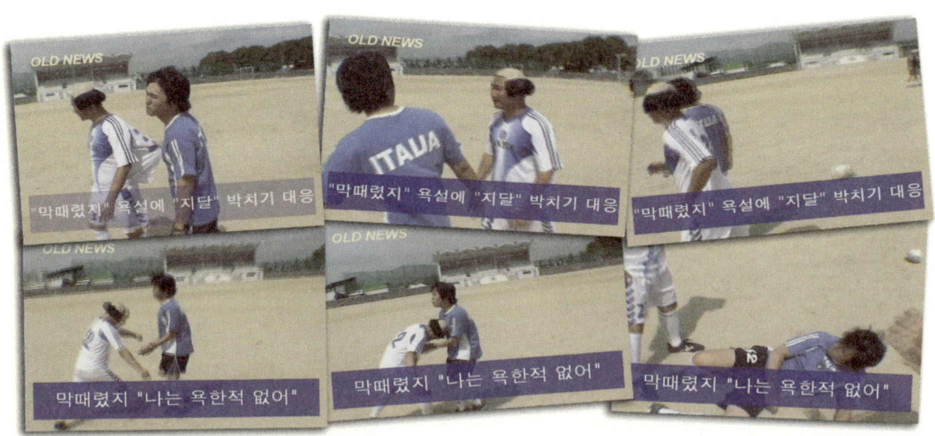

뺑뺑이샷

일명 뺑뺑이샷이라 이름
붙인 이 기법은 카메라가
열심히 회전하면서 촬영
하는 기법으로 카메라가
인물의 얼굴을 고정시키
고 인물과 함께 제자리에
서 돌아 배경이 빠르게 돌
아가는 것처럼 찍는 것과

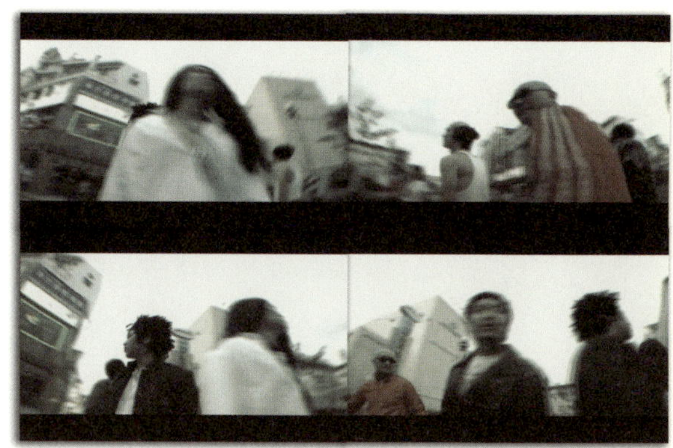

인물은 그대로 두고 인물 주변을 카메라가 열심히 빙빙 돌아가며 촬
영하는 것 두 가지로 나눌 수가 있다. 과거 멜로드라마의 하이라이트
장면에서 오랜만에 재회 후 뜨거운 포옹과 함께 격정적인 키스를 하
는 남녀 주인공의 모습을 담아낼 때 자주 사용되
었던 촬영 기법이다. 촬영자가 어지러움을 호소
하며 빈혈로 쓰러질 수도 있으니 주의해야 한다.

핸드헬드

이동샷이나 스토커샷처럼 카메라의 이동이 많은
촬영을 할 때 카메라를 특정 도구에 의지하지 않
고 오로지 손에만 들고 촬영하는 기법으로 카메
라를 손에 들고 움직일 때의 미묘한 흔들림을 의
도적으로 이용한다. 기본적으로 대부분의 촬영은

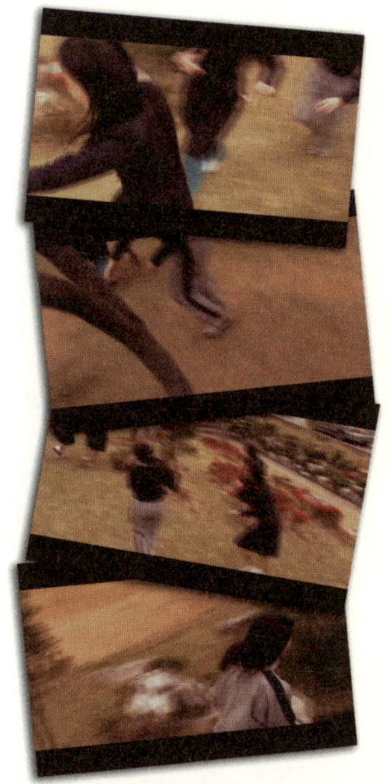

카메라의 심한 떨림을 방지하려고 노력하는 경우가 많지만 핸드헬드
의 경우 자연스러운 손떨림으로 인하여 생동감 있는 상황전달과 인물
의 심리묘사에 많이 사용되고 있다.

롱테이크샷

'롱long+테이크take = 오래 찍는다' 라는 이야기다. 여기서 오래 찍는
것이란 한 장면이 바뀌지 않고 계속된다는 것으로 보통 영화들의 평
균적인 한 장면의 길이가 10초 내외인 것에 비해 롱테이크샷은 1~2분
이상의 긴 장면을 구성한다. 아무런 중간 편집 없이 오랜 시간 한 장
면이 계속해서 진행되는 이 샷은 나름대로 현장감 있고 사건 진행에
자연스러운 느낌을 주기 때문에 영화 속에서 종종 사용된다. 하지만
긴장감 없이 너무 길기만 한 롱테이크는 다소 지루헤길 수 있으므로
주의해서 사용 해야 한다. 우리나라 롱테이크의 대표적인 작품으로는
〈서편제〉가 있다.

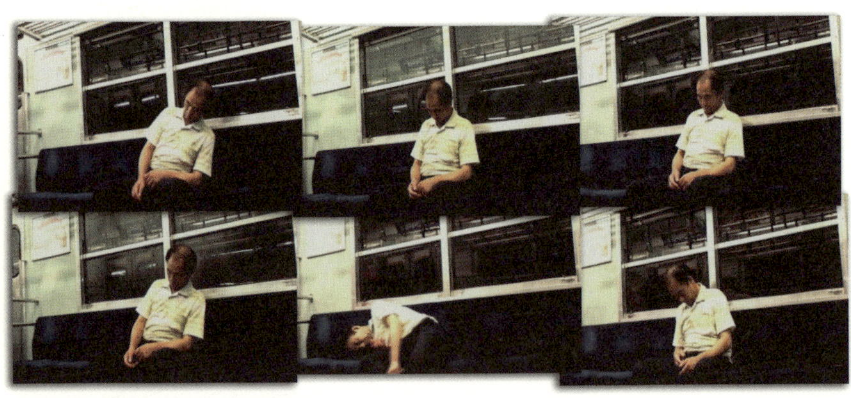

3) 촬영에 도움을 주는 도구들

삼각대

삼각대는 가장 오랜 시간 카메라와 함께해온 카메라의 '베스트 프렌드'다. 물론 캠코더에게도 좋은 친구다. 오랜 시간 촬영보조기구로 쓰인 이 기구는 흔들림 없는 고정샷을 촬영할 때 가장 유용하게 쓰인다. 자유자재로 높이를 조절할 수 있으며 크기나 기능에 따라 천차만별이다. 물론 비싼 것은 어마어마하게 비싸다. 캠코더 가격보다 비싼 삼각대도 있다. 배보다 배꼽이

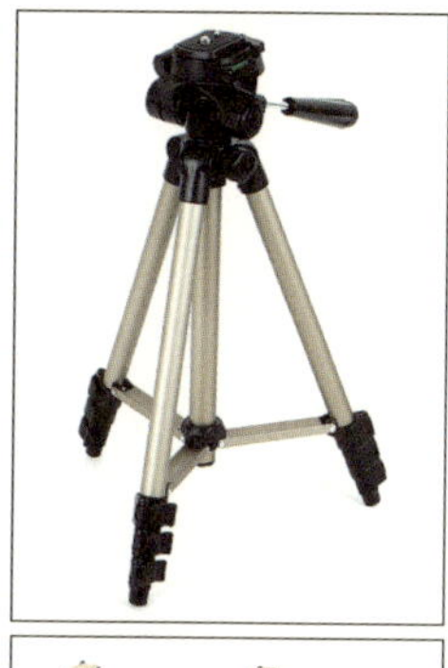
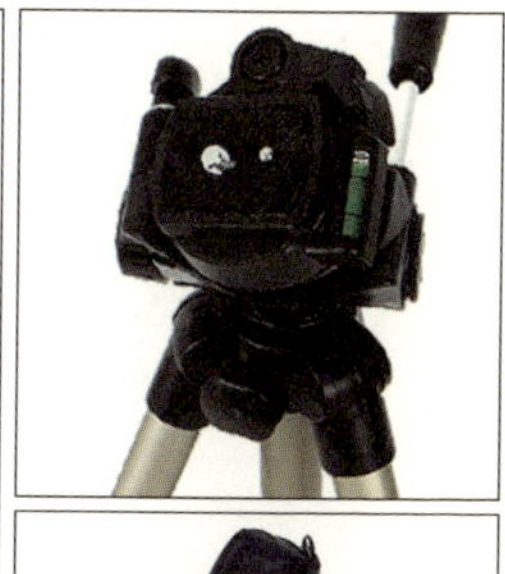
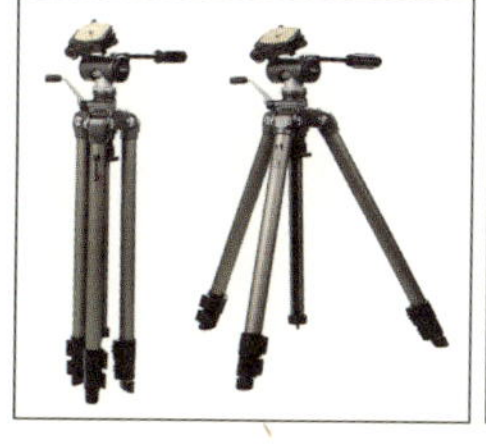
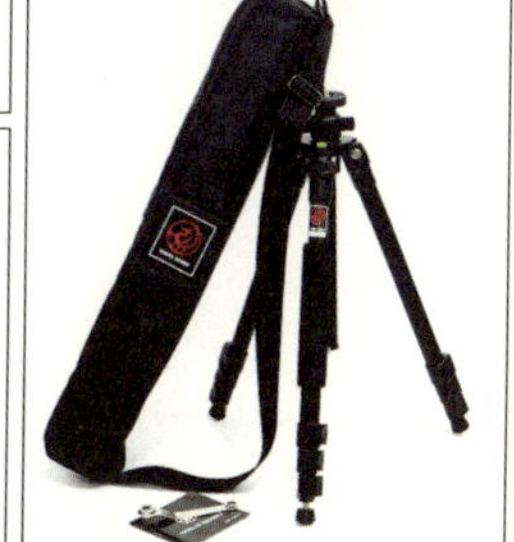

더 큰 격이라고 할 수 있지만 비싼 삼각대는 확실히 그만한 값어치를 한다. 캠코더를 위에 달아놓고 움직이는 대상을 촬영하기 위해 대상을 따라 방향 손잡이를 돌릴 때 돌아가는 느낌 자체가 다르다. 정말 부드럽게 '사르르르륵' 돌아간다. 하지만 뭐니뭐니 해도 삼각대의 본분은 흔들림 없는 고정샷 촬영에 있으니 싸구려 삼각대로도 이 점은 충분히 활용할 수 있다는 점을 명심하고 잘 활용해보자!

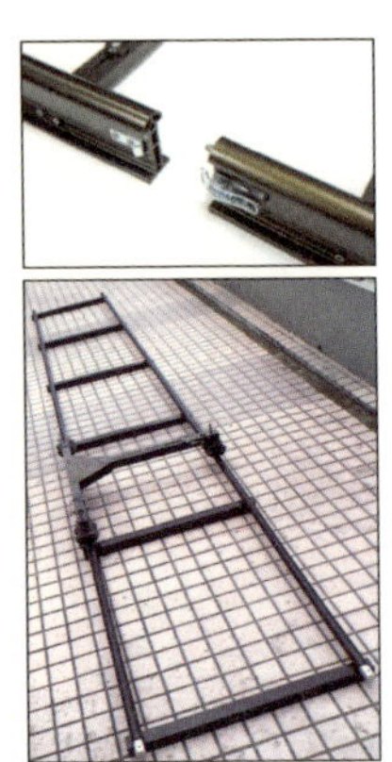

레일

여기서 말하는 레일이란 기차가 다니는 모양의 레일을 뜻한다. 실제 기차가 다니는 레일을 말하는 것은 아니니 목숨을 담보로 실제 기찻길에서 촬영하는 일은 없길 바란다. 이동샷이나 스토커샷을 촬영할 때, 핸드헬드로 자연스러운 분위기를 연출할 때도 있지만 흔들림 없이 깔끔하게 이동하면서 찍고자 할 경우 간이 레일을 주로 사용한다. 촬영자가 레일 위 차에 카메라를 고정시켜놓고 있으면 앞에서 줄로 끌거나 뒤에서 밀면서 차를 이동시킨다. 주로 방송국에서 사용하는 장비지만 간혹 만들어서 사용하는 사람들도 있다.

유모차, 카트, 휠체어, 리어카, 자동차

이동샷을 찍고 싶은데 레일을 구입할 장비는 없고 핸드헬드로 가자니 뭔가 아쉬울 때 우리 주변에서 바퀴 달린 다양한 탈것을 레일 대신 사용하는 경우도 있다. 물론 이 경우 레일보다야 덜 깔끔하게 촬영되겠지만 각각 나름대로 독특한 느낌을 나타낼 수도 있다. 또한 이러한 도구들은 즉석에서 소품으로 사용할 수도 있어 일석이조다. 단, 태생이 촬영을 위해서 태어난 것은 아니므로 사용 시 안전상의 각별한 주의가 요구된다.

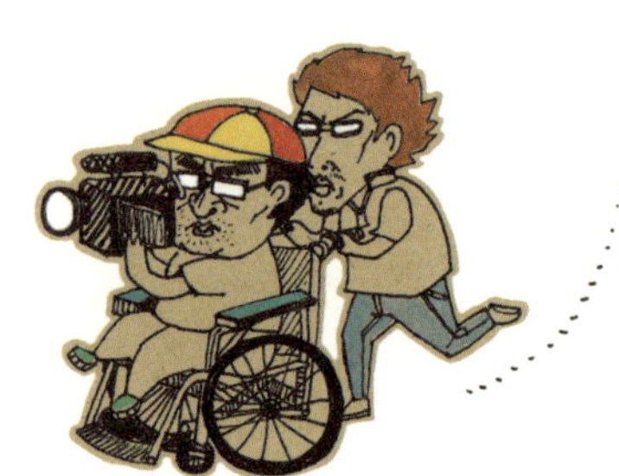

스테디캠

이동샷을 위한 또 하나의 전문 도구 중의 하나
다. 레일과 같은 도구를 사용하기 위해서는
레일뿐만 아니라 레일을 밀어줄 수 있는 보조
스태프가 추가적으로 필요하다. 이를 개선하
기 위해서 개발된 것이 바로 이 스테디캠이다.
스테디캠steadicam은 촬영자 혼자서 사용할 수
있을 뿐만 아니라 촬영자가 직접 들고 이동하
면서 촬영할 수 있어 정해진 방향과 구간만 갈
수 있는 레일보다 훨씬 더 자유롭게 촬영할 수
있다. 뿐만 아니라 이동 중에도 흔들림을 최
소화하여 떨림이 거의 없는 자연스러운 이동
샷을 촬영할 수 있다. 최근 스포츠중계 시 그

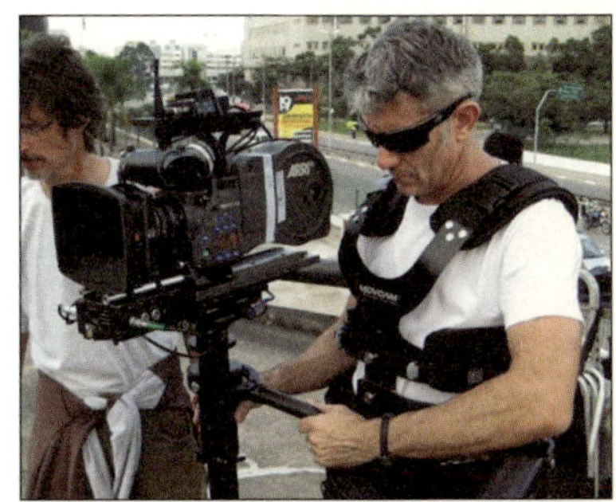
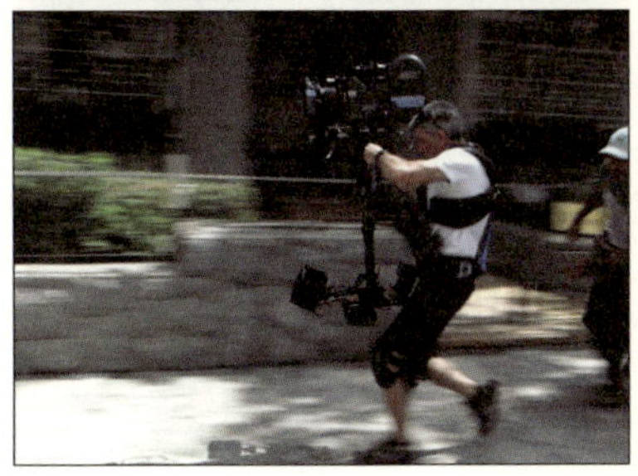

라운드 위의 선수들을 촬영하면서 현장감 있는 전달을 의도할 때 사
용하기도 한다. 특수 제작된 기구이기 때문에 가격이 좀 비싼 편이지
만 최근 보급형도 제작되고 있는 추세다. 영화에서도 사용되는데 특
히 달리는 인물을 추격하는 장면에서 사용된다. 스테디캠은 레일과
같은 고가의 보조기구와 보조인력 없이도 사용할 수 있다는 점에서
매우 유용한 장비다. 하지만 카메라의 무게와 스테디캠의 무게를 동
시에 감당해야 하기 때문에 장시간 사용하려면 체력이 좋아야 하며
자연스러운 촬영을 위해선 숙련된 노하우가 있어야 한다.

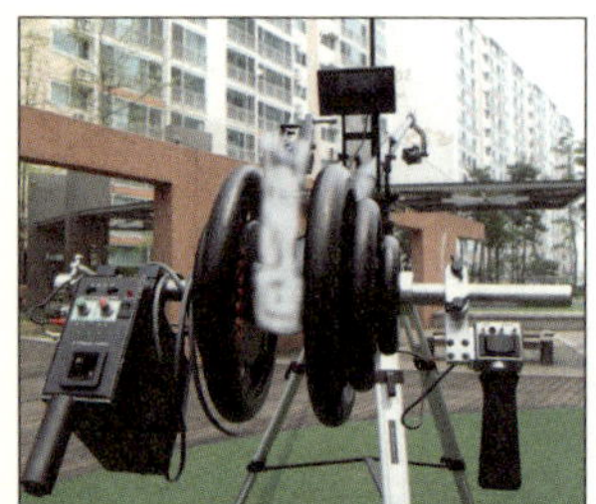

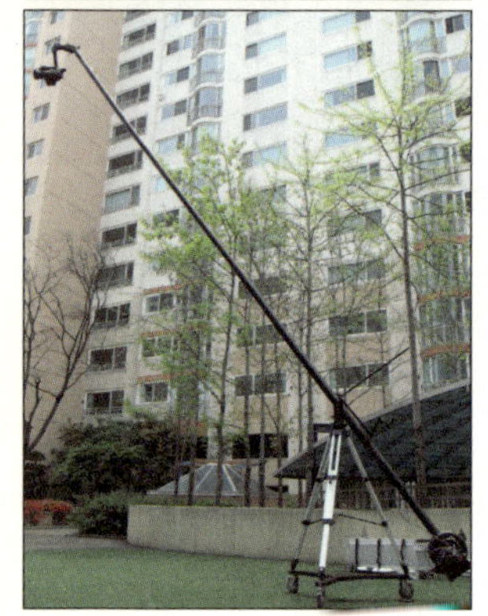

지미집

지미집 jimmyjib은 어디 높은 곳에 올라가지 않고 심원법, 즉 높은 곳에서 아래로 내려다보는 공중 촬영을 하고 싶을 때 유용한 장치다. 시소와 같은 지렛대의 원리를 이용하는 이 장치는 단순히 높은 곳에서 내려다보는 시점의 화면을 촬영하는 데만 사용되는 것이 아니라 지상의 시점에서부터 바로 하늘로 올라가면서 내려다보는 장면을 연출할 수 있는 것이 특징이다. 주로 콘서트장에서 수많은 관객을 피해 공중에서 촬영할 때 사용하며 영화에서도 자주 사용한다. 이것 역시 방송국 업무용 카메라를 위한 고가의 전문장비로서 엄청나게 비싼 가격대이지만 최근 디지털 캠코더의 사용이 증가하면서 서가형 제품도 많이 생겨났다. 영상장비 전문 대여점을 이용하면 저렴한 가격에 대여할 수 있다.

그밖에 기타 여러 가지 촬영보조장비가 있다. 대부분 촬영자의 편의와 독특한 영상 효과를 위해서 개발된 제품들이다. 종류와 가격도 천차만별이다. 여하튼 방송국용 전문장비가 아닌 저가형 디지털 캠코더를 위해서도 이처럼 실용적인 보조장비들이 많이 개발되고 있다는 것은 분명히 좋은 현상이라고 할 수 있다. 하지만 장비에 너무 욕심을 부려서도 안 된다. 장비란 얼마나 많이 가지고 있느냐가 중요한 것이 아니라 어떻게 써먹느냐가 중요한 것이다. 심지어 삼각대나 레일, 스테디캠이나 지미집 없이도 좋은 작품을 만들 수 있다. 개인마다 추구하는 스타일은 다를 수 있지만 필자의 경우 대부분의 촬영에서 삼각대조차도 사용하지 않고 촬영하는 경우가 많다. 여하튼 장비란 있으면 좋고 또 잘만 활용한다면야 더이상 아쉬울 것이 없겠지만, 없다고 해서 영화를 못 찍게 되는 것은 아니니 이러한 보조장비가 없어서 영화를 못 만든다는 생각은 버리자. 그것들은 단순히 '보조' 역할일 뿐이다.

감각 있는 촬영을 하려면

다양한 느낌과 센스 있는 장면을 만들어내기 위한 가장 좋은 훈련 방법에는 무엇이 있을까? 그것은 바로 이것저것 많은 작품을 감상하는 것이다. 많이 보는 것만큼 좋은 공부는 없다. 백 마디 이론보다 가슴을 울리는 한 장면이 당신에겐 훨씬 더 좋은 공부가 될 것이다. 스타일리시한 영상미와 독특한 느낌, 강한 개성으로 많은 사랑을 받고 있는 영화감독 쿠엔틴 타란티노도 한때 비디오가게에서 아르바이트를 하며 수많은 영화들을 섭렵했다. 전문적인 영화 연출교육을 받지 않은 그이지만 이미 그것만으로 모든 공부를 마친 셈이며 곧바로 영화를 찍을 수 있는 만반의 준비를 마친 것이나 다름없었다. 그리고 나서 그는 세계적인 영화감독이 되었다. 다양한 감독의 다양한 느낌을 영화 감상을 통해 자기 것으로 만든 것이다. 좋은 영화와 나쁜 영화란 따로 없다. 그저 다양한 영화가 있을 뿐이다. 누구의 취향이든 저마다의 가치가 있기 마련이다. 자신이 좋아하는 영화를 찾아 열심히 보자. 그러면서 장면 하나하나를 유심히 관찰해보자. 그것만으로도 당신은 이미 충분한 공부를 하고 있는 것이다.

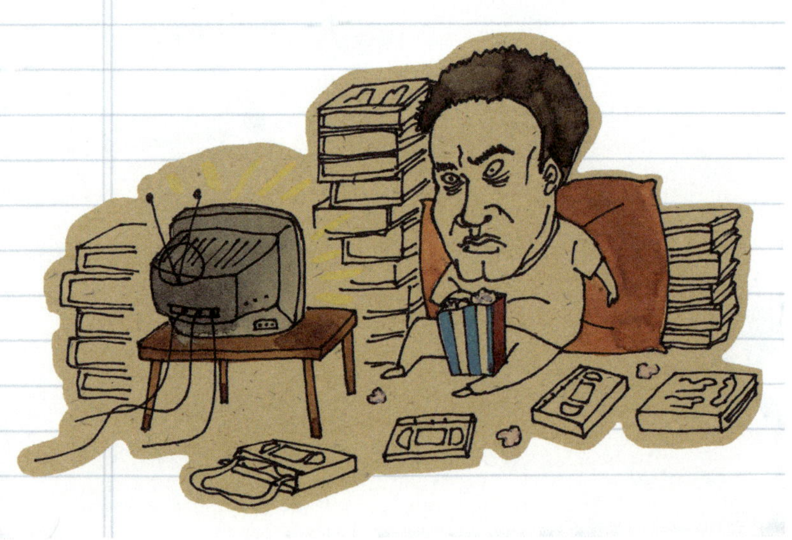

3.
있으면 좋지만 없어도 그만인 '조명'

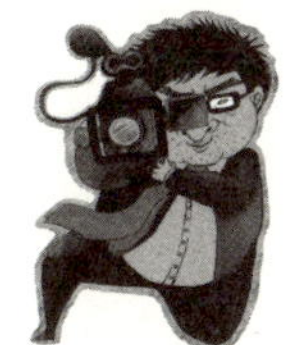

전문적으로 장비를 갖추고 영화를 찍는 상업영화판에서 정말 중요하게 생각하는 요소 중 하나가 바로 조명이다. 조명감독이라는 전문직종이 따로 있을 뿐 아니라 조명 없이 촬영하는 상업영화는 거의 없을 정도다. 그도 그럴 것이 조명에 따라 화면의 분위기 자체가 천차만별로 바뀌기 때문이다. 흔히 말하는 '영화 같은 화면'은 고급 카메라를 사용해서 만들기도 하지만 실제로는 조명의 사용이 결정적이다. 하지만 조명을 자유자재로 사용할 수 있는 건 어디까지나 충분한 자본과 인력이 뒷받침된 상업영화판의 이야기다. 카메라 하나 마련하기도 쉽지 않은 영화초보자에게 조명이란 어쩌면 그림의 떡일 수밖에 없다.

그렇다면 조명 없이 영화 촬영은 불가능한 것일까? 당연히 그렇지 않다. 카메라 없이 영화를 찍을 순 없겠지만 조명 없다고 영화를 찍는 것이 불가능한 것은 아니다. 조명은 있으면 좋지만 없다고 안 될 것도 없는 그런 부가적인 존재다. 물론 조명이 제대로 갖춰진 상태에서 찍으면 더 예쁜 화면이 나올 것이다. 하지만 그 예쁜 화면 하나 만드는 데 엄청난 물자와 인력이 필요하다. 우선 고가의 조명이 필요할 것이고, 그 조명의 색감과 방향, 양 등을 정교하게 분석할 수 있는 조명감독이 필요하다. 그리고 조명을 들고 다니는 보조인력이 필요하며 조명을 가동시키기 위한 전기나 전기차가 필요하다. 필자도 100편 가량의 영상물을 만드는 동안 정식으로 조명을 사용해본 적은 단 한 번밖에 없다. 나머지는 모두 조명 없이 촬영했거나 간이 조명을 활용하여 촬영한 것이다. 언젠가 당신도 정식 조명을 설치한 후 영화를 촬영하는 날이 올지도 모르겠다. 하지만 그전까지는 여건에 맞춰 조명 없이 영화 찍는 방법을 익혀두는 것도 좋은 경험이 될 것이다.

조명, 그것은 어쩌면 만드는 이와 보는 이의 마음에 따라 충분히 극복할 수 있는 싱대적인 미학일지도 모른다. 그러면 지금부터 저예산으로 고가의 조명을 어느 정도 극복할 수 있는 몇 가지의 임시방편에 대해서 알아보자.

1) 조명을 극복할 수 있는 카메라 설정

조명의 역할은 크게 두 가지로 나눌 수 있다. 첫째는 화면의 광량, 즉 빛의 양을 늘려주어 비교적 밝은 화면을 만들 때 사용한다. 두 번째는 빛의 색깔과 방향을 설정하여 특정한 분위기의 화면을 의도적으로 만들어낼 때 사용한다. 조명이 없으면 이러한 두 가지의 특수한 상황을 만들 수 없다. 장소가 어두우면 어두운 대로 찍어야 하고, 있는 그대로의 빛을 이용하여 분위기를 연출해야 한다. 하지만 조명이 없을 때 빛의 양을 더 확보할 수 있는 방법이 있다. 그것은 바로 카메라에서 자체적으로 빛을 최대한 많이 받을 수 있도록 설정해놓는 것이다. 수동으로 조리개나 셔터스피드 등을 조절하면 특별한 조명 없이도 어느 정도 밝은 화면으로 촬영할 수 있다는 것을 모르는 사람들이 꽤 많다.

노출 조절

캠코더의 촬영메뉴에 들어가면 '노출' 조절에 관한 메뉴가 있다. 기기에 따라 외부에 별도로 노출 조절장치가 있는 캠코더도 있다. 이 메뉴를 조절하면 화면의 밝기를 조절할 수 있다.

셔터스피드 조절

캠코더에 따라서 셔터스피드는 조절이 가능한 것도 있고 아닌 것도 있다. 마찬가지로 촬영메뉴에 들어가면 셔터스피드를 조절할 수 있다. 기기에 따라 외부에 별도로 있는 경우도 있다. 셔터스피드로도 화면의 밝기를 조절할 수 있다.

게인 조절

일종의 감도 조절기능이다. 화면의 밝기를 인위적으로 증가시키는 방법으로 어두운 곳에서 촬영 시 좋은 효과를 누릴 수도 있지만 인위적인 화이트 입자의 증가로 화질이 많이 떨어지게 된다. 기기에 따라 게인gain 조절기능이 있는 것도 있고 없는 것도 있다. 대부분의 기기는 외부에 별도로 달려 있다.

화이트밸런스 조절

화이트밸런스란 촬영장 각각의 상황별 빛의 양(온도)을 측정하여 하얀색을 기준으로 하얀색이 가장 하얀색답게 보일 수 있도록 맞추는 기능이다. 같은 상황에서도 이 화이트밸런스에 따라 각각 다른 색과 분위기의 화면을 만들어낼 수 있다. 대부분의 카메라나 캠코더에는 이 화이트밸런스기능이 있는데 기종에 따라 있는 것도 있고 없는 것도 있으며, 메뉴가 많은 것도 있고 적은 것도 있다. 화이트밸런스는 상황에 따라 알맞은 기능으로 설정해놓으면 된다.

내장 필터 사용

카메라나 캠코더에는 자체적으로 내장되어 있는 필터기능이 있다. 이 기능을 사용하면 특별한 조명이나 후보정 없이도 독특한 영상을 만들어낼 수 있다.

ND필터　대부분 소형 캠코더에는 없고 중형 캠코더에 주로 있다. 외부에 별도의 스위치가 달려 있으며 빛의 양이 많은 상태에서 빛의 양을 효율적으로 줄여준다. 주로 1/8 ~ 1/64로 빛의 양을 줄여준다.

특수 필터들　주로 휴대용 디지털 카메라나 가정용 소형 캠코더에서 볼 수 있는 특수 필터들은 촬영메뉴에서 발견할 수 있다. 아트효과, 모자이크, 세피아톤, 네거티브(반전), 미러, 흑백, 엠보스(판화), 메이크업(특정 색만 남겨놓고 모두 흑백으로 처리) 등의 다양한 효과로 구성되어 있으며 기기에 따라 기능의 종류는 다소 차이가 나기도 한다. 이러한 특수 필터를 잘 활용하면 독특한 영상을 촬영할 수 있다. 하지만 대부분 이러한 기능을 잘 사용하지 않는다. 정상적으로 촬영해도 후보정을 통해서 이러한 특수 필터들의 효과를 만들 수 있기 때문이다.

2) 자연광을 활용하라!

조명 없이도 좋은 화면을 얻을 수 있는 유일한 기회는 자연광에서 촬영할 때다. 자연광이 적절하고 예쁘게 비추는 날에는 별도의 조명을 쓰지 않아도 될 만큼 예쁜 화면이 나온다. 자연광은 인위적으로 만들어낼 수 없는 빛이다. 고로 좋은 자연광 상태에서는 조명에 구애받지 않는다. 창가를 통해 은근히 스며드는 햇살처럼 실내에서 충분히 활용할 수 있는 자연광도 있다.

좋은 자연광의 기준은 따로 있는 것이 아니다. 맑고 화창한 날씨에는 화면도 어둡지 않고 전체적으로 음영이 확실하기 때문에 촬영하기 좋은 자연광이 되겠지만 비오는 날이나 흐린 날, 눈 오는 날도 촬영자의 취향과 영화의 스토리상 그 어떤 조명으로도 살 수 없는 좋은 자연광이 될 수도 있다. 한국의 대표적인 촬영감독인 정일성 촬영감독의 경우 기계로 만들어내는 인위적인 눈 대신 실제 눈이 내릴 때 촬영하는 것을 고집했다고 한다. 또한 류승완 감독의 〈죽거나 혹은 나쁘거나〉의 경우 촬영도중 우연히 내린 눈발이 영화의 분위기를 훨씬 더 극적으로 보일 수 있도록 도와주었다. 눈부시게 화사한 날도, 우울하면서도 분위기 있게 비가 추적추적 내리는 날도, 온 세상을 새하얗게 만들 만큼 펑펑 눈이 내리는 날도 모두 자연이 주는 특별한 조명이다.

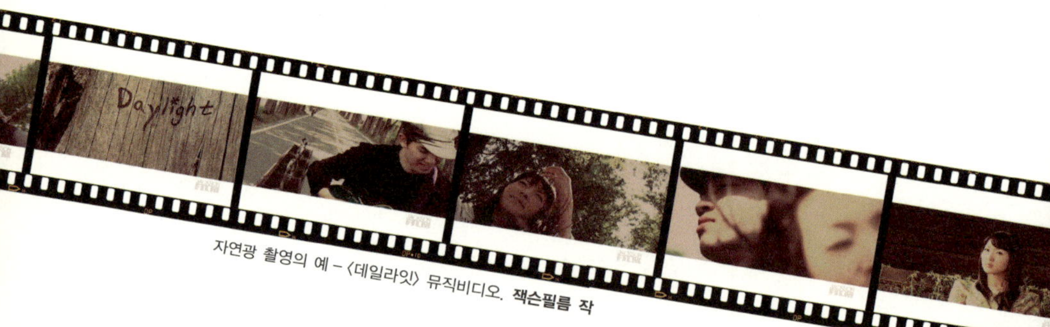

자연광 촬영의 예 – 〈데일라잇〉 뮤직비디오. 잭슨필름 작

3) 스티로폼을 활용하라!

지금까지 있는 그대로의 자연광을 조명으로 활용하는 것에 대해서 알아봤다면 이제부터는 의도적으로 만들 수 있는 조명의 활용에 대해서 알아보자.

고가의 조명장비는 그 자체만으로도 가격이 비쌀 뿐 아니라 많은 인력과 전기가 필요하다. 이럴 때 전문 조명의 도움 없이 어느 정도 효과적인 빛을 만들어주는 주변 도구들이 있다. 그중 대표적인 것이 바로 스티로폼과 거울이다.

스티로폼의 경우 어느 정도의 빛만 있으면 이를 원하는 곳에 반사시켜 은은하면서도 화사한 조명 역할을 해줄 수 있다. 주변에서 쉽게 구할 수 있는 건축자재용 스티로폼만으로도 얼마든지 사용이 가능하다.

거울의 경우에 또 다른 독특한 분위기를 연출할 수 있다. 스티로폼이 전체적으로 화사한 분위기를 연출한다면 거울은 강렬한 태양빛을 일정 영역에 강하게 반사해준다. 이를 잘 활용하면 독특한 분위기의 장면을 연출할 수 있다. 단, 특수한 상황에 어울릴 수 있는 장면이므로 스티로폼에 비해서 사용빈도는 낮은 편이다.

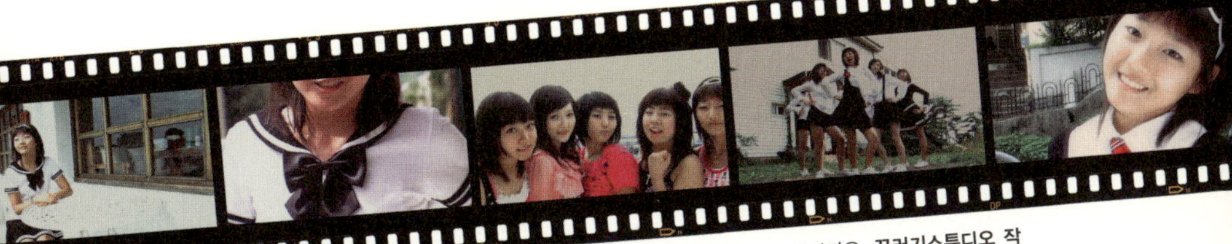

스티로폼 조명의 예 – 〈키로츠 댄스댄스〉 뮤직비디오. **꾸러기스튜디오 작**

4) 전문 조명 대여하기

이 방법은 저렴한 가격으로 고가의 조명을 사용해볼 수 있다는 장점이 있다. 영화 촬영은 365일 계속 이뤄지기 힘들고 일정 기간 내에 끝내야 하는 작업임을 감안할 때 조명을 필요할 때만 대여해서 사용하는 것은 매우 실용적인 방법이다. 또한 국내에서 영화 촬영용 조명의 대여료는 구입가격에 비해 매우 싼 편이라는 점도 충분히 추천할 만한 이유가 된다.

그렇다면 국내에서 영화 촬영용 조명을 대여할 수 있는 곳은 어디일까? 바로 캠코더 대여업체나 각 지역의 미디어센터다. 캠코더 대여업체나 미디어센터의 장비대여실에는 캠코더만 있는 것이 아니라 촬영에 필요한 거의 대부분의 보조장비들도 동시에 갖추고 있다. 또한 이러한 보조장비들은 캠코더의 대여비용보다 훨씬 더 저렴한 가격에 이용할 수 있다. 조명뿐만 아니라 마이크와 삼각대, 레일, 지미집 등을 포함하여 촬영에 필요한 대부분의 장비를 고루 갖추고 있어 이용이 매우 편리하다.

5) 후보정으로 극복하기

조명을 사용하지 못했거나 조명을 잘못 사용했거나, 밝은 날씨를 원

했는데 흐린 날씨였거나 흐린 날씨를 원했는데 밝은 날씨였거나. 이
러한 경우에 내가 원하는 밝기나 분위기의 화면으로 바꾸는 방법이
없을까? 당연히 있다. 비록 촬영 현장에서 자연 또는 조명이 만들어
주는 제대로 된 빛의 느낌을 100퍼센트 재현하지는 못하겠지만 어느
정도 보완해줄 수는 있다. 지나치게 어둡게 촬영됐거나 지나치게 밝
게 촬영된 화면은 편집 프로그램상에서 충분히 보정이 가능하다. 프
로그램의 기능에 따라 일부 프로그램에서는 밝기에 대한 보정기능이
없는 것도 있지만 웬만한 고급 프로그램에는 모두 밝기조절기능이 탑
재되어 있다. 그러므로 촬영이 만족스럽지 못했다고 우울해하거나 포
기할 필요는 없다.

4. 대사가 잘 들리려면?

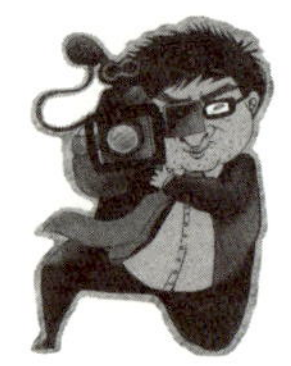

처음 영화를 만드는 사람들은 대부분 영화 제작에 있어 가장 중요한 요소는 좋은 화면을 만들어내는 데 있다고 생각한다. 그리고 좋은 구도와 멋진 분위기의 화면을 만늘어내기 위해서 열심히 노력한다. 하지만 이런 사람들은 언젠가 자신의 영화에서 아주 중요한 한 가지를 간과하고 있었다는 사실을 영화가 완성된 후 상영할 때 비로소 깨닫게 된다. 바로 소리, 대사의 전달이다.

극장에서만 느낄 수 있는 웅장한 스케일은 사운드의 영향이 매우 크다. 영화는 단순한 시각예술이 아니다. 영화는 시각적 요소에 청각적 요소와 이야기가 결합된 복합 장르다. 그러나 우리는 이 사실을 머릿속으로는 알고 있지만 은연중 망각하곤 한다. 우리는 '영화를 본다' 라는 표현은 쓰지만 '영화를 듣는다' 라거나 '영화를 느낀다' 라는 표현은 사용하지 않는다. 시각적 요소에 가장 큰 비중을 두고 있기 때문이다. 이것은 영화를 제작하는 과정에서도 마찬가지로 나타난다. 사람들은 대부분 영화를 제작할 때 화면이 잘 찍히는가에 집중할 뿐 대사가 잘 녹음되고 있는지에 대해서는 신경을 쓰지 않는다. 이러한 방심은 영화가 완성된 후 자신의 영화 대사가 주변 소리에 묻혀 거의 들릴락 말락한 지경이 되면 그때서야 깨닫게 되는 경우가 많다. 영화 제작 초보자들이 가장 범하기 쉬운 실수 중에 하나다.

하지만 뮤직비디오는 다르다. 현장에서 녹음된 소리를 전부 지우고 새 음악을 입히는 뮤직비디오는 현장에서 어떻게 소리가 녹음이 되건 신경 쓰지 않아도 된다. 그러나 영화는 대사가 잘 들리지 않으면 관객들이 영화에 몰입하기가 힘들어진다. 그만큼 대사는 중요하다. 극장에서 상영된 영화를 비디오나 DVD로 한번 주의 깊게 자세히 보라! 대사가 또렷하고 크게 잘 들릴 것이다. 어떻게 그렇게 뚜렷한 소리를 전달할 수 있는 것일까? 그 해답을 지금부터 공개한다. 거기에 더해 저 예산으로 영화를 만들 때 대사를 잘 들리게 할 수 있는 몇 가지 방법을 소개하려고 한다.

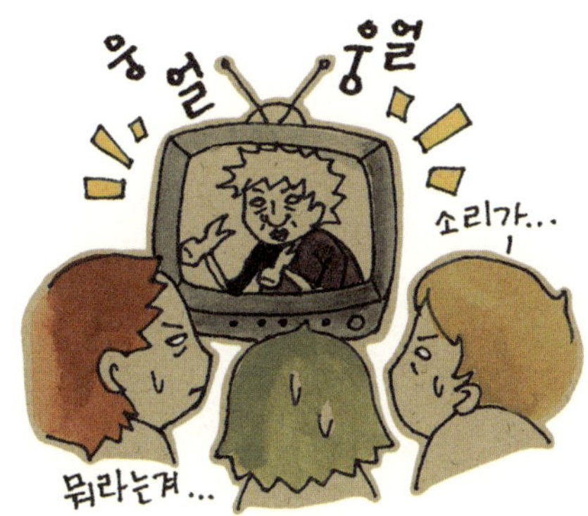

1) 캠코더의 볼륨 설정

대사를 잘 들리게 촬영하려면 우선 가장 기본적인 것부터 해줘야 한다. 바로 캠코더의 녹음기능에서 볼륨을 크게 설정하는 것이다. 대부분의 캠코더는 모든 설정이 표준으로 맞춰져 있기 때문에 볼륨을 더 키울 수 있다. 그러면 더 큰 소리로 녹음할 수 있다. 볼륨을 과도하게 높일 경우 잡음이 함께 녹음되거나 소리가 깨지는 사례들도 종종 있기는 하지만 대부분 크게 신경 쓰지 않아도 될 문제다.

여하튼 소리의 녹음에 있어서는 볼륨을 최대한 확보하고 촬영하는 것이 좋다. 충분히 잘 들릴 수 있는 대사가 캠코더의 볼륨 설정 때문에 잘 들리지 않는다면 얼마나 허무한 일이겠는가. 필자도 중요한 촬영을 할 때 누군가 캠코더의 녹음 볼륨을 최하 단위로 해놓은 것을 발견하지 못하고 촬영했다가 크게 낭패를 본 적이 있다. 캠코더의 볼륨을 크게 설정해놓고 촬영을 시작하기 전에 미리 확인해보는 습관을 들이는 것이 좋다.

2) 최대한 크고 명확하게 이야기하라!

어쩌면 너무 뻔한 이야기일지도 모르겠지만 그래서 더욱 짚고 가야할 이야기다. 가장 돈 안 들이고 기술적인 도움 없이도 대사를 잘 들리게 할 수 있는 방법은 바로 대사를 크고 명확하게 이야기하는 것이다. 전문 마이크를 사용하기 어려운 초보 영화감독의 경우 여러 면에서 효율적인 촬영을 해야 한다. 그런 점에서 가장 효율적인 방법 중 하나가 바로 이것이라고 할 수 있다. 또한 이 부분이 굉장히 중요한 이유는 아무리 전문적인 마이크를 사용한다고 하더라도 대사는 정확한 발음과 적절한 발성으로 했을 때 듣는 사람이 훨씬 편하기 마련이다. 소리가 작거나 발음이 부정확하면 아무리 녹음이 잘된다 하더라도 대사를 이해하기가 쉽지 않다. 극중 캐릭터가 원래 말을 잘 못하는 사람이 아닌 이상 정확한 발음과 적절한 발성은 영화 제작에 매우 중요한 요소라는 것을 반드시 기억하고 있어야 한다. 사실 처음 영화에 출연하는 사람들은 출연 자체를 쑥쓰러워하거나 긴장감 때문에 자신감이 결여된 상태에서 연기를 하는 경우가 종종 있다. 이럴 때 평소보다 목소리가 작아지는 경향이 있는데 연출자가 이를 적절하게 조언해 줄 필요가 있다.

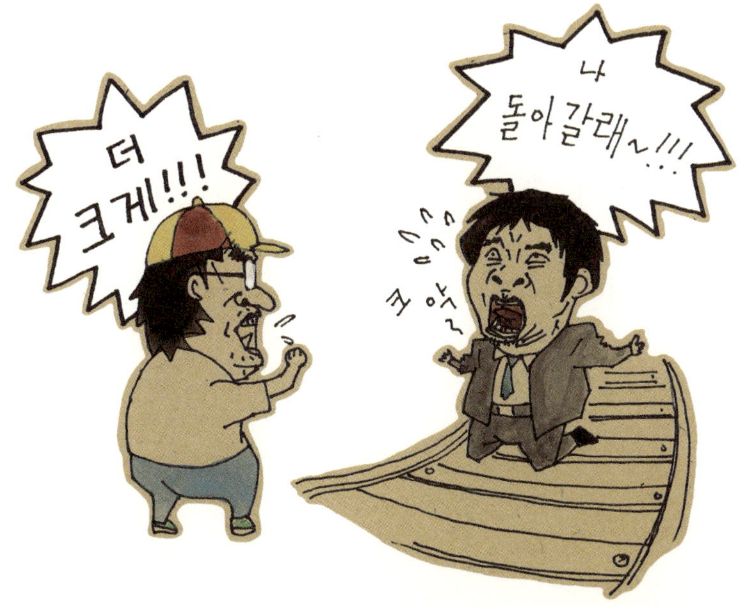

3) 주변을 최대한 조용하게 하라!

볼륨을 최대한 높이고 아무리 대사를 크게 이야기한다고 해도 때론 대사가 정확하게 들리지 않을 때가 있다. 바로 주변의 소음 때문이다.

고요한 분위기 속에 두 남녀 주인공이 있다. 남자 주인공은 그동안 온갖 시련을 이겨내고 드디어 여자 주인공에게 사랑의 고백을 하려고 한다. 진지하면서도 결정적인 대사 한마디를 멋들어지게 날린다.

"나… 있잖아… 널…"

감성적이다 못해 감동적인 이 중요한 장면에서 관객들은 모두 일제히 감격의 눈물을 쏟아내려고 한다. 주인공의 결정적 한마디가 이어진다.

"사랑… 해…"

바로 그때! 어디선가 들려오는

"우와! 저기 영화 찍나봐!"

그렇다. 비록 희미하지만 관객들은 들었다. 진지함을 넘어 진상에 가까울 정도로 감성적인 두 주인공의 어깨 너머로 들려오는 동네 꼬마들의 효과음을 말이다.

이는 정말 흔하게 일어날 수 있는 일 중 하나다. 누차 이야기하지만 촬영장에서 연출자가 시각적인 면에만 지나치게 빠져 있다보면 주인공들의 대사에 신경을 못 쓰는 것은 물론이요, 심지어 주변 소음에도 무뎌지는 경우가 있다. 이 경우 편집을 하기 위해서 집으로 돌아와 촬영된 영상을 쭉 살피다보면 주변의 다양한 소음이 녹음되어 있음을 그제서야 확인하게 된다. 구경온 친구가 촬영하고 있는 모습을 기념으로 남기기 위해 연신 눌러대는 셔터 소리와 인근 도로에서 들려오는 자동차 소리는 단골손님이다. 스태프들이 소곤대는 소리와 기침 소리, 카메라맨의 거친 숨소리도 마찬가지다. 이 경우 각별한 주의가 필요하다. 그렇지 않으면 애써 촬영한 화면을 못 쓰게 되는 경우도 생기기 때문이다. 물론 후보정을 통해서 극복하는 경우도 있지만 조금만 주의를 기울이면 될 문제를 번거롭게 별도로 작업해야 한다는 것은 매우 비효율적이다. 물론 감독의 기호에 따라 주변의 소음을 그냥 자연스러운 소리로 여기는 사람도 있다. 이런 경우라면 소음은 큰 문제될 것이 없다. 그렇지 않은 경우라면 주변인들의 소리는 가급적 자제를 요청하는 것이 좋다.

자동차 소음의 경우라면 촬영 허가를 받아 도로를 통째로 통제하지 않는 이상 마땅한 수가 없다. 그저 차가 지나가지 않는 타이밍을 잘 맞춰서 촬영하는 것이 최선이다. 아니면 가급적 도로와 멀리 떨어진 곳에서 촬영하는 수밖에 없다. 필자의 경우 전쟁 중 깊은 산속에서 만난 두 군인 이야기를 영화로 만든 적이 있는데 제작비 절감 차원에서 인근 산을 찾았다. 산이 그렇게 작은 편은 아니었으나 배우와 연출자에게 허락된 시간이 많지 않아 산 초입에서 촬영을 하였다. 인근에는 예비군 훈련장이 있었고 촬영 장소 가까운 곳에 도로가 있어 차들이 자주 지나다녔다. 그때만 해도 나는 화면에만 신경을 쓸 뿐 주인공들의 대사나 주변 소음에 대해서는 그다지 신경쓰지 않은 탓에 영화에 커다란 '옥의 티'를 남기게 되었다. 고요하고 깊은 산속에 단둘이 주고받는 진지한 대화를 멀리서 들려오는 자동차 소음이 거침없이 깨주었기 때문이다. 게다가 주인공들의 발성은 속삭이는 수준이었다. 기술적 활용 능력이 부족했던 나는 결국 이러한 문제를 극복하지 못하고 상영을 해야만 했다. 지금 생각해보면 참 아쉬운 작품이다. 하지만 이렇게 몸소 하나하나 겪어가며 영화를 배우는 내 입장에서는 소리의 중요성에 대해서 큰 깨달음을 준 계기였다. 작품에는 미안한 일이지만 이런 과정을 거친 후에야 비로소 이러한 점을 보완할 수 있는 몇 가지 방법이 있다는 것을 알게 되었다.

4) 전문 마이크를 이용하라!

처음 영화를 만드는 사람이 쉽게 사용하기 어려운 장비 중 하나가 바로 전문 마이크다. 앞에서도 언급한 바와 같이 대다수의 초보 영화감독은 영상을 중요시하는 반면 소리의 중요성은 잘 알지 못하는 경우가 많다. 그런데다 값비싼 마이크는 설사 그 중요성을 알고 있는 사람이라고 해도 선뜻 구입할 엄두가 나지 않는다. 하지만 별도의 전문 마이크 없이 영화를 만들다 소리에 대해 뭔가 아쉬움이 느껴질 때 전문 마이크를 한번 사용하게 되면 그 탁월한 성능에 감탄을 금치 못한다. 비싼 만큼 값어치를 하는구나 하는 생각이 들 것이다. 주변의 웬만한 소음은 알아서 걸러주며 마이크가 향하고 있는 방향에서 흘러나오는 작은 대사도 마치 가까이에서 녹음한 것인 양 선명하게 잡아준다. 이러한 마이크를 지향성 마이크라고 하는데 지향성 마이크를 사용해서 촬영했을 때와 캠코더의 내장 마이크만으로 촬영했을 때를 비교해보면 그 차이를 확연히 알 수 있다.

영화나 드라마 촬영장에 가보면 긴 막대기를 배우의 머리 위로 들고 있는 사람들이 있는데 그 긴 막대기 끝에 달려 있는 것이 바로 영화 촬영을 위한 지향성 붐 마이크다. 이 붐 마이크를 지탱하고 있는 긴 막대기를 보통 붐 폴대라고 부른다. 이러한 지향성 마이크는 마이크가 향하고 있는 방향의 소리를 집중적으로 수음해주며 그 외의 소음은 걸러주기 때문에 마치 따로 녹음이라도 한 것처럼 깨끗하고 선명한 소리로 녹음해준다.

성능에 따라 가격도 천차만별이지만 비싼 것은 몇 백만원선이다. 이러한 붐 마이크를 사용하기 위해서는 촬영 때마다 붐 폴대를 들어줄 별도의 스태프가 필요하다. 그렇기 때문에 저예산 영화를 찍거나 초보 영화감독의 경우 이 붐 마이크를 사용하지 않는 경우가 많다. 하지만 붐 마이크는 어떻게 생각해보면 들어가는 자원보다 얻는 효과가 훨씬 클 때도 있다. 연기자들과 촬영자 간의 거리가 그다지 멀지 않고 대부분 정면에서 촬영하는 경우야 무리해서 붐 마이크를 사용할 필요는 없을 것이다. 그러나 연기자가 카메라를 등지고 대사를 하게 된다거나 주변이 시끄럽다거나 대사를 주고받는 배우와 배우 간의 거리가 비교적 멀 때는 캠코더에 내장된 마이크만으로는 다양한 방향으로 퍼지는 각각의 소리를 일일이 다 담아낼 수가 없다. 이런 경우 붐 마이크를 사용하면 여러 방향에 있는 배우들의 소리를 동시에 근거리에서

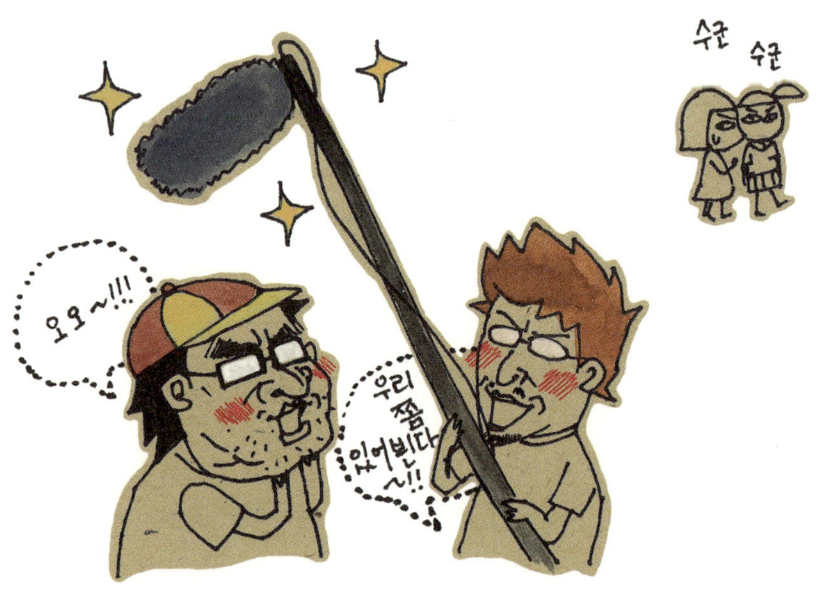

녹음할 수 있기 때문에 훨씬 더 효과적으로 수음할 수 있다. 보통 영화 촬영장에서 붐 폴대를 배우들의 머리 위에 올려놓고 마이크가 배우들을 향하고 있는 이유도 여기에 있다. 카메라의 시야에 방해가 되지 않게 배우들의 대사를 가장 가까이서 담아낼 수 있기 때문이다.

필자도 그동안 많은 작품을 캠코더에 내장된 마이크만 사용하다가 최근 작품에서 붐 마이크를 사용하여 일부 장면을 촬영해본 경험이 있는데 정말 그동안 붐 마이크를 사용하지 않아 대사가 잘 들리지 않았던 모든 작품에 미안해질 만큼 그 성능은 뛰어났다. 물론 가격이 너무 비싸 구입을 하진 못했지만 여건이 된다면 꼭 구입하고 싶다.

붐 마이크를 사용할 때 주의해야 할 점도 있다. 바로 카메라의 시야에 붐 마이크나 폴대가 보이지 않도록 해야 한다. 가끔 어떤 영화에서 붐 마이크와 폴대가 심심치 않게 등장하는 경우가 있다. 모두 실수에서 비롯된 것들인데 이러한 실수를 줄이기 위해서는 붐 마이크를 사용할 때 최대한 주의를 기울여야 한다. 일부 캠코더의 경우 뷰파인더 화면보다 실제 촬영되는 영상의 화면 사이즈가 조금 더 확대 촬영되는 경우가 있다. 이럴 경우 의도치 않게 붐 마이크가 촬영되기도 한다. 이런 실수를 사전에 방지하기 위해서는 배우와 마이크의 거리를 예상치보다 조금 더 여유 있게 떼어놓는 것이 좋다. 또한 카메라가 해를 등지고 있을 경우에는 붐 마이크의 그림자가 배우의 몸이나 주변에 비치지 않도록 조심해야 한다.

붐 마이크를 사용할 때 바람이 심하게 불 경우 일명 '강아지'라고 불리는 별도의 마이크용 털옷을 입혀주면 바람소리를 제거하는 효과를 볼 수 있다.

또한 붐 마이크의 경우 오랜 시간 촬영할 때 적잖이 무게가 나가는 마이크와 폴대를 장시간 높이 들고 있어야 하기 때문에 강한 체력이 요구된다. 보통 상업영화 현장에서는 이러한 붐 마이크를 전문적으로 들고 있는 기술자들이 따로 있을 정도다. 이들은 강한 체력뿐만 아니라 카메라에 마이크가 잡히지 않으면서도 배우의 대사가 잘 수음될 수 있도록 흔들림 없이 마이크의 위치를 찾아 고정해준다. 그런 만큼 마이크를 드는 사람에게는 체력과 인내력 그리고 집중력도 필수적이다.

한 가지 더 유의해야 할 점은 이러한 별도의 마이크는 대부분 건전지를 사용하여 작동한다. 그렇기 때문에 사용하기 전에 반드시 건전지가 들어 있는지 확인해보고 사용해야 한다. 건전지 없는 마이크를 들고 하루 종일 열심히 촬영하면 의도치 않은 무성영화가 된다

붐 마이크를 사용하기 위해서는 구입보다는 대여를 활용해보는 것이 좋다. 붐 마이크 역시 영화 제작장비의 일부이기 때문에 여타 영화장비들과 마찬가지로 캠코더 대여점이나 각 지역의 영상미디어센터를 이용하면 얼마든지 대여가 가능하다. 붐 마이크 역시 구입가격에 비해 대여가격은 훨씬 더 저렴한 편이다.

5) 후시녹음을 활용하라!

잘 들리는 영화 만들기를 위한 다섯 번째 방법! 후시녹음을 활용하라! 후시녹음 즉 더빙은 깨끗하고 선명한 대사를 구현하는 데 가장 효과적인 방법이라고 할 수 있다. 이 방식은 현장에서 들리는 자연 그대로의 대사와 주변 소리를 있는 대로 사용하는 것이 아니라 마치 현장에서 들려오는 소리인 것처럼 별도의 소리를 만들어 주는 방식이다. 자연 그대로의 소리가 아니기 때문에 별로라고 생각할지도 모르겠지만 정말 정교하게 잘 만든 소리는 현장 그대로의 소리보다도 훨씬 더 현장감 있는 느낌을 만들어준다. 물론 여기에는 엄청난 기술력이 필요하다.

우리가 극장에서 감상할 수 있는 대부분의 상업영화는 이러한 별도의 후시녹음과정을 거친다. 배우들의 대사부터 심지어 주변의 소음까지도 후시녹음이 아닌 것이 없을 정도다. 하지만 우리는 그것이 만들어진 소리라는 사실을 인지하지 못하고 감상한다. 오히려 더 사실감 있다고 생각하는 경우도 많다. 더빙에 대한 기술력이 부족한 옛날 영화들을 보면 한 번에 들어도 후시녹음이라는 것을 알아들을 수 있을 법한 대사와 효과음이 등장한다. 하지만 최근에는 이러한 후시녹음기술이 많이 발달된 상태이기 때문에 우리는 후시녹음을 과장됐거나 유치하다고 생각하지 않고 듣게 된다.

여하튼 이러한 후시녹음 방식은 효과적인 대사 전달을 위해 가장 좋은 방법 중 하나임이 틀림없다. 하지만 이렇게 정교하고 자연스러운 후시녹음에는 엄청난 기술과 시간 그리고 자본이 필요하다. 대부분의 저예산영화 혹은 초보감독들에게 후시녹음이란 거의 불가능에 가까운 일이라고 할 수 있다. 따로 소리를 녹음하여 입히는 것 자체는 그다지 어려운 일이 아닐 수 있지만 자연스러운 소리를 구현해내는 것은 쉽지 않은 일이다. 하지만 후시녹음을 내 영화를 위해 적절히 활용할 수는 있다.

후시녹음을 영화에 활용할 수 있는 가장 현실적인 두 가지 방법이 있는데 첫 번째는 바로 정말 필요한 부분에만 일부 사용하는 것이다. 제작 여건상 캠코더의 내장 마이크나 혹은 붐 마이크 등을 사용해 촬영할 수밖에 없는 상황에서 일부 장면의 대사가 들리지 않을 경우 그 장면에만 더빙을 사용히는 것이나. 그러면 그다지 어색하지 않게 대사를 들리게 할 수 있다.

이는 배경 소리에도 마찬가지로 적용을 시킬 수 있는데 예를 들어 바다에서 촬영했음에도 불구하고 파도 소리가 잘 들리지 않아 분위기가 느껴지지 않는다면 파도 소리를 따로 입혀주면 훨씬 더 현장감 있는 분위기를 구현해낼 수 있다. 파도 소리와 총소리 혹은 유리 깨지는 소리와 비 오는 소리, 발자국 소리, 바람 부는 소리, 불타는 소리 등 다양한 효과음을 사용하면 더 극적으로 표현할 수 있는데 이러한 효과음의 종류는 정말 다양하기 때문에 얼마든지 원하는 소리를 구현할 수 있다. 만일 구하기 힘들거나 효과음이 마음에 들지 않을 경우 필요한 소리를 따로 녹음하여 입힐 수도 있다.

두 번째 방법은 어설픈 더빙이 오히려 효과적인 분위기를 연출하는 영화를 만드는 것이다. 앞서 언급한 바와 같이 오래된 옛날 영화들은 오히려 더빙한 것이 팍팍 티가 나는 것이 독특한 특징이다. 우리는 이러한 소리만 들어도 영화가 옛날 영화임을 알 수 있다. 이러한 분위기를 잘 활용하면 독특하고 재미있는 영화를 만들 수도 있다. 후시녹음의 장점 중 하나는 녹음을 어떻게 하느냐에 따라 분위기를 마음껏 바꿀 수 있다는 점이기 때문에 이를 잘 활용해 독특하면서도 대사를 마음껏 잘 전달할 수 있는 영화를 만들어보는 것도 괜찮은 방법이다. 필자가 제작한 영화 중 상당 부분은 이러한 점을 활용한 것들이 많은데 대부분은 자연스러운 소리를 내려고 했다기보다는 의도적으로 독특한 느낌의 소리를 구현함으로써 독특한 분위기를 살린 작품들이라고 할 수 있다.

후시녹음을 위해서 사용하는 마이크는 컴퓨터와 연결되는 일반 마이크를 사용하거나 캠코더에 내장된 마이크를 사용해도 좋다. 컴퓨터와 연결되는 마이크의 경우 윈도 보조프로그램 중 하나인 녹음기를 이용해서도 충분히 더빙을 할 수 있다.

캠코더를 활용한 녹음의 경우 별도의 조작과정 없이 촬영 때와 마찬가지로 녹화 버튼을 눌러 더빙한 뒤 편집 프로그램으로 소리와 영상을 분리시켜 영상만 제거하면 사운드 재료로써 편집에 활용할 수 있다.

효과적으로 더빙을 하기 위해서는 주변을 최대한 정숙하게 하는 것이 중요하다. 별도로 만들어주는 소리이기 때문에 아주 조용히 한다고 해도 일상적인 소음이 함께 녹음될 수 있기 때문이다. 뿐만 아니라 캠코더나 마이크를 입에 너무 가깝게 대는 것은 좋지 않다. 소리가 너무 가까운 곳에서 수음되면 파장이 감당할 수 없을 만큼 증폭되어 소리가 찢어지거나 깨질 수 있기 때문이다. 최소한 입에서 30센티미터 정도 떨어진 후 녹음하는 것이 좋다.

후시녹음은 대부분 조용한 방에서 하는 경우가 많은데 방이 넓거나 공간이 비어 있는 경우 소리가 울릴 수도 있다. 교실이나 강당처럼 소리가 울리는 공간에서는 가급적 녹음을 자제하는 것이 좋다. 하지만 이는 어디까지나 깨끗한 소리를 녹음하기 위한 접근 방법이다. 울리는 소리를 효과적으로 이용하고자 할 경우 일부러 이러한 공산에서 녹음하기도 한다. 가끔 인니 가수들이 실내 화장실이나 욕실에서 녹음을 하는 경우도 있다고 한다. 화장실에서 볼일을 보며 노래를 부르면 노래가 왠지 더 잘되는 것처럼 느껴본 사람들이 있을 것이다. 화장실이나 욕실의 경우 벽에 부착된 타일 때문에 소리가 반사되어 울리면서 에코기능을 사용하는 것처럼 독특한 효과를 누릴 수 있다. 자신의 영화에 필요한 분위기에 따라 다양한 공간을 더빙 공간으로 활용해보는 것도 좋은 방법이다.

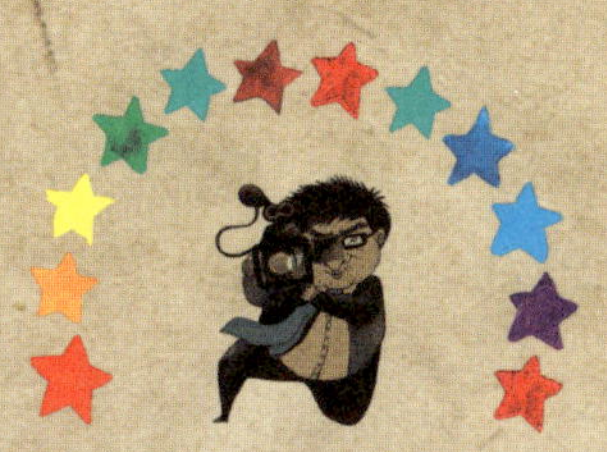

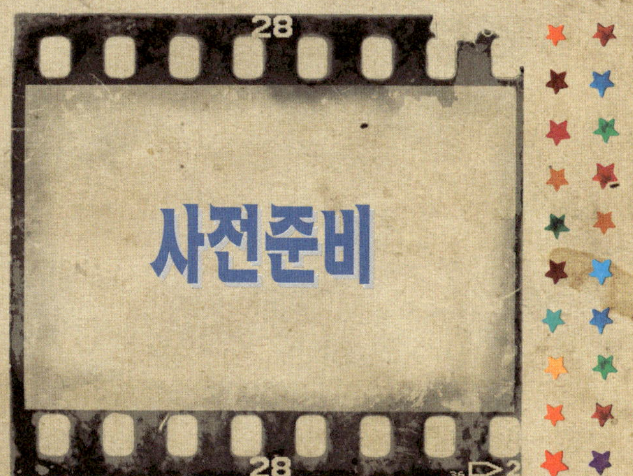
사전준비

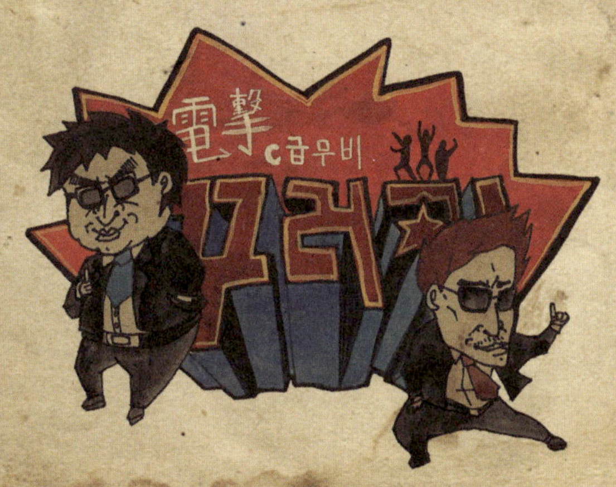

1. 어떤 이야기의 영화를 만들까?

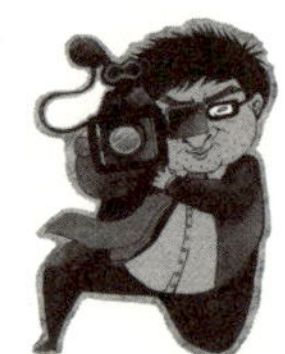

1) 시나리오는 편의과정

영화를 만드는 데 빼놓을 수 없는 가장 중요한 요소 중 하나는 바로 스토리다. 즉 어떠한 이야기를 담고 있는가 하는 점이다. 이러한 이야기를 영화 제작에 맞게 작성해놓은 것을 시나리오라고 한다.

그렇다면 시나리오를 작성하는 방법은 따로 정해져 있는 것일까? 그렇지 않다. 시나리오라는 것은 결국 영화를 좀더 계획적이고 치밀하게 제작하기 위해서 사전에 만들어놓은 것으로 제작 진행에 있어 가이드북과 같은 역할을 한다. 아무래도 대본이나 콘티 같은 것들이 미리 잘 짜여 있으면 그만큼 제작과정은 좀더 효율적으로 빠르게 진행될 것이다.

그러나 이러한 제작 방식은 모두 충무로를 비롯하여 할리우드에 이르기까지 기존의 상업영화 시스템에서 생겨난 것들이다. 전문 인력으로 짜여 있는 상업영화의 제작 시스템 안에서는 이러한 시나리오를 담당하고 정리하는 사람들이 따로 있다. 시나리오뿐만 아니라 카메라, 조명, 음향 등의 분업체계가 확실하게 분리되어 있다. 그러나 우리는 그렇지 못하다. 그럼에도 불구하고 많은 사람들이 영화를 제작하는 과정에서 시나리오 작업과 조명, 음향 등이 마치 반드시 들어가야 하는 것처럼 교육하는 사례들이 종종 있다.

필자의 경험에 따르면 충무로와 같은 영화 제작 시스템은 그들의 환경에서나 가능한 것들이다. 소형 카메라 한 대와 컴퓨터 한 대, 그리고 지인들 몇몇이 바쁜 시간을 쪼개어 만드는 영화에서 정교하게 틀에 맞춘 시나리오는 어쩌면 사족일지도 모르겠다. 물론 사람마다 제작 취향도 다 다르겠지만 필자의 경우에는 여지껏 만든 100편에 가까운 영상 및 영화 들을 만들어내는 과정 동안 정식 시나리오는 써본 적이 단 한 번도 없다.

이런 나를 보며 혹자들은 가끔 시나리오 작업을 해볼 것을 권유해준 적이 있었는데 그것은 나에게 전혀 불필요한 작업이요 너무나도 숨이 막히는 일이었다. 머릿속으로 상상한 것을 영상으로 만드는 것이 빠른데 왜 중간에 글로 정리를 해야 하는지 도무지 이해가 되지 않았다. 물론 뭐든지 사전에 치밀하게 준비하는 성격의 사람들에게는 어떨지 모르겠다. 그러나 필자가 시나리오를 써보려고 노력한 바를 돌이켜보면 머릿속 상상력을 글로 정리한다는 것은 무척이나 어려운 일이며 영상으로 만들어낼 때와는 또 다른 느낌의 작업이라는 것이다. 결론적으로 나는 괜히 시나리오를 흉내내려고 하다가 아까운 시간만 허비하고 영상에 대한 상상력에 해방만 놓게 되는 결과를 초래하였다. 딱 정해진 대사에 정해진 구도, 모든 것을 정해진 대로만 찍으려 하니 도무지 흥이 나지도 않을뿐더러 시나리오가 없을 때 일어날 수 있는 즉흥적 상상력과 돌발적 상황, 창조적인 애드리브가 일어나지 않았다. 여하튼 시나리오를 만들어놓고 작업하는 것이 영 성격에 안 맞았던 나는 그냥 정석 시나리오라 불리는 형식을 몇 장 흉내내서 써본 다음 그 자리에서 바로 찢어버렸다. 그러고 나니 훨씬 더 유연하고 재미있게 영화를 촬영할 수 있었다. 배우들도 딱히 정해져 있는 대사가 없으니 훨씬 더 상황에 몰입하여 독창적인 연기를 보여주었다. 물론 이것은 나만의 특수한 경우이다. 무엇보다 장편영화를 찍으려면 시나리오를 쓰는 것이 여러모로 도움이 된다.

시나리오란 작업은 결국 영화 제작을 좀더 편리하게 하려고 하는 것이다. 스스로 그러한 사전과정이 필요하다고 느껴지면 그것을 활용하면 된다. 단 시나리오라는 형식이 정해져 있는 것이 아니라 당신에게 가장 효율적인 방법으로 알아보기 쉽고 편리하게 기록하면 된다. 그것이 몇 글자밖에 안 들어간 작은 메모 형식이든 외계어로 작성된 당신만의 암호이든 전혀 상관없다. 잊지 말자. 시나리오는 당신을 위한 편의과정에 불과한 것임을.

2) 어떤 이야기를 만들까?

영화를 만든다는 것은 어떤 이야기를 남에게 들려주는 것과 같다. 영화는 어찌 보면 재미있고 세련된 자기표현이다. 영화를 만들고 싶은데 구체적으로 어떤 영화를 만들어야 할지 잘 모를 때는 다음과 같은 질문을 스스로에게 던져보길 바란다.

"나는 과연 어떤 이야기를 하고 싶은 걸까?"

자 한번 가정해보자. 이 세상에 이상한 전염병이 나돌기 시작해서 모든 사람들이 벙어리가 된다. 당신도 마찬가지다. 당신의 혀는 점점 더 굳기 시작하고 당신은 결국 벙어리가 되기 일보직전이다. 그 순간 당신은 가족이나 애인 혹은 친구들이나 주변 사람들, 아니면 전세계 사람들에게 마지막으로 딱 한마디를 할 수 있다. 그때 당신은 어떤 말을 하겠는가? 자 상상의 시간이다. 당신의 마지막 한마디를 들을 수 있는 사람과 장소와 상황은 마음대로 설정해도 좋다. 자유롭게 상상해보길 바란다. 당신의 마음이 가는 대로 최대한 솔직하게, 당신은 누구에게 어떤 이야기를 하겠는가?

당신이 그토록 하고 싶었던 마지막 한마디, 그것은 당신 영화의 이야깃거리로 충분한 가치를 지닌다.

이렇게 영화라는 것은 당신이 생각하거나 처할 수 있는 어떤 구체적인 상황 속에서 당신이 정말 하고 싶었던 이야기를 하는 것이다. 당신이 영화로 이야기한다면 사람들은 적어도 영화가 상영되는 시간 동안 당신이 하는 이야기를 경청할 것이다. 당신은 그동안 하고 싶었던 이야기를 마음껏 하면 된다.

이야기는 정말 다양하다. 당신이 생각하는 불합리한 사회문제를 이야기할 수도 있고, 힘들었던 군 생활에 대해 이야기할 수도 있으며, 아련한 첫사랑의 기억에 대해서 이야기할 수도 있다. 한술 더 떠 정말 말도 안 되는 엉뚱한 상상력을 마음껏 발휘해도 상관없다. 영화 속에서 당신은 그동안 정말로 하고 싶었던 이야기를 마음껏 할 수 있다. 그것이 바로 영화를 만드는 중요한 이유니까.

시나리오는 어떤 이야기를 영화로 만들 것인가에 대한 준비과정이다. 좋은 영화를 만들기 위해서 꼭 좋은 시나리오가 필요한 것은 아

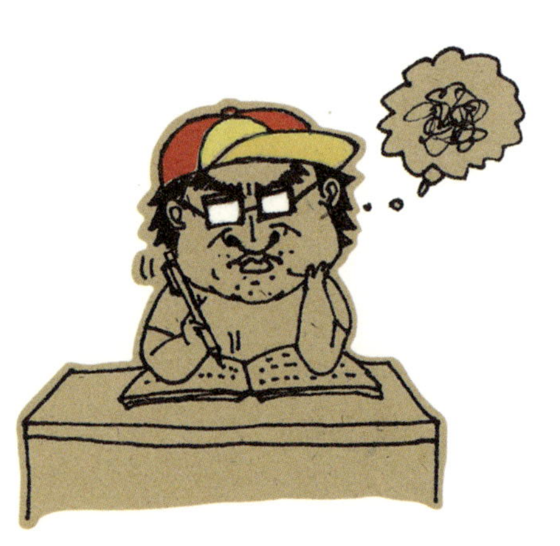

니지만 좋은 시나리오가 있으면 좋은 영화를 만들 수 있는 것은 분명하다. 시나리오는 당신이 지금 영화를 통해서 어떤 이야기를 하고 싶은지 스스로에게 묻는 과정이기도 하다.

3) 아이디어를 살리는 몇 가지 비법

그러면 부담스럽지 않은 한도 내에서 나에게 꼭 필요한 과정과 자료로써 아이디어를 살리는 비법에 대해서 알아보도록 하자.

눈여겨보라!

"어떤 이야기를 영화로 만들 것인가?" 하는 질문은 영화를 만들고자 하는 사람에게 가장 중요한 질문이다. 몇몇 실험영화를 제외하고 일반적인 극영화에서는 이야기가 없으면 영화를 만들 수 없기 때문이다. 물론 특정한 이야기를 하겠다는 사명감으로 영화를 만드는 사람도 있다. 그러나 모든 사람이 다 그런 것은 아니다. 반대로 우선 영화를 만들겠다는 결심을 하고 어떤 이야기를 만들지를 생각하는 사람도 있기 마련이다. 영화 제작자의 투자를 받아서 흥행작을 만들어야 하는 상업영화감독들의 경우에도 제작이 확정된 상태에서 어떤 이야기를 할 것인지 고민하는 경우도 있다. 이런 경우에는 어떤 이야기를 영화로 만들 것인지 결정하는 과정이 반드시 필요하며 또 중요하다.

그러나 생각보다 쉬운 문제는 아니다. 내가 어떤 이야기를 하고 싶은지 아무리 생각해도 쉽게 떠오르지 않을 수도 있기 때문이다. 너무 거창한 이야기를 해야 한다는 강박이라든가, 너무 유치한 이야기는 아닐까 하는 걱정, 배우는 어떻게 구해야 하는지, 장소는 어디를 선택해야 하는지 등등 이런저런 잡다한 생각 탓에 오히려 자유롭게 상상하지 못하는 수도 있기 때문이다.

물론 이러한 고민은 상상한 것을 뭐든지 다 영화로 만들기는 어렵다는 것을 알기 때문에 하는 아주 현실적인 고민이기도 하다. 이런 사람들을 위해서 조금은 다른 방식의 아이디어 창조 방법을 알려주고자 한다. 그것은 바로 뭐든지 눈여겨보라는 것이다!

눈여겨보라고? 도대체 뭘?

뭐든지!

앞에서도 소개한 일본 영화 〈거북이는 의외로 빨리 헤엄친다〉를 보라. 이 영화는 우리가 일상 속에서 당연히 여기는 많은 것들을 눈여겨보면 얼마나 다르게 볼 수 있는가 하는 이야기를 담고 있다. 영화의 제목은 바로 그러한 메시지를 담고 있기도 하다. 거북이를 자세히 관찰해보라. 실제 거북이는 의외로 빨리 헤엄친다.

그렇다. 우리가 당연하게 생각했던 것들은 실제로 당연하지 않은 것들이 많다. 우리 주변에 너무나도 당연하게 있어서 신경 쓰지 않았던 많은 것을 다시 한번 관찰해보기 바란다. 왜 저렇게 생겼고, 왜 저런 색을 하고 있으며, 왜 저런 맛이 나고 또 왜 저런 재질과 향으로 이뤄져 있으며, 왜 저기에 있는지, 그리고 궁극적으로 저것은 왜 존재하는지, 혹시 내가 생각한 것과 다른 존재 이유가 있는 것은 아닌지.

이 세상의 많은 사소한 것들에는 미처 우리가 발견하지 못한 저마다

의 가치와 아름다움이 있다.

끊임없는 관찰을 통해서 그러한 사소한 것들의 아름다움과 숨겨진 가치를 발견해내는 일은 영화를 창작하는 데 많은 도움을 줄 것이다. 누가 알았는가? 지구를 정복하려는 외계인의 강력한 텔레파시 신경체계를 무력화시키는 치명적인 무기가 바로 동네 약국과 슈퍼에서 파는 때타월과 물파스였다는 사실을(이 사실이 궁금하다면 장준환 감독의 영화 〈지구를 지켜라〉를 꼭 보기 바란다)!

조금 더 이야기를 정리해보자면 이러한 세심한 관찰을 통해 영화의 소품이나 배우, 시나리오도 창의적으로 만들 수 있다. 영화의 이야기를 먼저 정해놓고 거기에 맞춰 배우나 장소, 소품을 정하는 것이 일반적인 방법이기는 하지만 그렇다고 해서 무조건 그래야 한다는 법은 없다. 특정 인물이나 사물, 혹은 장소를 관찰하다가 그것이 가지고 있는 특별한 가치를 발견했다면 그 가치를 특별하게 부각시킬 수 있는 이야기를 만들어내면 된다.

실제로 필자도 이러한 경우가 있었는데 가장 대표적인 것이 일본 애니메이션 〈은하철도 999〉를 패러디한 영화 〈은하전철 999〉였다. 이 영화는 처음부터 계획하고 만든 것이 아니었다. 필자가 군대를 막 제대하고 영화 창작에 대한 재미를 한참 느껴가며 영화감독의 꿈을 키워가던 시절, 같은 과 선배 중에 키가 작은 남자 선배가 한 명 있었다. 당시 그 선배는 나와 같이 듣는 수업이 많았기 때문에 자연스럽게 함께할 수 있는 시간이 많았으며 그러는 동안 더욱 친해질 수 있는 기회도 많아졌다. 함께 수업도 듣고 술도 마시는 동안 나는 그 선배가 〈은하철도 999〉의 마니아라는 것을 알게 되었고 그 이야기를 접하고 그 선배를 바라보자 나는 그 선배가 〈은하철도 999〉의 철이와 무척 닮았다는 사실을 발견했다. 그 선배도 실제로 그런 이야기를 자주 듣는다고 했다. 그 순간 나는 선배를 주인공으로 〈은하철도 999〉를 실사 영화로 만들어야겠다는 생각을 했다. 때마침 선배도 〈은하철도 999〉를 무척 사랑한다고 하니 바로 신이 내려주신 캐스팅이 아니고 무엇이란 말인가?

　나는 곧바로 선배에게 자신이 좋아하는 캐릭터가 되어 연기해보는 것이 어떻겠냐는 제안을 했다. 물론 선배는 흔쾌히 승낙했고 꾸러기스튜디오의 존재를 세상에 알릴 수 있게 해준 대박 영화 〈은하전철 999〉가 탄생하게 된 것이다.

기록하라!

영화 시나리오는 작은 이야기 조각들을 모아 만드는 하나의 큰 이야기 덩어리다. 그러므로 이 작은 조각들을 잃어버리지 않고 차곡차곡 잘 모아두는 것은 매우 중요한 일이다. 마치 어린 시절 호주머니 안을 가득 채우고 있던 구슬이나 딱지조각처럼.

　필자는 영화 창작을 위한 대부분의 상상력이 주로 샤워를 하거나 화장실에서 큰 볼일을 볼 때 발동된다. 이유는 정확하게 모른다. 그런데 꼭 그때 생각이 난다. 아마도 그 시간만큼은 먹고살기 위해 버둥대는 생업 전선의 수많은 고민거리에서 해방되는 유일한 시간이기 때문인지도 모른다. 그 순간만큼은 정말이지 별 노력 없이도 기발한 아이디어들이 마구마구 떠오른다. 아마도 나의 샤워 시간과 똥 누는 시간이 남보다 긴 이유는 바로 이 때문이 아닐까 싶다.

그런데 이렇게 얻어낸 아이디어 중 70퍼센트는 허공으로 사라져버린다. 샤워를 마치거나 화장실에서 나오고 난 직후에 불어닥치는 엄청난 업무의 '쓰나미' 때문이다. 꿀 같은 나만의 시간을 마치고 다시 일상에 복귀하게 되면 대부분의 아이디어는 용량 적은 뇌 속에서 자동으로 삭제되어버린다. '아~ 아깝다.'

이러한 최악의 사태를 막기 위해서 반드시 기록하는 습관을 길러야 한다. 이 세상에서 당신만이 생각할 수 있는 귀중한 아이디어를 쉽게 잊어버린다는 것은 정말로 아까운 일이다. 기록하는 것이 귀찮다면 아이디어와 소재를 하나씩 놓쳐버릴 때마다 영화에 대한 혹평이 한 줄씩 늘어간다고 생각하면 된다. 그만큼 기록은 영화를 만드는 사람에게 매우 중요한 습관 중 하나다.

반드시 당신의 아이디어만을 위한 별도의 수첩이나 노트를 준비할 것을 권한다. 언제 어디서든 항상 휴대할 수 있도록 그다지 크지 않은 것으로 준비해야 편리하다. 그때그때 적어야 한다고 아무 데나 막 적어놓으면 안 적는 것과 다를 바 없으니 반드시 별도의 노트를 준비하기 바란다. 이렇게 당신만의 아이디어 노트에 적어놓은 영화의 소재나 아이디어는 당신이 더 좋은 영화를 만들 수 있게 하는 필수 아이템이 될 것이다.

이미지로 표현하라!

그런데 그 기록이 반드시 글일 필요는 없다. 당신의 생각이나 상상을 말이나 글로 설명하기 힘들거나 귀찮다면 그림으로 그리라. 예를 들면 당신의 영화 속에 등장하는 인물들의 특징이나 생김새 혹은 상황별 장면의 구도 등을 말이다. 글은 때로 내가 써놓고도 해석이 어려울 때가 있다. 그러나 그림은 어렵지 않다. 당신이 영화를 만들 때 그림은 직접적이고 아주 쉬운 방법으로 도움을 줄 것이다.

백 마디 글보다 한 컷의 이미지가 무조건 나을 수는 없다. 그러나 백 마디 글에 이미지가 더해지면 이해히기가 훨씬 너 쉬워진다.

시나리오를 작성할 때도 마찬가지다. 영화 등장인물의 생김새나 복장, 성격 등의 특징을 그림으로 남겨놓으면 훨씬 더 이해하기가 쉽다. 주요 소품이나 배경도 마찬가지다. 뿐만 아니라 마인드맵을 그려보는 것도 좋다. 인물들 간의 관계나 설정 등을 마인드맵 형식으로 그려놓으면 시나리오를 훨씬 더 이해하기 쉽다.

다음은 영화 〈지구를 지켜라〉에 등장하는 인물이나 소품을 필자가 그림으로 나타낸 것이다.

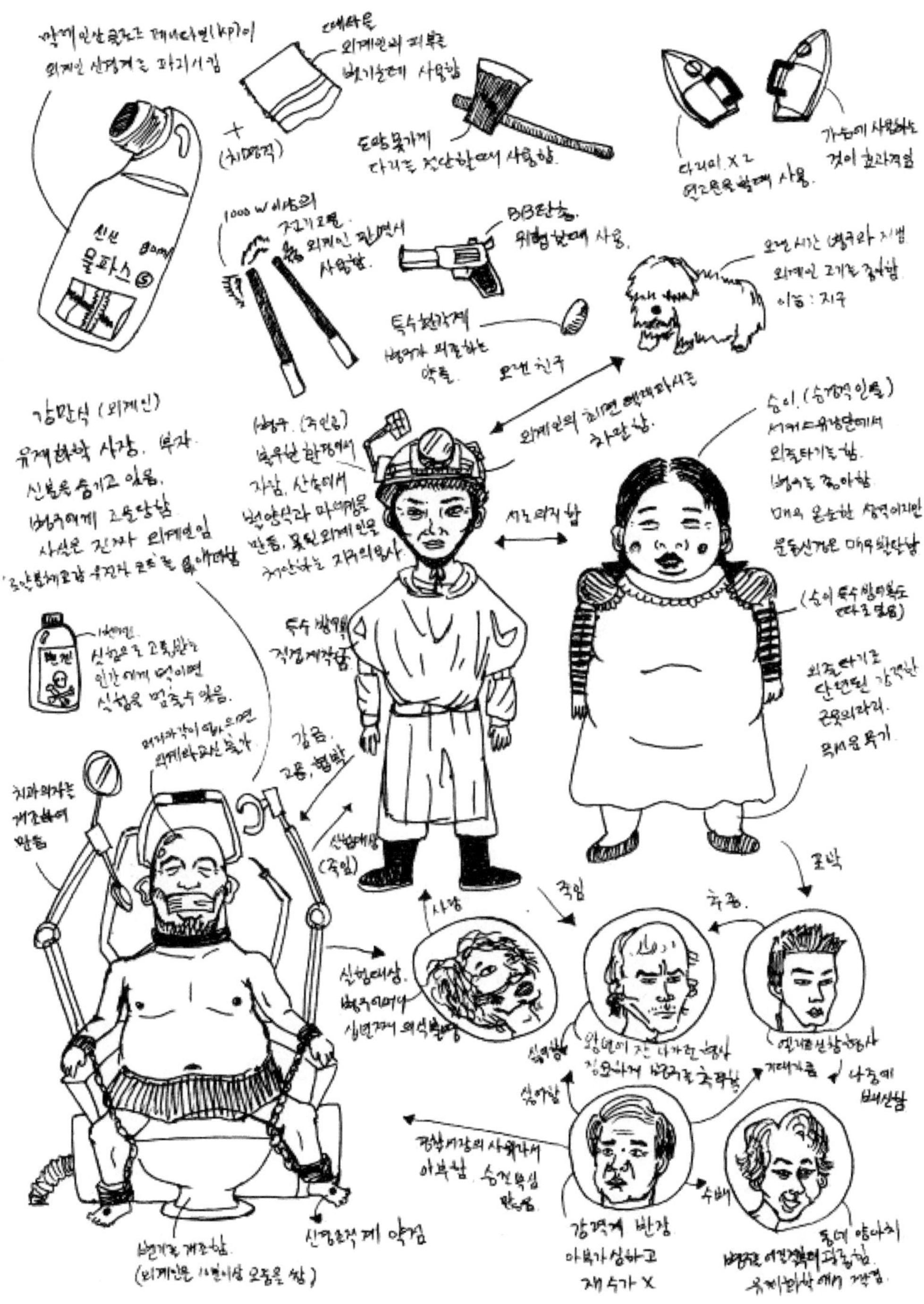

외계인 산경게을 파기시킴
(치명적)
외계인의 피부를 벗기는데 사용함.
도망 못가게 다리를 절단할때 사용함.
다리미 X 2
연고용으로 할때 사용.
가슴에 사용하는 것이 효과적임
1000 w 이상의 자기기로 외계인 관련서 사용함.
BB탄총. 위협 받을때 사용.
특수 본드계 병력가 피결하는 약품.
오랜 친구
오랜 시간 병력와 지냄 외계인 크기도 검사함. 이름 : 지구
승이 (승격적 인물) 서커스유랑단에서 외출타기도 함. 병력을 좋아함. 매우 온순한 성격이지만 운동신경은 매우 뛰어남.
(승이 특수 방어복도 따로 있음)
외출타기로 단련된 강격한 근육의다리. 목제은 목기
강만석 (외계인)
유제 화학 사장. 복자. 신분을 숨기고 있음. 병력에게 조종당함 사실은 진짜 외계인임
병력 (주인공) 복유반 관정에서 자상. 산속에서 변형석과 마의거를 만듬. 못된 외계인을 처안하는 지역의용사
외계인의 치면 해제되어서늘 차갑음
서로 의지 함
특수 방위복 격격제작품
강금. 고통. 협박
신념대상 (주임)
치과 외자는 게간해여 만듬
신념대상. 병력이여 신변거서 의식불명
신념 사상
격임
추종.
경상제강의 사위나서 아목함. 승건복상 받음
강격게 반강 아목가 성하고 재수가 X
로박
왕년에 진 나가린 형사 침요가게 병력을 추락됨
연제살상향향사 거대격름 나중에 베생님
수배
병력 여격격력 과격함 유제화학 애개 격격
신경조작게 약김
병력게 계조함 (외계인은 N형이상 오줌을 쌈)

4) 본격적인 시나리오를 쓸 때 지켜야 할 원칙

영화의 구조를 파악하라!

너무 막연히 이야기를 만들다보면 자칫 이야기가 너무 단순해지거나 허술해질 경우가 있다. 영화도 어떻게 보면 누군가에게 이야기를 하는 것이기 때문에 나의 이야기를 정해진 시간 안에 상대방에게 효과적으로 전달하기 위해서는 목적에 알맞은 화법이나 어순을 선택하는 것이 중요하다. 그래서 이미 나와 있는 영화의 구조들을 대략이나마 살펴보고 어떤 구조로 영화를 만들 것인가를 미리 생각해보는 것이 좋다. 이번에는 다른 영화들은 어떤 구조를 가지고 있는지 간략하게 살펴보도록 하자. 기존의 극영화들은 서사적인 측면에서 아주 단순하고 크게 4가지의 유형으로 나눌 수 있다. 구조의 명칭은 필자가 나름대로 이해하기 쉽게 붙여본 것이다.

● 시계방향 구조

우리가 알고 있는 가장 일반적이고 기본적인 구조이다. 사건의 전개가 시간의 흐름에 맞춰 진행된다. 예를 들어 하루의 일과를 영화로 만든다고 한다면 아침에 일어나서 저녁까지 일어난 일들을 보여주다가 밤에 끝나는 것이다. 기승전결의 형식을 담기에 가장 무난한 구조다. 일단 보는 사람도 어렵게 머리 쓰지 않고 최대한 내용에 몰입할 수 있기 때문이다. 그래서 대다수의 영화들이 이러한 시계방향 구조를 택한다.

● **시계반대방향 구조**

시간이 거꾸로 간다. 위에서 이야기한 시계방향 구조처럼 사건의 전
개 과정을 시간에 따라 보여주는 것이 아니라 가장 최근에 일어난 사
건에서부터 시작하여 가장 오래전에 있었던 사건의 순서대로 보여주
는 것이다. 이야기의 결과를 미리 보여주고 원인을 찾아가는 방식이
기도 한데 이 방식은 시계방향 구조에 비해서 자칫 내용에 혼선을 줄
수도 있지만 잘만 활용한다면 묘한 분위기나 반전을 연출할 때 오히
려 더 효과적일 수 있다. 가장 대표적인 작품으로는 〈메멘토〉나 〈박하
사탕〉 등이 있다.

● **대칭 구조**

사건의 전개과정이 가운데 기점을 중심으로 전반전과 후반전으로 나
뉜다. 마치 미술시간에 했던 데칼코마니(도화지 한쪽 면에만 물감을 뿌린
뒤 반으로 접은 다음 펼치면 좌우가 대칭이 되는 형상의 그림이 나오는 기법)
처럼 전·후반의 이야기 전개가 묘하게 대칭이 된다. 그렇다고 해서
내용이 똑같은 것이 아니라 화면의 구도라든가 인물의 행동 또는 상
황으로 대칭시켜주는 것이다. 가장 대표적인 작품이 〈밀양〉이다. 〈밀
양〉은 중간의 결정적인 사건을 중심으로 앞뒤의 장면들이 묘하게 대
치된다. 예를 들면, 〈밀양〉의 맨 첫 화면은 카메라가 하늘을 비추고 있
다. 그리고 맨 마지막 장면에서는 땅을 비춰준다. 극중 전도연은 전반
부에서 아들과 함께 행복하게 살아간다. 중반을 넘어가면 아들이 실
종되고 불행이 시작된다. 또한 전도연은 교회의 독실한 신자의 모습

에서 교회를 증오하는 사람의 모습으로 대칭을 이루기도 한다. 〈밀양〉은 이밖에도 아주 다양한 요소들이 세밀하게 대칭을 이루며 숨어 있다. 혹시 〈밀양〉을 아직 못 본 사람이 있다면, 아니 이미 봤다고 하더라도 이러한 구조를 살펴보면서 한 번 더 보길 바란다. 대칭구조의 영화를 이해하는 데 많은 도움이 될 것이다. 사실 이러한 구조의 이야기 전개는 시나리오의 작성 과정에 있어서 굉장한 치밀함이 요구된다. 하지만 그만큼 더 탄탄한 시나리오가 나오기도 할 것이다.

● **뒤죽박죽 구조**

시간의 경계를 완전히 허물어버리는 것이다. 죽은 사람이 갑자기 살아나는가 하면 전혀 상관없는 것 같은 장면이 난데없이 등장하기도 한다. 관객은 보는 내내 혼란스러울 수도 있다. 일반적으로 이해하기 어려운 서사를 지녔기 때문이다. 1920년대 러시아의 소비에트 영화들을 시작으로 한때 왕성하게 만들어졌던 이 기법은 당시에는 굉장히 실험적인 기법으로 그 가치를 평가받는다. 그렇지만 독특한 효과를 누릴 수 있다는 이점과는 달리 대다수의 일반관객들에게 내용을 전달하는 데 혼란을 주기 때문에 최근 상업영화에서는 그렇게 많이 사용하지 않는다. 국내 작품 중 이러한 기법을 응용하여 만든 작품으로는 〈M〉이 대표적이다.

이야기의 구조를 가장 효과적으로 짜는 방법 중 하나는 큰 이야기를 먼저 설정해놓는 것이다. 아주 두루뭉술하더라도 큰 이야기를 먼저 설정해놓고 세세한 이야기들을 만들어주는 것이 더 편하다. 물론 반드시 그래야 하는 것은 아니다. 세세한 이야기를 엮어 큰 이야기를 만들어가는 방법도 물론 있을 수 있다. 그러나 그러다보면 자칫 시나리오가 삼천포로 가기 쉽다. 그러므로 만일 시나리오를 처음 써보는 경우라면 우선 큰 이야기를 먼저 설정해놓고 그 안에서 세세한 이야기를 담아보는 것이 좋다.

캐릭터를 살려라!

영화가 조금 더 맛깔스러워지려면 무엇보다도 캐릭터가 중요하다. 이야기를 먼저 써놓고 캐릭터를 살리는 감독들도 있지만 반대로 캐릭터들을 먼저 만들어놓고 이야기를 써나가는 감독들도 있다. 캐릭터는 영화의 성패를 결정짓는 가장 중요한 요인이다.

● **외모**

극중 인물의 캐릭터를 가장 쉽게 보여줄 수 있는 것이 외모다. 머리 스타일에서부터 옷차림이나 소지품까지 관객들은 외모를 통해 캐릭터를 파악한다. 이 점을 활용한다면 외모를 잘 설정해주는 것만으로도 캐릭터를 쉽게 표현할 수 있다. 물론 이를 오히려 역이용할 수도 있다. 너무 뻔한 캐릭터보다는 반전 있는 캐릭터가 더 강한 인상을 남기기 때문이다. 예를 들면 정말 말끔해 보이고 조신해 보이는데 알고 보면 잔인한 살인자? 뭐 이런 식으로 말이다.

● **행동**

캐릭터를 만드는 데 매우 중요한 요소 중 하나가 바로 행동이다. 행동이나 습관에서 우리는 그 사람이 어떤 사람인가를 쉽게 파악할 수 있다. 또한 특정한 행동이나 습관이 사건의 전개과정에서 매우 중요한 단서를 제공하기도 한다. 예를 들어 자주 기억을 까먹는 캐릭터가 있다면 그 캐릭터는 차후에 어떤 사건을 크게 확산시키는 데 결정적인 역할을 할 수가 있다. 자주 기억을 까먹던 습관 때문에 밸브를 잠그지 않아 가스폭발 사고의 빌미를 제공한다든지 뭐 이런 거 말이다. 여하튼 세밀한 시나리오를 위해서는 캐릭터의 작은 행동이나 습관에도 반드시 주목해야 할 필요가 있다.

● **말투**

영화에서 캐릭터를 잘 살릴 수 있는 또 하나의 요소는 바로 말투다. 외모나 행동 이외에도 우리는 말투를 통해서 그 사람이 어떤 성격의 소유자인지 금세 파악할 수 있다. 말투를 맛깔스럽게 설정해주면 관객들로 하여금 그 캐릭터에 점점 빠져들게 하는 역할을 한다. 그러므로 그냥 일반적으로 그 배우가 가지고 있는 말투를 사용하게 하는 것보다는 독특한 말투의 캐릭터를 설정해보는 것이 좋다. 말의 빠르기나 톤을 조절해보기도 하고 사투리를 사용하거나 말을 더듬는 것도 효과적이다.

우연을 필연으로 만들라!

이야기의 전개가 잘 풀리지 않을 때 사용하는 극처방전이다. 영화는 현실을 반영하기도 하지만 현실에서 흔히 일어나기 힘든 일들을 담아내기도 한다. 그래서 영화는 재미있는 것이다.

영화에서 우연은 현실보다도 훨씬 더 자주 그리고 중요하게 등장한다. 우연이란 영화의 실마리를 풀어가는 매우 중요한 열쇠 중 하나다. 특히 추리물이라면 사건 해결의 결정적 실마리를 제공하는 데 자주 애용된다. 우연은 관객들로 하여금 비현실적이라는 것을 알면서도 즐거움을 느끼게 한다. 묘한 카타르시스를 안겨준다고 해야 할까? 전혀 예상하지 못했던 행운이 찾아오거나 필요 없을 줄 알았던 물건을 버리지 않고 가지고 있다가 우연히 대박이 되는 그런 느낌일지도 모른다. 하지만 반드시 조심해야 할 것은 너무 남용, 오용해서는 안 된다. 자칫 너무 억지스러운 설정이나 자주 등장하는 우연은 관객들을 당신 영화의 안티로 만들 것이다.

2. 배우 캐스팅하기

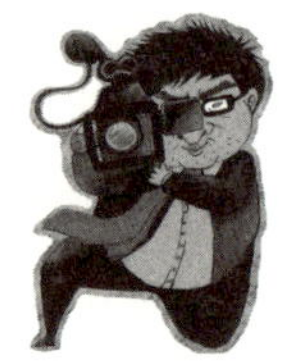

영화를 촬영하기 위해서는 배우라는 존재가 필요하다. 물론 배우가 꼭 사람일 필요는 없다. 하지만 우리가 알고 있는 대부분의 영화는 사람이 주인공으로 등장한다. 그렇기 때문에 보편적인 상황에 근거하여 배우에 대해 이야기해보려 한다. 영화의 색깔을 좌우하는 배우! 배우를 섭외하는 방법에는 무엇이 있을까?

1) 주변 인물을 활용하기

영화를 처음 만드는 당신에게 주변 사람들은 이 세상 그 어떤 명배우보다도 더 훌륭한 배우가 되어줄 것이다. 당신 영화를 위해 기꺼이 출

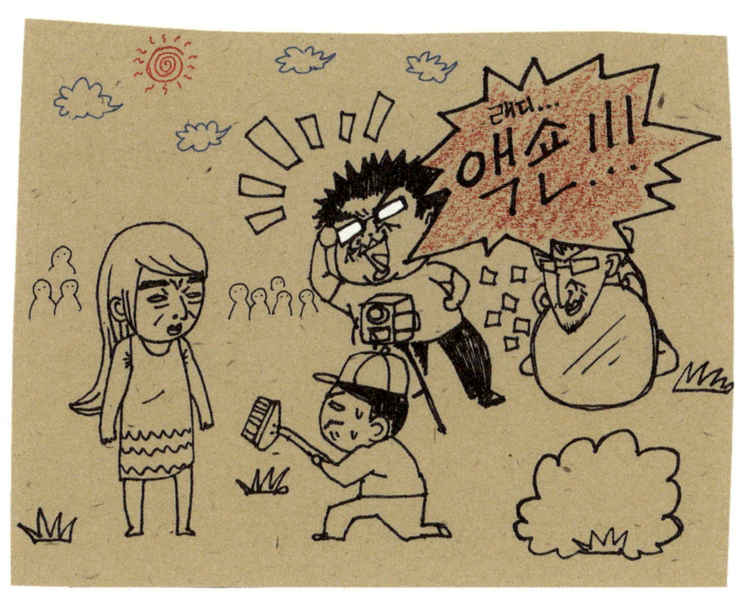

연을 허락해주고 열심히 연기를 즐기며 또 그렇게 완성된 당신의 영
화를 이 세상 누구보다도 가장 진지하게 봐줄 사람, 바로 당신의 지인
들이다.

그렇다. 영화는 혼자 할 수 있는 작업이 아니다. 내가 영화라는
예술장르를 회화보다 사랑하는 이유는 바로 여기에 있다. 영화는 여
러 명이서 함께 즐길 수 있는 놀이이며 여러 명이 있어야만 완성할 수
있는 공동작업이다. 당신은 회사나 공동체의 즐거운 분위기와 단합을
위해서 영화를 적극적으로 활용할 수 있다. 그런 즐거움을 만끽하기
위해서는 반드시 지인들의 도움이 필요하다.

　　지인들이 내 영화에 필요한 첫 번째 이유는 바로 가까이 산다는 점이다.

　　영화를 찍기 위해서는 배우가 필요하다. 물론 몸값 비싼 유명한 배우라면야 금상첨화다. 하지만 그들은 내 곁에 없다. 그들의 연락처를 알고 있는 것도 아니며 어디에 사는지조차도 모른다. 설사 안다고 해도 생판 모르는 나를 위해 영화에 출연해줄 사람은 아무도 없을 것이다. 결국 그들은 내가 필요할 때 올 수 있는 그런 사람들이 아니라는 얘기다. 하지만 내 가족이나 친구들 혹은 직장 선배나 후배, 동료들은 내가 원한다면 그 어떤 역할이라도 마다하지 않고 기꺼이 출연해줄 용의가 있다. 뿐만 아니라 일손이 부족할 경우에는 스태프 역할도 겸할 수 있다.

　　지인들이 필요한 두 번째 이유는 바로 출연료가 없다는 점이다.

　　스타나 전문 배우를 내 영화에 출연시키기 위해서는 어마어마한 돈이 필요하다. 아마 한 명의 스타를 영화에 잠깐 출연시키기 위해서는 일 년 동안 받은 월급을 한 번에 다 내줘야 할지도 모른다. 하지만 지인에게는 출연료가 따로 들어가지 않는다. 물론 주머니 사정이 여유롭다면야 나를 위해 시간을 내주고 영화를 위해 어떤 형태로나마 에너지를 소비하고 있는 그들을 위해서 소액의

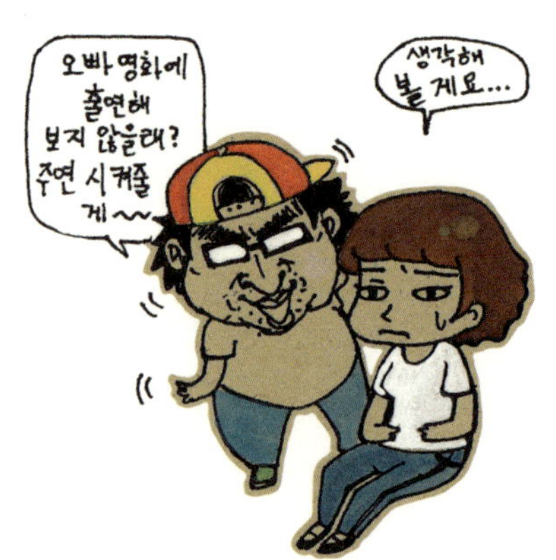

출연료라도 지불해주고 싶은 심정이야 굴뚝이 막힐 정도이지마는 처음 영화를 만들어보는 초짜 감독에게 출연료란 무척 부담스럽다. 그렇지만 당신의 평소 인간관계와 공헌도에 따라 마음씨 착한 지인들은 무보수라도 당신의 영화에 흔쾌히 출연해줄 것이다. 그러면 당신은 성의를 마다하지 않고 감사하는 마음으로 최대한 즐거운 분위기 속에서 작품을 만들어내면 되는 것이다. 오히려 그것이 그들에게 줄 수 있는 최고의 출연료가 될 것이다. 촬영을 마친 후에 혹시라도 조금의 여윳돈이 있다면 반드시 밥과 술을 사길 바란다. 인간사 다 먹고살자고 하는 짓이요, 웃고 떠들자고 하는 짓인데, 하루 동안 고생한 대가로 최소한 그 정도는 해줘야 한다. 밥 한술 같이 뜨고 술 한잔 함께 기울이는 동안 촬영장에서 있었던 즐거운 이야기들이 안줏거리가 되어 당신들을 더욱 즐겁게 해줄 것이다.

지인들이 내 영화에 필요한 세 번째 이유는 바로 어설픔의 매력이다.

연기를 잘하는 배우는 영화를 돋보이게 한다. 하지만 이 세상 모든 영화에 연기를 잘하는 배우가 필요한 것은 아니다. 때론 연기 못하는 배우가 더 매력적일 때도 있다. 지인들과 함께 영화를 만들다보면 정말 다양한 캐릭터를 발견할 수 있다. 이름하야 '지인의 재발견!' 연기라는 놀이는 기본적으로 평소의 '나'가 아닌 타인으로서의 나를 살아본다는 매력이 있다. 평소와 다른 모습으로 연기하는 지인들의 모습을 보며 유쾌한 시간을 가질 수 있다는 것은 이 놀이판을 만들어놓은 연출자로서도 매우 즐거운 일이다. 즐거운 분위기의 촬영장에선 그만큼 유쾌한 영화가 나오기 마련이다. 어설픈 연기는 때로 의외의 장면을 연출해내기도 한다. 연기를 잘하고 못하고는 영화에서 중요한 요소지만 그러한 것에 너무 집착할 필요는 없다. 머릿속에 그려진 장면을 똑같이 만들어내고야 말겠다는 것이 연출자의 소신이요 사명이겠지만 즉흥적인 상황에서 예상치 못한 매력을 발견해낼 수도 있는 것이다. 자신의 고집에 함몰되지 않고 유연하게 작품을 만들 줄 아는 것이 좋은 연출자의 태도다.

영화란 연출자 혼자 만드는 것이 아니며 함께하는 사람들과의 호흡이 무척 중요하다는 점을 반드시 잊지 말아야 한다.

지인들은 영화에 대한 꿈을 공유하고 함께 만들어가기 위해 온 사람들이다. 아무리 내가 연출자라고 해도 영화에 대한 애착이 연출자에게만 있을 것이라고 생각해서는 안 된다. 어설픈 연기를 하고 있는 초보 연기자들과 함께 영화를 만들고 있는 나 역시 어설픈 초보 감독이라는 사실도 잊어서는 안 된다.

지인들과 함께한 영화 촬영장의 분위기에 따라 당신은 지인들과 더욱더 가까워질 수도 있고 이를 계기로 더 멀어질 수도 있다. 영화를 위해 기꺼이 달려온 지인들이 발산하는 그 강렬한 에너지, 어설픔! 그 열정을 당신 영화의 에너지와 매력으로 승화할 수 있는 그런 멋진 연출자가 되길 바란다.

2) 전문 연기자 섭외하기

당신이 영화를 만드는 데 아무에게나 맡길 수 없는 중요한 배역이 있다면 당신은 전문 연기자를 섭외해야 할 것이다. 여기서 말하는 전문 연기자란 굉장히 폭넓은 개념인데 TV 드라마나 상업영화 속 주인공과 같은 연기자부터 주연을 꿈꾸는 무명 연기자나 연기자 지망생에 이르기까지 굉장히 다양하다. 하지만 앞서도 이야기했듯이 연예인을 섭외하는 것은 처음 영화를 만드는 사람에게 비현실적인 이야기다. 이러한 상황에서 선택할 수 있는 전문 연기자는 연기자 지망생이나 학교에서 연기를 전공한 학생들이다. 혹시라도 연기자 지망생이거나 학생이라고 해서 과소평가해서는 안 된다. 그들은 실제로 매우 뛰어난 연기력의 소유자들이며 저마다 꿈과 열의를 가지고 있는 사람들이다. 당신이 어떻게 하느냐에 따라 그들은 당신의 영화를 위해 자신의 모든 것을 쏟을 것이다. 그렇다면 그들을 섭외하기 위해서는 어떻게 해야 할까?

가장 좋은 방법은 인터넷을 통해 알아보는 것이다. 각종 TV 드라마나 상업영화의 단역 배우들을 캐스팅하기 위해 개설된 캐스팅 전문 사이트들이 있다. 이러한 사이트에는 TV 드라마나 상업영화에 캐스팅되기 위하여 자신의 사진과 프로필을 올려놓은 수많은 연기자 지망생이 있다. 이들의 가장 큰 장점은 자신의 꿈을 위해서 어떤 작품이든 가리지 않고 최선을 다할 준비가 되어 있다는 점이다. 하지만 이들은 그나마 단역조차도 캐스팅되기 쉽지 않다. 그만큼 연기자의 꿈을 가지고 있는 사람의 수도 많을 뿐 아니라 온라인에서 보이는 사진과 프로필만으로는 자신의 연기력이나 매력을 보여주기 어렵기 때문이다.

그럼에도 불구하고 그들은 끊임없이 프로필을 올리고 연락을 기다린다. 그리고 가끔씩 오는 단역이나 보조출연자 역할이라도 감사해하며 최선을 다한다. 매스컴을 통해 주목을 받지 못하고 있을 뿐이지 이들 중에는 진정한 연기자를 꿈꾸는 프로들이 많이 있다. 그런 그들에게 당신이 주인공의 기회를 줄 수 있다. 비록 당신은 초짜 감독이지만 그들 중 대부분은 출연료나 작품의 스케일에 연연하지 않고 당신의 열의와 시나리오만을 보고도 충분히 출연 의사를 밝힐 수 있다. 당신과 연기자 모두에게 상호적인 관계다. 당신은 능숙한 연기를 선보이는 연기자를 캐스팅할 수 있어서 좋고 연기자 지망생은 자신의 연기 경험과 경력을 쌓을 수 있는 좋은 기회나. 서로에게 좋은 영향을 줄 수 있고 자신에게도 좋은 경험이 될 수 있다.

전문 연기자를 캐스팅할 때 출연료를 지불하지 않아도 된다고 생각하는 경우가 많다. 출연료 없이도 섭외할 수 있는 연기자 지망생들이 많기 때문이다. 하지만 아무리 어리거나 경험이 적은 연기자라고 해도 그들을 연기자로 캐스팅한 이상 가급적이면 최소한의 출연료라도 줘야 한다. 그것이 당신에게나 그들에게도 좋다. 연기자 입장에서 아무리 적은 액수라도 연기에 대한 대가를 받는다는 것은 큰 의미를 지니게 된다. 그것은 돈의 액수와 관계된 것이 아니며 설령 사정이 여의치 않을 경우 꼭 돈이 아니어도 된다. 돈이 없으면 다른 그 무엇이라도 주라.

연출자 입장에서도 공짜로만 연기를 부탁하다보면 배우의 연기가 성에 안 차는 경우 조심스럽게 대할 수밖에 없게 된다. 그렇게 되면 서로 만난 목적을 잃고 작품에 악영향을 미치게 될 수도 있다. 뭐 꼭 돈이 개입되어야 일이 잘 돌아간다는 것이 아니라 보상이 있다면 최소한 '어차피 공짜로 해주는 건데 뭐!' 혹은 '공짜로 해주는 건데 이런 것까지 부탁해도 될까?'라는 식의 입장이 생겨나는 것은 서로 예방할 수 있다. 지인들과 함께 작업할 때도 마찬가지다.

전문 배우들을 캐스팅할 수 있는 사이트

캐스트넷   www.castnet.co.kr
국내에서 가장 큰 캐스팅 사이트 중 하나로 공개 캐스팅을 할 수 있는 게시판이 마련되어 있으며 전국 각지에 거주하고 있는 많은 연기자 지망생에 대한 프로필도 열람할 수 있어 직접 캐스팅을 할 수도 있다. 지역별, 성별, 나이별 검색이 가능하다. 배우 지망생들에 대한 가장 많은 데이터베이스를 구축하고 있다.

연기자뿐 아니라 스태프에 이르기까지 영화 제작에 관련된 인력을 폭넓게 모집할 수 있는 게시판이 마련되어 있다. 그밖에 영화 관련 법규, 로케이션, 미술 등 영화 제작에 대한 다양한 정보도 공유할 수 있어 저예산 및 독립영화를 제작하는 사람들에게 매우 유용하다.

3) 연예인 섭외하기

그런 방법 없다. 연예인과 가족이거나 정말 진한 친구가 아니라면 처음 시작하는 자신의 영화에 연예인을 섭외할 수 있는 방법은 없다고 봐야 한다. 로또에 당첨되거나 엄청난 재벌가의 자식이라면 모를까.

그래도 억지로 몇 가지 안을 짜내보자면 단기적으로 연예인을 내 영화에 출연시킬 수 있는 방법은 납치, 구금, 협박 등 형사상 처벌이 불가피한 엄연한 범죄뿐이다. 이러한 방법은 인생에 커다란 변화를 초래할 수도 있다.

만에 하나 당신의 집 앞에서 교통사고를 당한 연예인이 사고의 충격으로 정신을 잃고 당신에게 치료를 받는다. 며칠 뒤 깨어난 연예인은 기억상실증에 걸려 과거를 전혀 기억하지 못하고 자신이 민간인인

줄 안다. 당신은 구해준 대가로 연예인에게 자신이 만드는 영화에 출연해줄 수 없겠냐는 부탁을 하게 되고 기억상실증에 걸린 연예인은 몸값을 전혀 기억하지 못한 채 생명의 은인에게 보답하기 위해 승낙하게 된다. 뭐 대충 이런 상황이 실제로 일어나야만 가능하다.

장기적인 방법으로는 어떻게든 연예인이 사는 집 가까이 이사를 가거나 연예인을 가까이서 접할 수 있는 각종 직장에 위장취업을 한 뒤 필사적으로 연예인과 친해지는 방법밖에는 없다. 그리하여 당신에 대한 믿음과 신뢰, 사랑과 우정이 충만하여 연예인에게 단편영화를 하나 찍고 싶은데 한 번만 출연해줄 수 없냐는 부탁을 하더라도 도저히 거절할 수 없게끔 만드는 것이다. 어쩌면 그것이 초보 감독의 호주머니 사정을 고려했을 때 연예인을 내 영화에 출연시킬 수 있는 유일한 방법이다. 아마 대부분의 사람들이 이같은 상황일 것이라고 생각한다.

어쨌든 이제 막 영화를 시작하는 당신이 연예인을 출연시킬 수 있는 방법은 없다. 당신이 만드는 영화들이 너무 뛰어나서 언젠가 영화감독으로 유명해지고 연예인들이 알아서 제 발로 찾아오게 만드는 방법만이 유일하다. 그런 날이 올지 안 올지는 모르겠지만 그전까지 우리는 소중한 지인들이나 연기자 지망생과 함께 열심히 영화를 만들면 되는 것이다. 그러면 언젠가 그런 날이 올지도 모르겠다. 그런데 그런 날이 안 오면 또 어떤가? 우리는 이미 그 자체만으로도 충분히 행복한 삶을 살고 있는데.

꾸러기스튜디오 전속 배우 라쿠가 전하는 연기의 포인트

연기의 정석은 없다

연기를 전문적인 학습을 통해 할 수 있는 것이라 여기지 말고 자신이 가지고 있는 다양한 역량을 자유롭게 펼치는 것이야말로 가장 중요한 연기의 '뽀인트!' 아무도 해치지 않으니 자신의 연기에 긍지를 가지도록 하자.

형식에 얽매이지 말고, 즉흥 연기로 무장하라

딱딱하고 정형화된 형식은 집에 있는 냉동칸에 넣어두시고 거침없이 자기를 표현하라. 주어진 상황에 그때그때 반응하는 자신의 연기력에 스스로 감탄할 것이다.

패러디, 본인이 가장 잘 알고 좋아하는 캐릭터를 연기해보라

평상 시 즐겨보는 영화의 한 장면을 그대로 패러디하면서 등장인물의 연기를 따라한다. 마치 자신이 주인공이 된 듯한 착각에 빠져 짜릿짜릿한 감동을 맛보게 될 것이다.

영화 촬영을 놀이로 즐기라

여러분이 이 책을 통해 영화를 만들게 되었다면 그것은 분명 상업영화관이나 유명 영화관에서 개봉할 목적으로

만든 영화는 아닐 것이다. 관객수도 신경 쓸 필요 없으
니 스트레스도 없을뿐더러 망하지도 않는다. 그냥 영화
를 하나의 트렌디한 놀이라고 생각하라. 그 안에서 즐겁
게 역할 놀이를 하면 된다.

자신의 인맥이 훌륭한 연기 동반자다

평소 친하게 지내는 사람들과 영화에 동반 출연하자. 처
음엔 서로 어색하여 손발이 오그라들고 웃음보가 터져
나올지 모르겠지만 어차피 모두 다 전문 연기자가 아니
기에 눈치 보지 않고 즐겁게 촬영하다보면 편안하게 연
기에 몰입할 수 있을 것이다. 의외로 경쟁심리 같은 것
도 생긴다.

일상 속 주변 사람들을 관찰하라

평범한 일상 속에서 마주치는 주변 사람들을 관찰해보
자. 저마다 각자의 방식으로 존재 의미를 찾고 있다는
것을 깨닫게 된다. 사람들은 다양한 몸짓과 얼굴 표정으
로 감정을 표현하며 의사소통을 하고 있다. 연기에 있어
이러한 사람들의 다양한 표정 변화를 관찰하는 것은 무
엇보다 중요하다. 내가 경험하지 못한 삶을 사는 사람들
의 행동, 말소리, 억양, 습관이나 태도 들은 그들이 살아
오면서 지니게 된 고유한 특성이다. 그러한 삶의 다양한

모습이야말로 연기를 통해 어떠한 인물을 표현하는 데 소중한 밑천이 된다.

반복되는 일상, 작지만 유쾌한 일탈을 꿈꿔보자

주5일제가 시행되면서 그간 해보지 못했던 유쾌한 일탈을 영화를 통해 만끽해보라. 창의적인 아이디어가 샘솟을 것이다. 게다가 자신감까지 얻을 수 있을 것이다.

어떤 영화라도 가능하다. 카메라와 당신만 있다면…

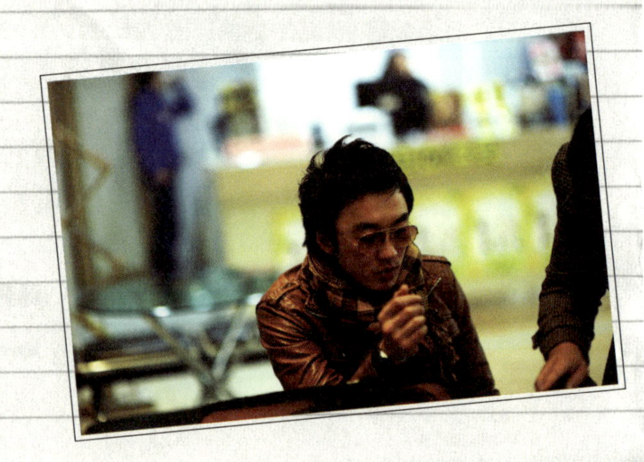

촬영 장소 섭외하기

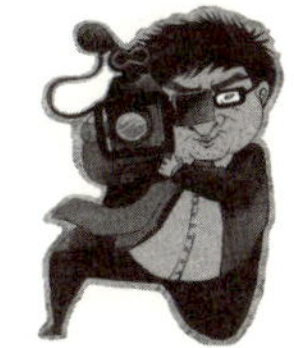

자 카메라도 준비됐고 배우들도 구했고 찍을 이야기도 마련되었다면 이제 본격적으로 현장에 나가보자! 그런데… 어디로 갈 것인가?

1) 주변 공간 활용하기

영화 촬영에 가장 좋은 장소는 어디일까? TV 드라마나 상업영화 속에 등장하는 멋진 배경이 떠오르는 사람들이 있을 것이다. 그러나 잘 생각해보자. 그런 장소들은 원래 장소가 멋있어서 그렇게 멋있게 보이는 것일까? 아니면 실제보다 멋있게 보이게 만들어진 것일까? 물론 정답은 없다. 실제 멋있는 장소일 수도 있고 아닐 수도 있다. 그리고 멋에 대한 기준은 모두 다르기 때문에 누군가에게는 멋있을 수도 있고 또 아닐 수도 있다. 만일 어떤 방송국에서 드라마를 촬영하겠다고 우리 집을 찾았다. 그러고 나서 우리 동네와 집에서 일어날 수 있는 이야기를 촬영하여 편집한 다음 방영하였다. 드라마 속에 나온 우리 동네와 집을 보는 기분은 과연 어떨까? 이것 역시 보는 이에 따라 다르겠지만 "어라? 저게 우리 동네야? TV로 보니까 또 다르네!" 하는 것처럼 평소와 다르게 보는 사람이 있을 수도 있고, "뭐야! 딱 봐도 우리 동네인 거 알겠네!" 하면서 평소에 자신이 생각하고 있던 동네 이미지가 그대로 보이는 사람도 있을 수 있다.

그러나 여기서 한 가지 주목해야 하는 사실은 드라마나 영화 속에 등장하는 동네를 전혀 모르는 사람들의 눈에는 드라마나 영화 속 배경으로 내 동네나 집이 전혀 어색하지 않다는 점이다. 내 방이든 우리 학교든 회사든 말이다. 관객에게 그것은 더이상 개인의 사적인 공간이 아닌 그저 영화 속 배경일 뿐이다. 그래서 그것을 보는 데 전혀 어색해하지 않는다. 오히려 매우 잘 어울린다고 생각하거나 굉장히 매력적인 공간이라고 생각할 수도 있다. 사람들은 공간에 추억을 부여한다. 그렇기 때문에 남들과 다른 해석을 할 수밖에 없는 것이다. 당연한 이야기다. 그런 공간에 대한 사적인 추억이 촬영에 많은 도움을 줄 때도 있다. 당신만이 생각해낼 수 있는 공간에 얽힌 이야기가 만들어질 수 있기 때문이다. 이것은 그 어떤 유명하고 화려한 공간에서도 만들어낼 수 없고 또 그 어떤 돈으로도 살 수 없는 아주 중요하고 값진 점이다.

주변의 공간은 가깝기 때문에 촬영 장비를 운반하거나 배우들이 모이기에 쉽고, 이동이 편리하다. 게다가 따로 장소를 섭외할 필요가 없다. 내가 주인이니까 사적인 공간은 그냥 편하게 사용하면 된다. 집의 거실, 방, 화장실, 다락방 등등이 모두 촬영지가 될 수 있다. 또한 내가 아는 동네의 공간이 있다면 얼마든지 가서 촬영할 수 있다. 내가 곧 동네 주민이고 내가 가장 잘 아는 공간이기 때문이다. 누군가의 눈치를 볼 필요도 없다.

가깝고 부담이 없으며 당신만의 추억과 경험이 진솔하게 묻어나는 곳. 그러한 공간에서 영화를 만들어본다는 것. 그것이 당신의 영화를 더욱더 돋보이게 해줄 것이다!

2) 지인의 공간도 나의 공간이다!

다양한 장면을 연출하기 위해서는 그만큼 다양한 장소가 필요하다. 가급적이면 내 주변의 공간을 활용하는 것이 가장 속 편하고 좋겠지만 때로는 그것만으로 부족할 때가 있다. 그럴 때 활용할 수 있는 것이 바로 지인들의 공간이다. 영화 촬영하는 데 돈 드는 것도 아니고 친구들도 흔쾌히 응해줄 것이다. 게다가 영화에 대한 홍보도 자연스럽게 곁들일 수 있다. 자신의 공간을 촬영 장소로 빌려준 지인은 나중에 반드시 당신의 영화를 보러오게 될 것이다. 이렇게 내 영화의 팬을 자연스럽게 한 명 더 확보하면서 나와 함께 영화로 즐겁게 놀 수 있는 문화공유자 한 사람을 더 만들어가는 것이다. 자신의 공간에서 영화 촬영을 한다는 것은 그 지인에게도 색다른 경험과 즐거움이 될 것이다.

3) 낯선 장소 섭외하기

가끔 특정한 장면을 연출할 때 반드시 필요한 배경이 있다. 그런데 그 공간이 나나 주변 인물에게도 없는 공간이라면?

그럴 땐 새로운 공간을 찾아나서야 한다. '내 영화에 필요한 공간을 찾아서'라는 이색적인 시각을 가지고 산보를 하거나 여행을 하는 것도 꽤나 좋은 여행 방법 중 하나가 될 것이다. 난 가끔 이런 생각과 목적으로 우리 동네나 옆 동네를 산책할 때가 있는데 무척이나 많은 도움이 된다. 영화 촬영하기에 좋은 장소도 물색할 겸 이색적인 공간에서 일어날 법한 다양한 이야기를 상상해내기도 한다. 일석이조의 효과를 누릴 수 있는 것이다.

마땅한 장소를 물색했거나 예전부터 알고 있었던 장소인데 주변 지인들의 도움을 받기 힘들 경우 직접 장소 섭외에 나서야 한다. 이럴 경우 보통은 주인을 만나야 하는데 주인을 곧바로 직접 만나는 것보다는 메모 등을 통해서 먼저 촬영에 대한 의사를 전달하는 것이 좋다.

직접 만나서 이야기할 경우 '촬영'이라는 말에 상당한 부담을 느끼는 경우가 많다.

촬영에 대한 부담감은 사람마다 다르지만 대부분 상업영화나 TV 드라마를 떠올리기 때문에 보상을 바랄 수도 있다. 그런 오해를 최소로 줄일 수 있는 것이 바로 메모인데 메모지에 부담스럽지 않은 작은 촬영임을 간략하게 설명하고 이름과 연락처 등의 간단한 정보만 기록한 뒤 눈에 잘 띄는 곳에 부착한다. 그러면 직접 이야기했을 때보다 훨씬 더 부담이 적고 주인에게 생각할 시간을 주는 것이기 때문에 승낙할 확률이 높아진다.

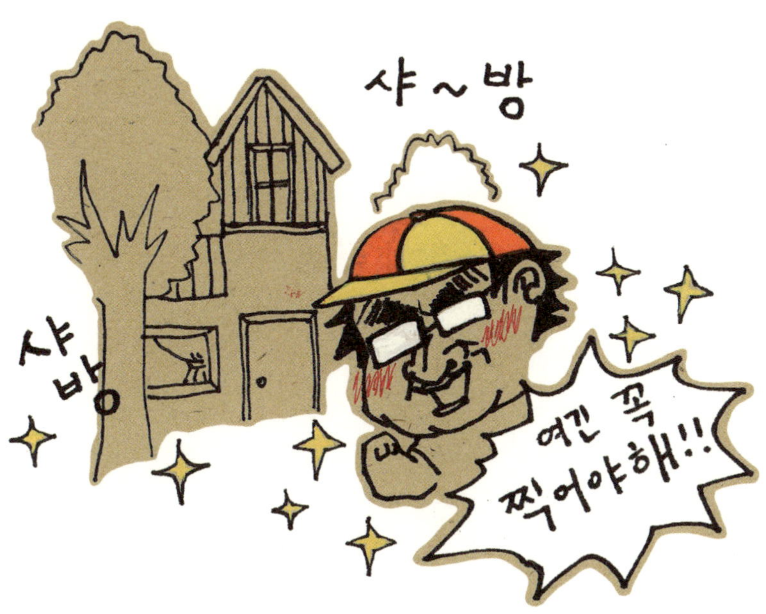

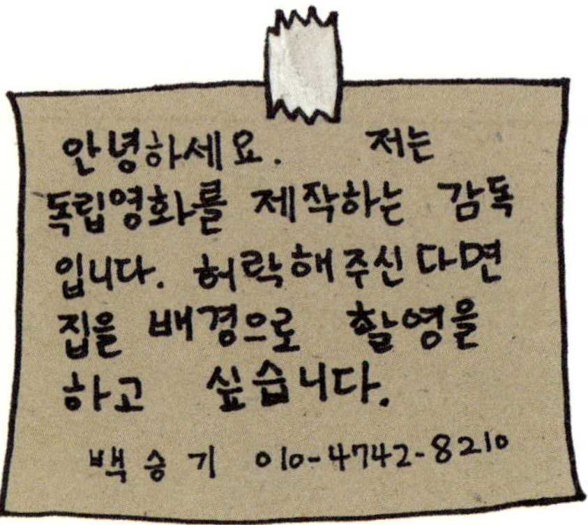

그러고 나서 연락을 기다리면 된다. 연락이 없는 경우에는 찾아가야 하는데 이때 메모를 통해서 먼저 의사전달을 해놓은 뒤 만나는 것이기 때문에 훨씬 더 쉽게 부탁할 수 있다. 가급적이면 최대한 공손하고 예의바른 태도를 보이는 것이 좋으며 나쁜 사람이라는 인상을 주어서는 안 된다. 행여 이상한 거라도 찍는 게 아닌가 하는 의심을 사는 것은 피해야 하기 때문이다.

장소 사용료는 따로 지불할 필요가 없다. 장사 잘되는 가게를 통째로 빌리는 것도 아니고 잠깐 촬영하는 것이기 때문에 장사에 방해가 되지 않는 선에서 찍으면 된다. 단, 먹는 것을 파는 가게일 경우 간단한 음식 주문 정도는 해주는 것이 좋다. 가급적이면 손님이 없는 시간대를 이용해서 찍는 것이 좋지만 장사에 방해만 안 된다면 손님이 어느 정도 있을 때 찍는 것도 좋다. 가장 자연스러운 엑스트라를 무료로 확보할 수 있기 때문이다. 이렇게 무료로 장소를 사용하게 될 경우 반드시 엔딩크레딧에 사장님 이름과 가게 이름 등은 기입해주는 것이 좋다. 촬영을 마치고 나서 뒷정리를 깔끔하게 해주는 것은 기본이다. 그러고 나서 주인이나 사장님께 공손하게 인사를 드린 후 마지막 멘트를 하고 나오면 된다.

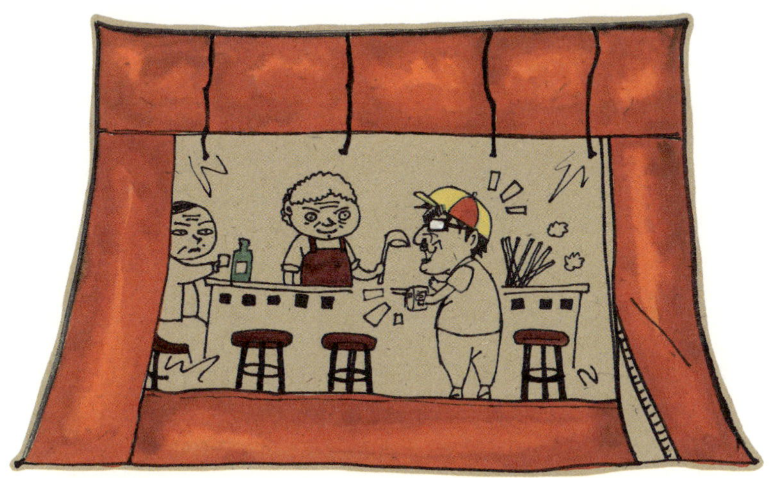

"영화 완성되면 꼭 보러 오세요!"

4) 공공장소 섭외하기

촬영지 섭외 마지막 단계는 공공장소 섭외다! 초짜 감독이 영화를 만드는 데 가장 험난한 단계 중 하나지만 반드시 넘어야 할 산이며 성공했을 때 그만큼 보람을 느낄 수 있는 과정 중 하나다.

영화 촬영지는 매력적인 영화를 만드는 데 필수조건이다. 어떻게 담아내느냐에 따라 주변의 공간도 충분히 매력적인 공간으로 변신할 수 있지만 때론 단순히 부탁한다고 해서 해결이 안 되는 장소도 분명히 존재한다. 대표적인 곳이 바로 지하철이나 버스, 혹은 공원이나 관광지, 도로와 같은 공공장소다. 비록 처음 만드는 영화라고 하더라도 이러한 공공장소에서 찍으면 영화의 격이 달라 보일 때가 있다. "아니 여기서 어떻게 찍었지?" 하면서 말이다. 이러한 공공장소에서 촬영을 하기 위해서는 세 가지의 방법이 있다.

첫 번째는 도둑촬영이다. 앞에서도 이야기했듯 '도둑촬영'은 꽤 쓸모 있는 방법 중 하나다. 이유인즉 저예산으로 우리의 첫 영화를 공공장소에서 일일이 허락받고 찍는다는 것은 몹시 번거롭고 불편한 일이다. 가끔은 그냥 유연성을 발휘하면서 촬영하는 것도 나쁘지 않다.

사실 사전 허가를 받는 이유는 여러 가지가 있다. 촬영지에 대한 보안 문제, 공공시설에 대한 보호, 특정 장소에 대한 왜곡 보도를 방지함과 더불어 촬영자들도 안전하게 촬영할 수 있는 환경을 제공받는 등 여러 가지 이유로 사전 허가를 받는다. 그러나 여기에는 절차라는 것이 필요하다. 그것이 복잡하든 간단하든 촬영할 때마다 그러한 절차를 밟는다는 것은 상당히 번거로운 일이다. 공공장소의 영역은 굉장히 포괄적이기 때문이다.

사실 따지고 보면 집 앞의 길거리도 모두 공공장소다. 집 밖으로 나가는 순간 모든 것이 공공장소에 해당된다. TV에서 방송할 것도 아니고 극장에서 상영할 것도 아니고 돈을 벌 것도 아닌 일반인의 첫 영화 실습 작품을 촬영하는데 그러한 절차를 모두 밟는다는 것은 영화를 포기하란 소리나 마찬가지다. 그 누구에게도 피해를 주지 않는 촬영이라면 그냥 촬영하라. 사전 허가라는 것은 필요한 경우(예를 들어

눈에 딱 띄는 큰 장비와 차 들을 몰고 떼
로 다니면서 조명 팍팍 켜고 행인들 통제
시켜가며 요란스럽게 촬영할 때)에나 하
는 것이다. 혹시 또 모른다. 사소한
촬영 때문에 사전 허가를 신청하면
공무원들이 짜증낼지도.

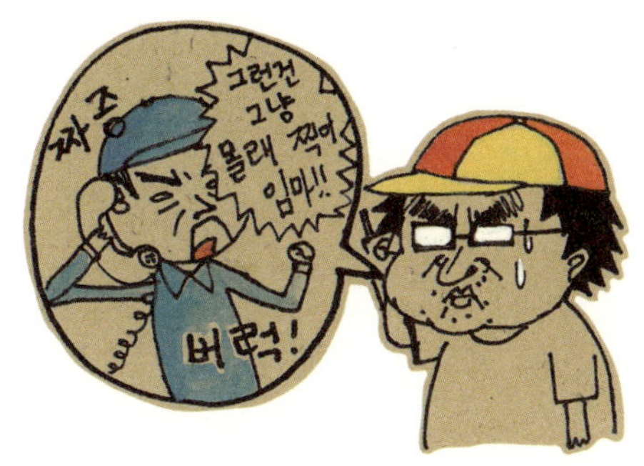

두 번째 방법은 직접 허락을 받는 것이다. 몰래 촬영하는 것이 영
불안하고 뭔가 찜찜하다고 느낄 경우 해당 공공장소의 운영자나 관리
자를 만나 직접 허락을 받는 방법도 있다. 간단한 촬영의 경우 의외로
쉽게 승낙할 수도 있지만 절대로 허락을 안 해줄 수도 있다.

사실 이것은 관련 법규의 차원이 아니라 그저 운이다. 어떤 사람
을 만나느냐의 문제인 것이다. 이런 경우 해당 관리자나 운영자가 얼
마나 유연함을 발휘하느냐가 관건이 된다. 물론 어떤 사람을 만날지
는 장담할 수 없다. 운이 좋으면 신나는 기분으로 맘 편히 촬영할 수
있는 것이고, 운이 나쁘면 아예 쫓겨날 수도 있다. 후자의 경우 차라
리 몰래 찍고 말걸 하는 생각이 들 수도 있을 것이다. 그래도 몰래 찍
는 것보다는 사전 허가를 받는 것이 나나 그들을 위한 길이라고 생각
해서 친절하게 동의를 구했더니 오히려 돌아오는 것은 무조건적인 거
부와 비아냥뿐. 이러면 정말로 짜증이 난다. 그리고 굉장히 서럽다.
자기 관리구역 내에서는 그저 아무런 일도 일어나지 않았으면 하는
바람으로 하루하루를 때우는 공무원들에게 영화 촬영은 귀찮은 일일

지도 모른다. 그래서 그들은 우리의 사정과 상황을 이해하려 들지 않는다. 하기야 그들이 이러한 삶의 방식을 어떻게 이해할 수 있겠는가. 그럴 땐 그냥 그들을 안타깝게 여기며 부디 나처럼 자유롭고 행복하길 기도해주면서 나오면 된다.

하지만 모든 사람이 그런 것은 아니라는 점도 알아두자. 때론 아량과 기지를 발휘하는 그런 멋진 관리자를 만날 수도 있다. 개인적으로 직접 촬영 동의를 구할 때는 최대한 상냥한 말투로 접근해야 하며 분위기를 봐서 좀 깐깐한 스타일의 사람이라고 판단될 때면 "영화 공부하는 대학생인데 과제물로 뭐를 만들어가야 한다"라는 멘트가 가장 효과적이다. 자신의 '페이쓰'가 도저히 그런 멘트를 사용하기에는 무리라고 여겨지는 사람은 "대학원생"이라고 자신을 소개하거나 그것

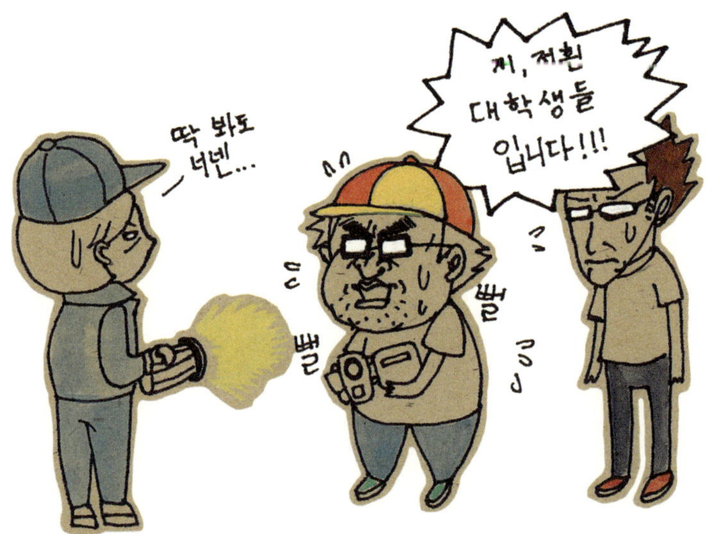

도 무리다 싶을 때는 그냥 "영화 공부하는 사람" 정도로 소개해도 어느 정도 효과가 있다. 우선 '공부'라는 말이 들어가면 상대방은 촬영 의도를 불순하게 여기지 않게 되며 당신에 대한 의구심과 적개심을 최대한 완화하게 된다. 그리고 학습 차원의 촬영이기 때문에 이 정도야 뭐 간단하게 찍다가 나가도 별 탈이 없을 것이라고 생각한다.

그러나 주의해야 할 경우도 있다. 괜히 공신력을 얻어보겠다거나 무시를 당하면 안 되겠다는 생각에 "방송국에서 나왔다" "취재 중이다" "영화 촬영 중이다"라는 식의 멘트를 구사하게 될 경우 강한 적개심과 반발을 유도하여 그 자리에서 바로 쫓겨날 수도 있다.

마지막 방법은 영상 로케이션에 관한 섭외 지원 활동을 하고 있는 관련 기관을 이용하는 것이다. 이 경우 합법적이고 정상적인 절차를 통해서 섭외를 할 수 있으므로 잘 활용하면 많은 도움을 받을 수 있다. 서울과 경기, 인천 등의 수도권 지역을 비롯하여 부산과 광주, 제주 등 전국의 지역마다 영상위원회라고 하는 기관이 있다. 이러한 기관들의 주요 업무 중 하나는 영상 촬영지에 대한 장소 정보 제공과 장소 섭외 지원이다. 각 지역별 영상위원회 홈페이지에 접속하면 지역별로 영화 찍기 좋은 장소들에 관한 사진과 함께 유용한 정보들을 열람할 수 있다. 뿐만 아니라 촬영을 원할 경우 장소 섭외 신청도 할 수 있다. 개인 혹은 단체에 상관없이 자유롭게 이용할 수 있기 때문에 꼭 섭외가 필요한 장소의 경우 이러한 영상위원회를 이용하면 많은 도움을 받을 수 있다.

꾸감독의 영화에 주요 배경으로 등장했던 장소들

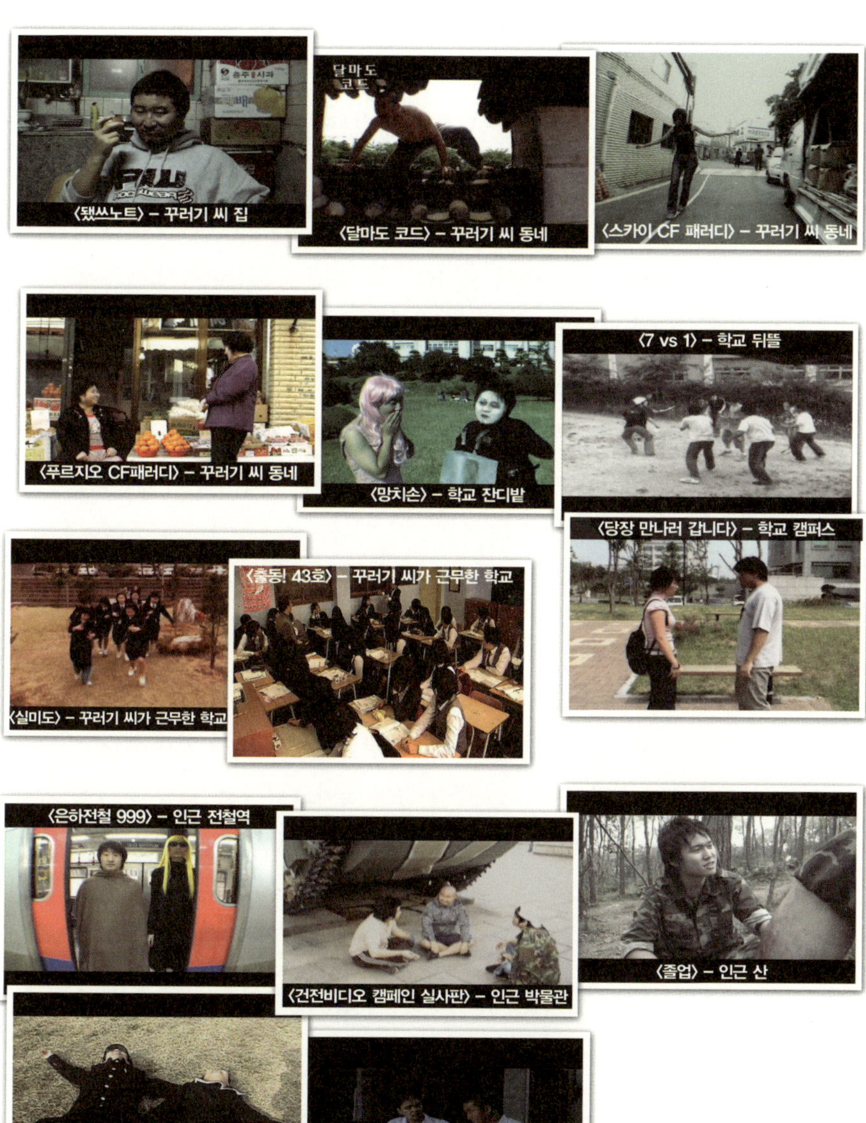

꾸감독이 영화 〈출동! 43호〉를 찍게 된 이유

영화사 꾸러기스튜디오와 꾸러기스튜디오의 전용 극장인 동네극장 DGV를 오픈한 지 얼마 안 됐을 때의 일이다. 동네에 마련한 작은 공간이었지만 그곳은 원래 꾸러기스튜디오 소유가 아닌 세를 내고 마련한 공간이었기 때문에 꾸감독과 라쿠 두 청년은 꼬박꼬박 들어가는 월세의 압박을 받아야만 했다. 대학을 졸업한 지 얼마 되지 않은 이른바 사회생활 초년생인 두 청년은 영화를 찍는다는 것 외엔 딱히 직업조차 없는 상태였다. 그렇기 때문에 이 두 청년이 감당해야 할 자본의 압박은 시간이 흘러갈수록 더욱 커졌다. 하고 싶은 일을 하면서 먹고살고 싶다는 위대한 꿈을 꾸던 두 청년에게 현실은 참으로 냉혹했다. 영화를 만들 돈은 고사하고 이렇게 계속 가다가는 월세도 제때 못 내고 쫓겨나게 될지도 모른다는 위기의식이 점점 생겨나기 시작했다. 어쩌다 가끔씩 찾아오는 수익 활동의 기회는 제대로 된 것이 하나도 없었다. 대부분 광고영상 제작 의뢰였는데 속사정을 알고 보면 하나같이 저가로 두 청년의 끼와 열정을 이용해먹으려는 못된 사람들뿐이었다. 무섭고도 더러운 세상! 결국 두 청년은 창작 활동과 경제 활동을 분리하기로 결심한다.

171

바로 그것이었다! 학교를 배경으로 영화를 만들자! 학교라는 공간에서 영화를 찍기란 얼마나 어려운 일이란 말인가. 학교란 곳은 상업영화에서도 쉽게 섭외하기 힘든 곳이다. 바로 그런 곳에 영화감독인 내가 교사로 와 있는 것이었다. 그 누구의 제재도 받지 않고 카메라를 들고 마음대로 교정을 사용할 수 있는 그런 교사. 그렇다. 그것은 천운이었다. 돈으로도 살 수 없는 어마어마한 행운이 나에게 찾아온 것이었다.

'그래! 지금 여기서 1년 동안 영화 한 편을 만들어내지 못한다면 나는 감독으로서의 자격이 없다!'

꾸감독의 두 눈은 활활 타오르고 있었다. 행운은 학교라는 공간뿐만은 아니었다.

'저기 저 멀리 보이는 수많은 학생들을 보라! 그들은 교복이라는 거액의 의상을 공짜로 입고 매일 나타나는 배우들이다!'

그렇다. 학교는 배경이 될 수 있고, 학생들은 배우가 될수 있었다. 출근 첫날, 꾸감독은 앞으로 학교에서 일할 수있는 일 년이라는 시간 동안 영화를 통해서 자신과 학생들

서로에게 평생 잊지 못할 좋은 선물을 하나씩 만들어줄 수 있을 것이라고 생각했다. 그렇게 생각하니 꾸감독의 학교 출근길은 더욱더 즐겁고 가벼워졌다.

그렇게 꾸러기스튜디오의 첫 장편영화 〈출동!43호〉가 만들어졌다.

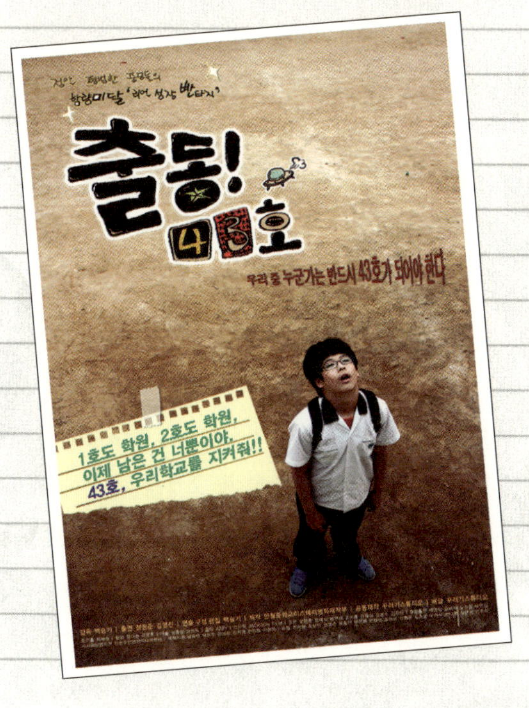

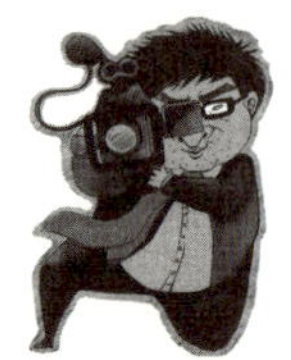

영화를 만드는 데는 필요한 것이 많다. 카메라와 배우만 있으면 모든 준비를 마친 것 같지만 그렇지 않다. 자질구레하게 많은 것들이 더 필요하다. 게다가 이러한 것들이 빠지면 영화는 무척 무미건조해진다. 그것은 바로 소품과 의상 그리고 분장이다.

물론 리얼리티를 추구하는 다큐멘터리라든가 비교적 단조롭고 일상적인 내용의 영화의 경우에는 어떨지 모르겠지만 대부분의 영화에는 특정한 캐릭터가 필요하고 그 캐릭터의 특징을 잘 살리기 위해서는 배우의 연기와 더불어 그것을 뒷받침하고 돋보이게 해줄 수 있는 소품과 의상, 분장이 필요하다. 물론 이러한 것들을 제대로 갖추고 찍는다는 것은 저예산으로 영화를 만드는 사람들에게 쉽지 않은 일이다. 그렇다고 아예 무시하고 찍자니 뭔가 허전하기 짝이 없다. 사무실에서 근무하는 회사원 역이라면 최소한 정장을 입어줘야 뭔가 그럴듯

해 보이기 마련이고, 시골에서 농사짓는 할머니는 '몸뻬바지(일바지)'
를 입어줘야 제맛이다. 이렇게 최소한의 구색은 갖추고 찍어야만 관
객으로 하여금 내용에 최대한 집중하게 할 수 있다. 현실감 없는 지나
친 비약은 관객의 시선을 화면 밖으로 몰아내기 마련이다. 하지만 이
러한 요소를 조금만 활용하면 오히려 영화에 색다른 매력을 더해주는
것이다.

아무것도 아닌 것 같지만 영화에 꼭 필요한 소품과 의상, 그리고
분장! 저예산으로 극복할 수 있는 다양한 방법을 알아보도록 하자!

1) 주변에 있는 것을 최대한 활용하라!

주변 공간에서 촬영하기, 주변 인물 출연시키기와 더불어 저예산으로
영화를 만드는 사람이 반드시 갖춰야 할 필수 덕목 중 하나다. 바로
주변에 있는 물건 최대한 활용하기!

영화 소품은 따로 존재하는 것이 아니다. 영화 속 배경이나 인물
이 모두 주변의 공간과 인물일 수 있는 것과 마찬가지로 영화 속 소품
도 그냥 우리 주변에 있는 것 그 자체다. 주변에 너무나도 당연히 있
어서 아무렇지도 않게 생각했던 물건들을 하나씩 천천히 살펴보기 바
란다. '이것을 영화 속에서 어떻게 활용할 수 있을까?' 하고 생각하면
서 보면 그 어떤 물건도 쉽게 버릴 것이 없다. 필자는 개인적으로 그

런 생각을 하기 시작한 이후부터 웬만한 물건은 버리지 않는 습관도
생기기 시작했다. 동생이 가지고 놀던 장난감에서부터 부모님의 옷까
지 모든 것이 다 소품이고 의상이다.

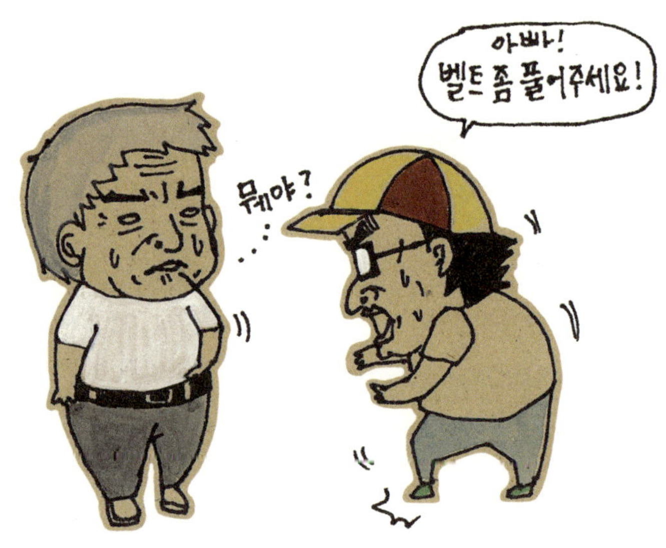

2) 없는 건 만들라!

필요한 소품이나 의상 중 주변에 없거나 구하기 어려운 것이 있을 때
는 직접 만들어 사용할 수도 있다. 뿐만 아니라 분장에 필요한 화장품
까지도 직접 만들어서 활용할 수 있다. 이렇게 소품이나 의상, 분장
등을 직접 만들어서 사용하기 위해서는 역시 주변에 있는 다양한 사

물을 재치 있게 활용할 수 있어야 한다.

　　주변의 사물을 물건으로 보지 말고 물질로서 바라보라. 어떠한 모양과 색깔로 이뤄져 있는지, 그리고 어떤 재료와 느낌으로 만들어 졌는지. 그러면 이 물질을 어디에 사용할 수 있을지 영감이 떠오를 수도 있다. 이러한 재치를 맘껏 발휘하여 개그의 소재로 활용하고 있는 〈개그콘서트〉 '봉숭아 학당' 의 필사마 역(임혁필 분)이나 '분장실의 강 선생님' 의 출연진을 보면 많은 영감을 얻을 수 있을 것이다. 주변 사물을 바라보는 다양한 시각만으로도 얼마든지 재치 있는 소품과 의상, 분장 등을 만들어낼 수 있다.

3) 정말 필요한 것은 과감히 구매하라!

주변에서 구하거나 만들 수 없는 소품이나 의상 들은 어떻게 마련해야 할까? 그것이 당신의 영화에서 꼭 필요한 것이라면 당신은 돈을 주고서라도 구입해야 할 것이다. 영화에 있어서 소품이나 의상의 비중은 상당하기 때문이다. 필자의 경우도 웬만한 소품이나 의상은 주변에 있는 것을 활용하거나 만들어서 사용하지만 구하기 어려운 경우에는 구입할 때도 종종 있다. 너무 싸게 찍으려는 욕심에 돈 몇 푼 아끼려다가 영화 전체의 질이 떨어져버릴 수도 있기 때문이다. 영화를 만드는 데서 오는 행복과 성취감은 돈 몇 푼과는 비교도 안 되는 가치라는 것을 깨달은 사람이라면 필요한 소품이나 의상을 구입하는 데 망설임이 없다. 어렵게 구한 소품과 의상은 영화 안에서도 투자한 만큼의 몫을 해주기 마련이다. 그러니 아까워하지 말고 필요한 소품이나 의상이 있거든 반드시 구입하길 바란다.

최근에는 특수 의상이나 소품 등을 전문적으로 판매하거나 대여해주는 업체들이 많이 생겨났다. 대부분은 파티용품이나 의상을 대여하거나 판매하기 위해 생겨난 업체들이지만 영화의 소품이나 의상으로 사용해도 좋을 만한 것들이 많다. 이러한 소품이나 의상은 한번 구입해놓으면 촬영뿐만 아니라 일상생활의 갖가지 행사나 이벤트에서 두루두루 사용할 수 있기 때문에 인생을 즐겁게 살아가는 데 쏠쏠한 도움을 준다. 대부분 판매 외에도 대여를 해주고 있으니 시간을 내어 이러한 대여점의 홈페이지에서 제품 목록을 천천히 살펴보기 바란다. 정말 재미있고 희귀한 소품이나 의상 들이 많아서 보고 있는 것만으로도 영화 소재들이 잔뜩 떠오를 정도다. 필자도 이러한 소품이나 의상을 보고 기획한 영화들이 몇 편 있다. 가격은 의상에 따라서 차이가 있지만 대략 1박 2일로 대여하는 경우라면 가격이 싼 것은 2~3만원에서 보통은 4~5만원선이다. 굉장히 특이하고 비싼 의상은 10~15만원까지 하는 것도 있다.

영화 〈가위손〉의 패러디 캐릭터인 망치손은 꾸러기스튜디오의 소품과 의상, 분장 노하우를 제대로 전해줄 수 있는 대표적인 캐릭터다. 망치손의 소품과 의상, 분장을 통해서 주변 사물들을 활용하여 영화미술을 구현하는 능력을 업그레이드해보자!

1. 망치손의 탄생

망치손은 〈가위손〉의 패러디 캐릭터이기 때문에 〈가위손〉의 느낌을 최대한 비슷하게 살려주는 것이 중요했다. 그래서 우선 머리 스타일에서부터 피부색, 의상까지 최대한 비슷하게 연출하려고 노력했다. 물론 '초저예산'으로 말이다.

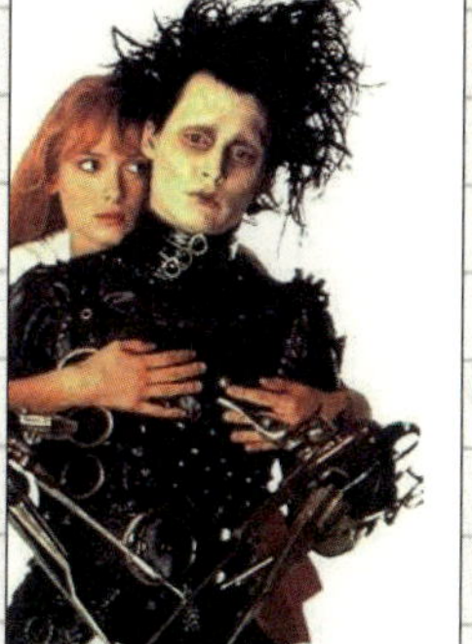

우선 에드워드의 삐죽한 머리를 표현하기 위해서 초강력 왁스를 사용하였다. 여기에서 왁스는 소개팅 나가서 상대방에게 잘 보이려고 바르는 것이 아니라 분장을 위한 용도이므로 아낌없이 듬뿍 발라주는 것이 중요하다. 초강력 세팅이 핵심이기 때문이다.

다음으로 〈가위손〉의 피부톤을 연출해보았다. 가위손 에
드워드는 단순히 백인이라서 피부가 하얀 것이 아니다. 한
번 죽었다 살아났고, 또 추운 곳에서 살았다. 그러다보니
너무 추워서 살짝 얼음기가 서려 있는 그런 하얀색이다.
그렇기 때문에 얼음기가 살짝살짝 묻어나는 질감 표현이
중요했다. 그래서 우리는 물감 대신 밀가루를 사용했다.

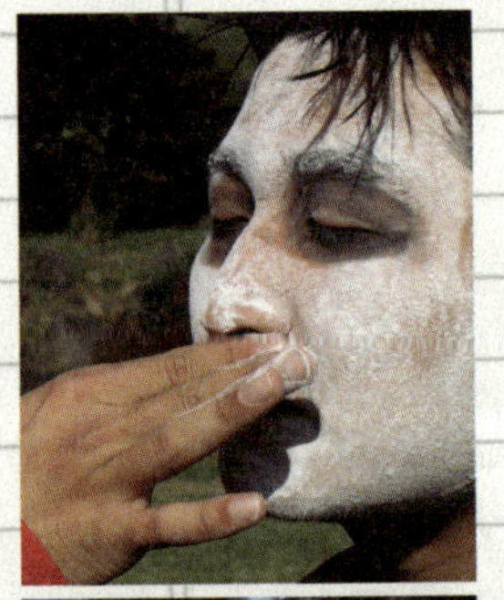

밀가루를 그냥 바르면 잘 떨어져 나가기 때문에 접착력
을 높여주기 위해서 로션을 얼굴에 발라주면 좋다. 수분
이 있는 얼굴일수록 밀가루가 잘 달라붙는
다. 얼굴에 기름기가 많은 사람은 그냥 발
라도 잘 달라붙는다. 참고로 망치손은 로션
없이 그냥 발랐다. 그런데도 절대 떨어지지
않았다.
밀가루로 피부톤을 완성했다면 다음은 여성
용 화장품을 이용하여 창백한 입술과 눈 주
변을 만들어준다. 일종의 스모키화장이다.

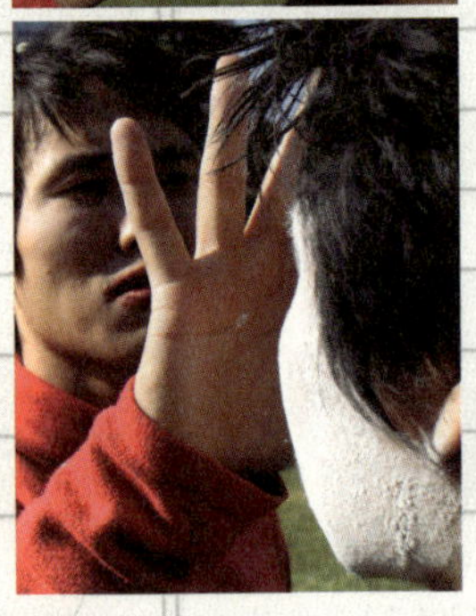

왁스와 밀가루 그리고 여성용 마스카라를
활용하여 분장한 망치손이다. 꽤 그럴듯
하다.

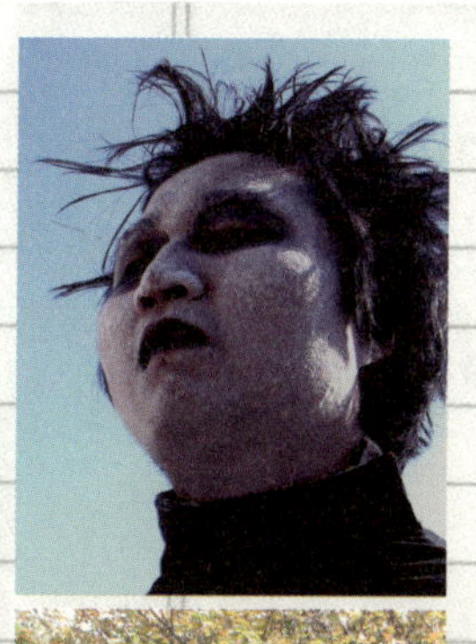

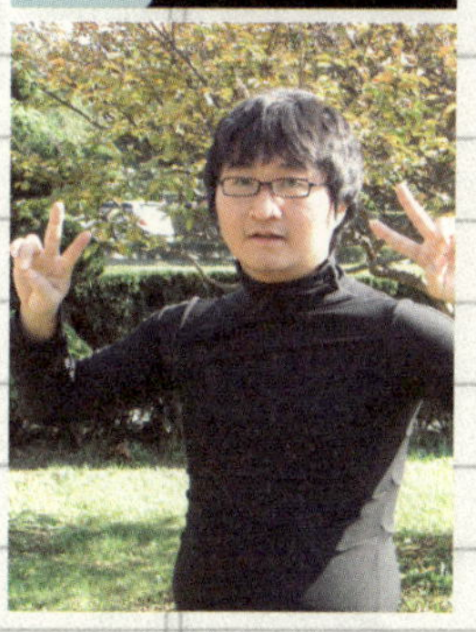

다음은 의상이다.

〈가위손〉의 의상은 정말 쉽게 제작하기 힘든 의상이다. 까만 전신가죽옷에 화려한 장식들이 즐비하게 달려있기 때문이다. 하지만 그렇다고 포기할 꾸러기들이 아니다! 있는 것들을 최대한 활용하여 비슷하게라도 만들어내고야 만다!

우선 까만 전신 옷이 필요했다. 이왕이면 몸에 착 달라붙는 느낌이어야 한다. 우선 몸집이 작은 여자 후배의 검은 폴라티를 강제로 빼앗았다. 거기에 더해 엄마의 검은 쫄쫄이 바지도 훔쳐왔다.

다음은 〈가위손〉의 가죽옷 느낌과 화려한 장식을 표현하기 위해서 가죽벨트를 활용하였다. 가죽벨트는 가죽의 질감과 금속의 질감을 동시에 가지고 있기 때문에 매우 효과적인 소재였다. 또한 자유자재로 길이를 조절할 수 있고 어디에든 매달 수 있기 때문에 아주 효율적이었다.

이제 망치만 달아주면 끝이다. 망치손이 아니라 〈가위손〉이었다면 아마도 손에 문방구에서 파는 가위를 달았을

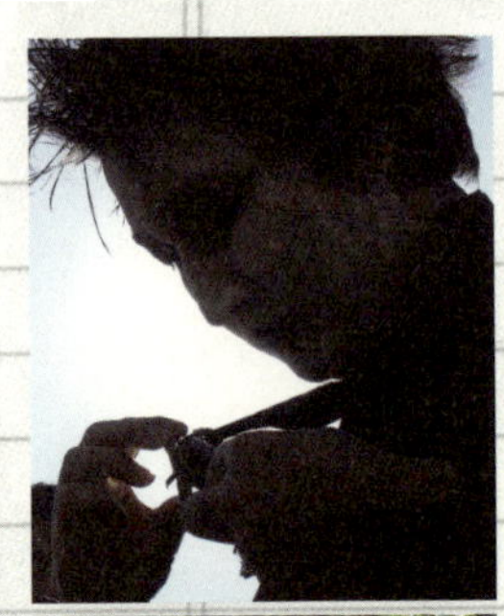

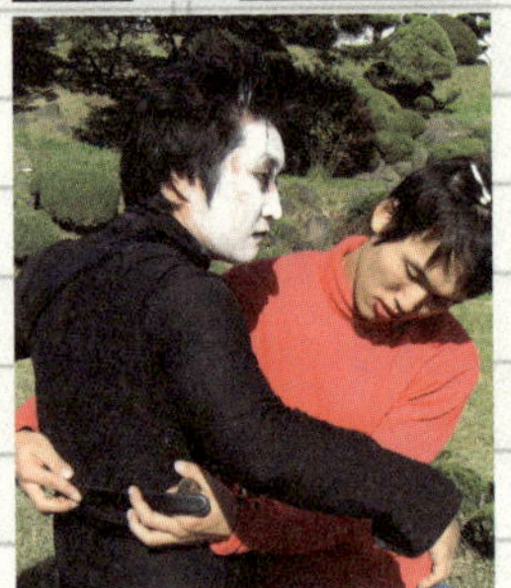

것이다. 그러나 우리는 망치손을 만들고 있는 것이기 때문에 망치를 준비했다. 망치를 소매 깊숙이 찔러넣고 손으로 꼭 잡았다. 그리고 겉은 검정 전기테이프로 단단히 고정시켰다. 반드시 단단히 고정시켜야 한다. 그렇지 않으면 연기에 너무 몰입하다가 망치를 카메라맨이나 스태프 쪽으로 날려버릴 수도 있다. 테이프는 소품이나 의상을 제작하는 데 매우 유용한 재료다. 각각 상황에 맞는 색깔의 테이프를 사용하면 된다. 튀지 않는 색깔의 테이프가 필요하다면 스카치 테이프를 사용하면 된다.

자 드디어 탄생한 슬픈 영혼의 소유자! 아름다운 사람의 화신! 망. 치. 손!

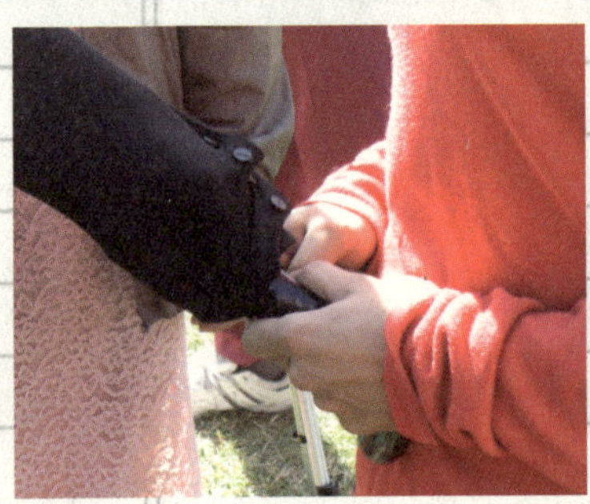

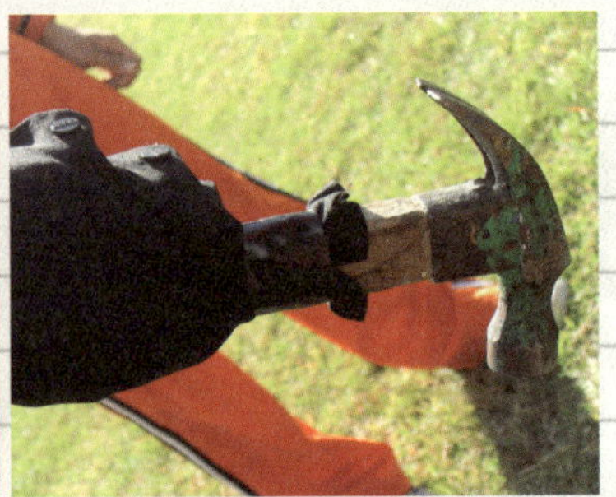

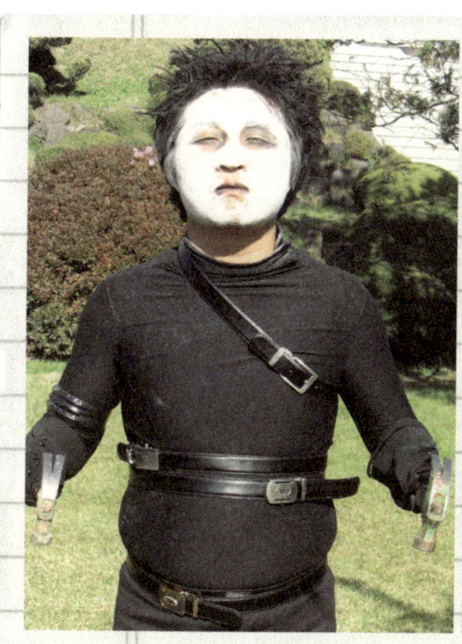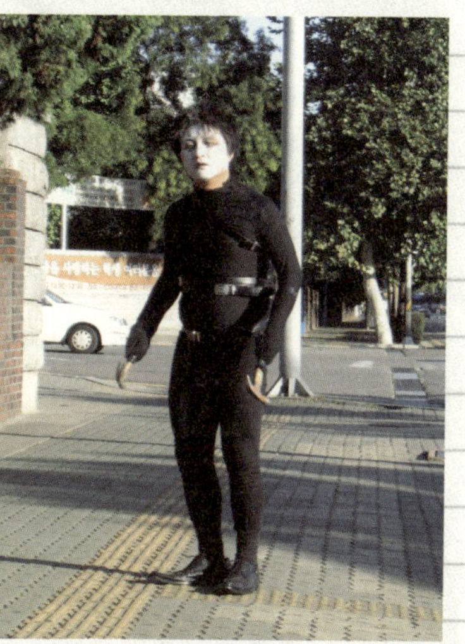

(〈가위손〉의 에드워드와 느낌이 많이 다른 것은 무조건 배우

탓! 절대 분장 탓 아님)

'뽀나쓰' 팁! 피는 물에 빨간 물감을 짙게 섞어 분무기로

뿌려주는 것이 좋다.

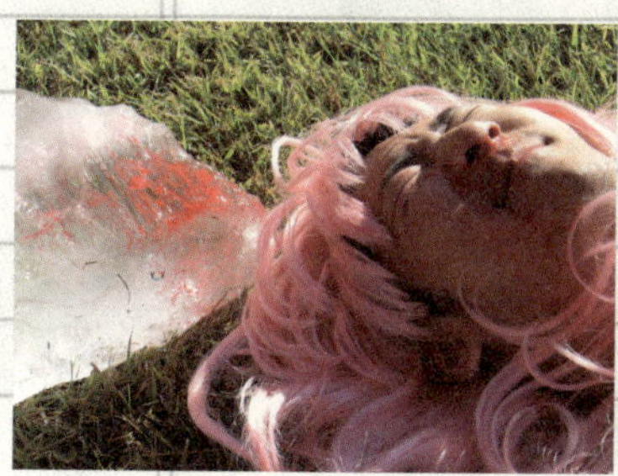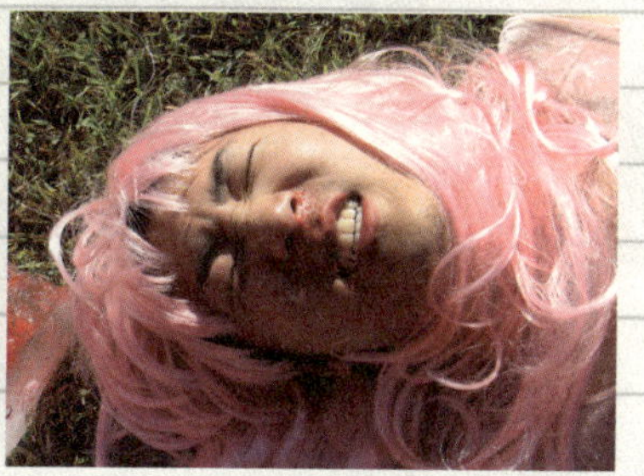

꾸러기 씨의 영화를 통해서 알아보는 다양한 소품의 활용

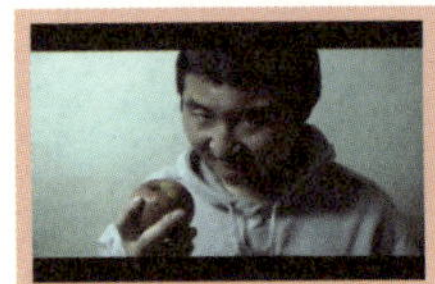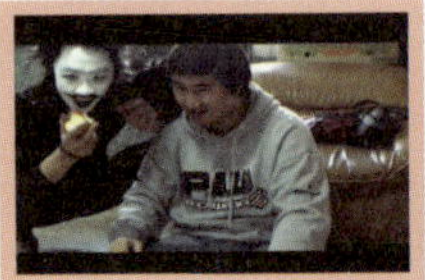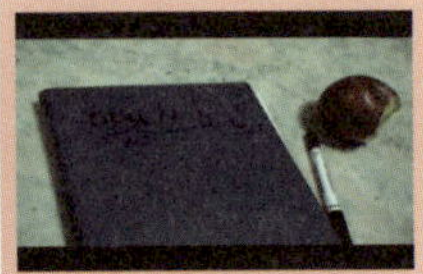

〈됐쓰노트〉 냉장고에 있는 사과, 엄마 옷, 서랍 속 아크릴 물감

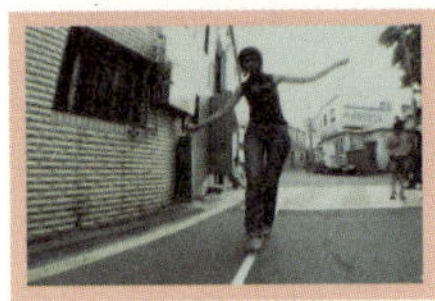

〈스카이 CF 패러디〉 집에 있는 종이테이프

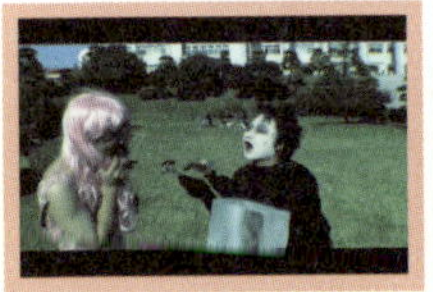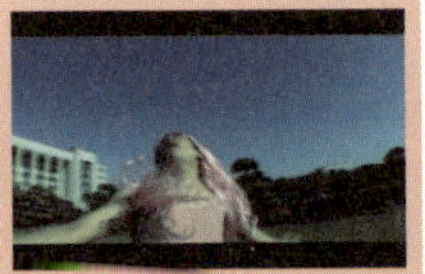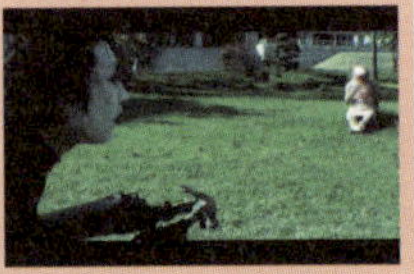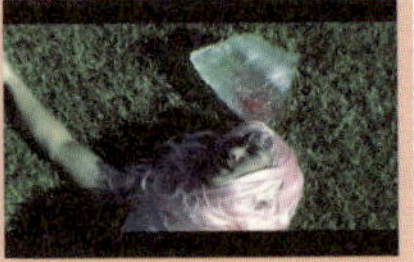

〈망치손〉 동네 얼음가게에서 주문한 얼음, 엄마 옷, 벨트, 밀가루, 망치, 수채화 물감

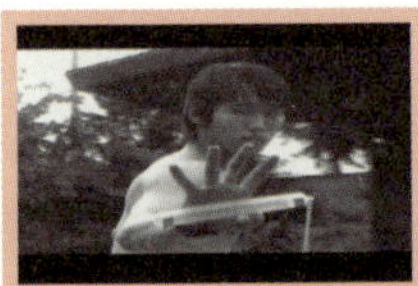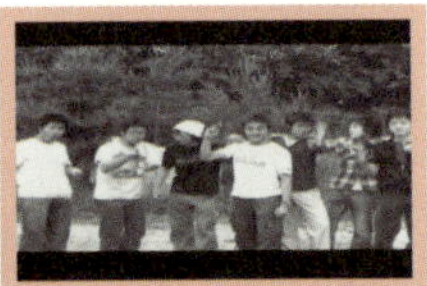

〈7 vs 1〉 학교 앞 문방구에서 산 쌍절곤, 각종 무기 같지 않은 무기들

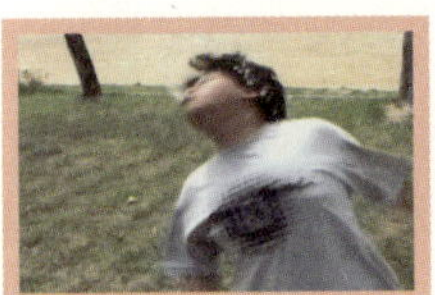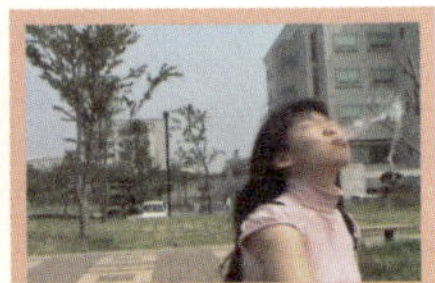

〈당장 만나러 갑니다〉 수돗가에서 퍼온 물

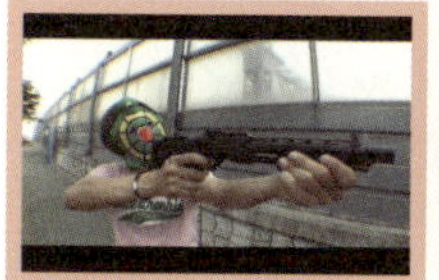 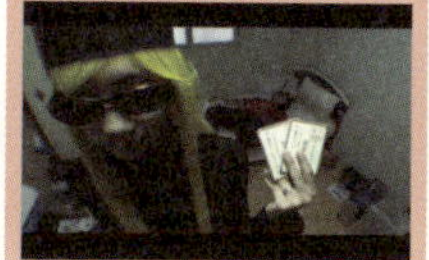 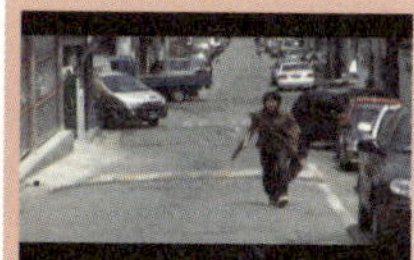

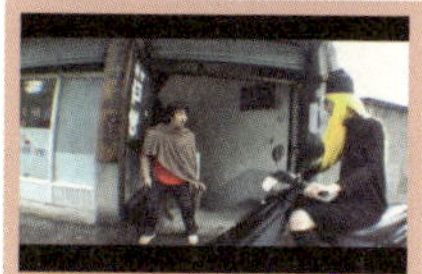

〈은하전철 999〉 싸구려 가발, 직접 만든 모자, 장난감 총, 문방구에서 파는 가면,
직접 만든 승차권, 감독 스쿠터

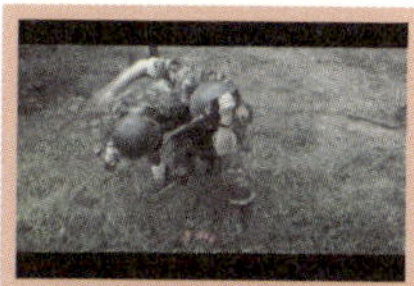

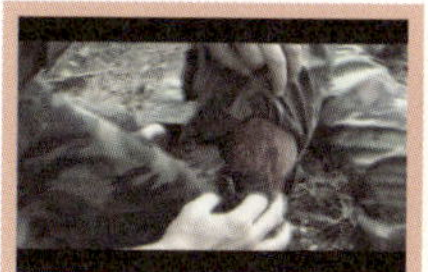 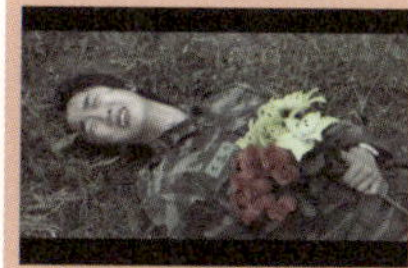 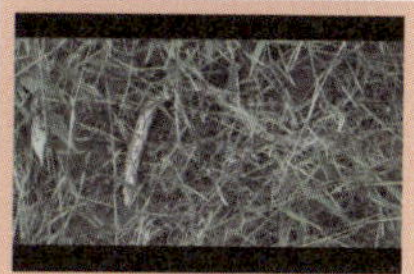

〈졸업〉 장난감 총, 군복, 아크릴 물감, 장난감 뱀, 집에 있는 꽃, 시장에서 구입한 철모

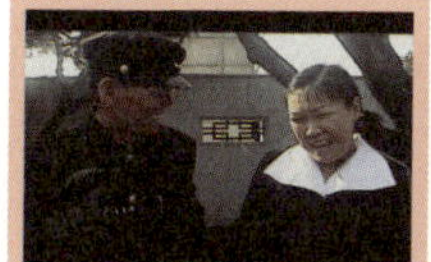 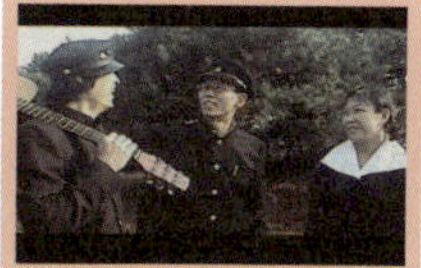 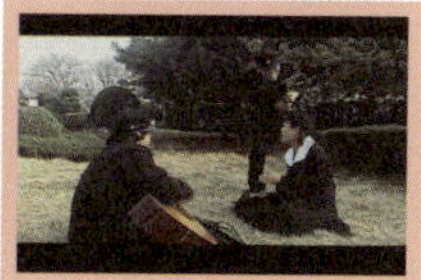

〈맥아더는 알고 있다〉 주문한 옛날 교복, 배우의 기타

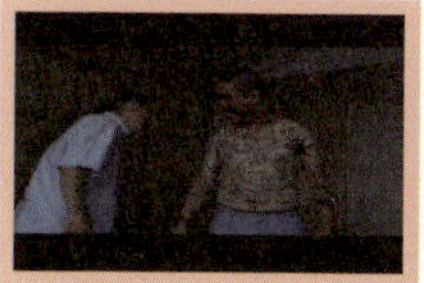 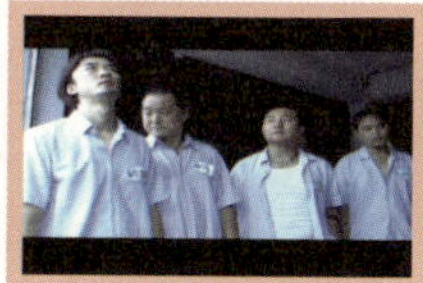 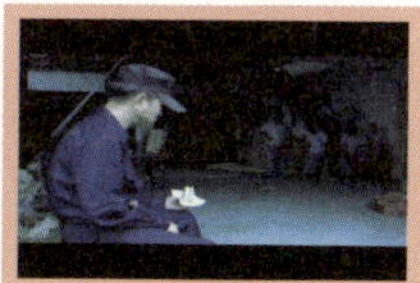

〈한국판 프리즌 브레이크〉 교도복과 비슷한 색깔의 작업복, 군복무 시절 입던 기동복과 모자, 매직 문신

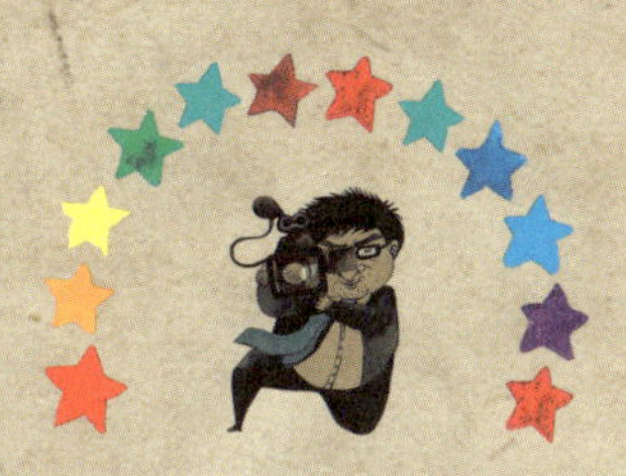

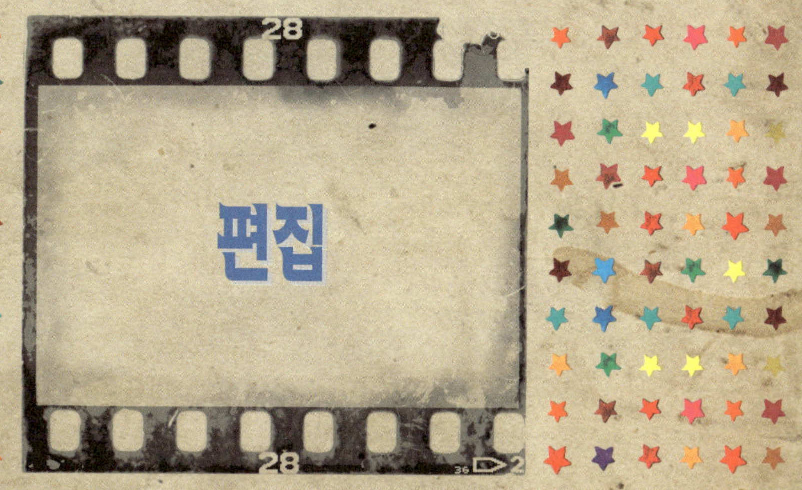
28
편집
28

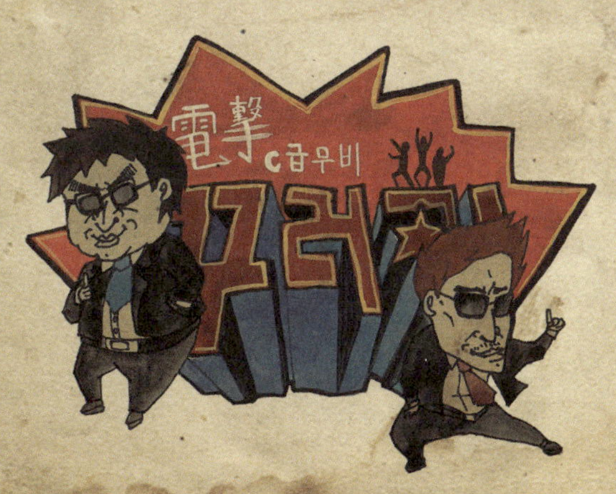
電擊
C급무비
개그짱

1. 편집을 위한 준비

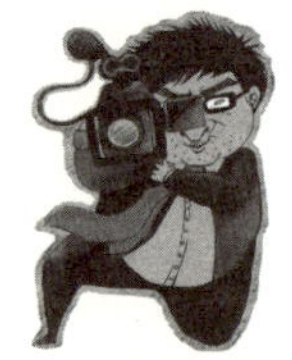

이제 영화를 만드는 과정에서 또 하나의 희열을 느껴볼 차례다. 직접 찍은 영상물이 실시간으로 변하면서 한 편의 멋진 영화로 재탄생되는 것을 보면 온몸에 닭살이 쫙 돋을 것이다! 바로 편집이다!

편집을 통해서 얻는 희열과 만족이란 어쩌면 영화를 직접 만들어 본 사람만이 느낄 수 있는 특권이다. 그리고 당신은 그 특권을 누릴 수 있는 몇 안 되는 사람 중 한 사람이 되는 것이다. 그러면 편집에 필요한 장비는 무엇이며 또 어떤 프로그램들이 있는지 알아보도록 하자.

촬영된 영상을 편집하기 위해서는 컴퓨터가 필요하다. 여기서 컴퓨터란 특수한 컴퓨터가 아니라 웬만한 집에는 한 대씩 있는 개인용 컴퓨터를 말한다. 물론 컴퓨터 사양이 좋을수록 유리한 건 사실이다. 영상 편집은 웬만한 온라인 게임보다 훨씬 더 큰 작업량을 컴퓨터에 요구

한다. 그러므로 컴퓨터의 성능이 떨어질 경우 작업이 굉장히 더디거나 불가능한 경우도 있다. 내 컴퓨터가 웬만한 3D게임 정도는 끊김 없이 충분히 수행하는 컴퓨터라면 큰 무리 없이 편집 작업이 가능할 것이다. 그렇지 않은 컴퓨터라면 업그레이드를 신중히 고려해볼 필요가 있다. 영상 편집에 활용할 목적으로 업그레이드를 할 경우 램의 성능을 높여주는 것이 효율적이다. 또한 그래픽카드의 성능도 중요하며 데이터 용량을 많이 차지하기 때문에 하드디스크의 용량을 늘려주는 것이 좋다.

　　컴퓨터가 준비됐다면 촬영된 영상을 컴퓨터로 옮기는 작업에 필요한 선이 있는지 확인해야 한다. 디지털 카메라로 촬영된 영상의 경우 흔히 사용하는 USB선만 있으면 쉽고 빠르게 컴퓨터로 영상을 전송할 수 있다. 대부분의 컴퓨터에는 USB선을 꽂을 수 있는 단자가 장착되어 있기 때문이다. 그러나 6mm DV 테이프가 들어가는 디지털 캠코더로 촬영했을 경우 USB선으로는 옮길 수가 없다. 테이프의 경우 영상물이 데이터 파일로 저장된 것이 아니라 테이프에 기록된 것이기 때문에 이를 컴퓨터로 옮길 때는 캡처라고 하는 별도의 녹화과정이 필요하다. 이때 캠코더와 컴퓨터를 연결할 별도의 선이 필요한데 그 선이 바로 1394선이다. 더불어 1394선을 꽂을 수 있는 별도의 단자도 필요하다. 그러나 대부분의 컴퓨터에는 1394단자가 기본적으로 없다. 뿐만 아니라 테이프를 사용하는 6mm용 디지털 캠코더를 구입할 경우 영상 전송을 위해 필요한 1394선이 기본 소품으로 함께 들어 있을 법도 한데 그렇지 않다. 아이러니하게도 6mm 캠코더의 영상 전송에 전혀 도움이 되지 않는 USB선은 들어 있다. USB선의 경우 디지털 캠코더의 사진 촬영 파일을 전송하기 위해서 들어 있는 것이다.

필자도 캠코더를 처음 구입했을 때 이러한 점 때문에 무척이나 애를 먹었다. 당연히 함께 들어 있는 이 USB선만 있으면 영상을 전송할 수 있겠거니 하고 있다가 한참을 고생하고 헤맨 다음에야 USB선이 1394선이 아님을 알게 되었다. 무척이나 황당했다. 결국 별도로 1394선과 단자를 구입해야 한다는 것을 알고 구입하였다. 아마 테이프 방식의 디지털 캠코더를 처음 사용해보는 사람들이라면 누구나 한번쯤은 겪어볼 수 있는 일이라고 생각한다. 이 점에 유의하여 1394선과 단자를 반드시 준비하도록 하자! 단, 테이프 방식이 아닌 디스크 방식이나 메모리 방식의 캠코더는 기존의 USB선을 사용하면 된다.

영상 편집을 위한 컴퓨터와 영상 전송용 선이 마련됐다면 마지막으로 필요한 것은 영상 편집 프로그램이다. 영상 편집 프로그램은 종류에 따라 다양한 성능을 나타낸다. 대부분의 영상 편집 프로그램은 영상의 편집과 제작이라는 임무를 수행하기 위해 태어난 만큼 비슷한 기능을 갖추고 있지만 각각의 개발사와 주 사용자층에 따라 다소 차이를 보이기도 한다. 이 중에는 영상 편집 초보자들을 위한 쉽고 간편한 프로그램에서부터 전문 방송업무용 프로그램에 이르기까지 다양한 프로그램이 있다. 물론 이 다양한 편집 프로그램을 모두 능수능란하게 다룰 줄 알아야 하는 것은 아니다. 자신의 편집 환경과 영상 제작 목적에 맞는 프로그램을 선택하여 활용할 줄 아는 것이 중요하다.

1) 윈도 무비메이커

윈도 무비메이커는 구하기 쉽고 간단한 기본 영상 편집 프로그램이다. 많은 사람들이 처음 영상 편집을 배우는 데 있어 이 윈도 무비메이커를 활용하며 필자의 경우도 첫 영화 편집을 윈도 무비메이커로 완성했다. 영상 편집의 기본을 익히기엔 더할 나위 없이 좋은 프로그램이라고 할 수 있다.

윈도 무비메이커의 가장 큰 장점은 프로그램을 별도로 구입할 필요가 없다는 점이다. 도대체 무슨 소리인가? 하는 사람들이 있을 것이다. 이 윈도 무비메이커라는 프로그램은 윈도 안에 깔려 있는 기본 프로그램 중 하나다. 윈도 안에는 꽤나 자주 쓰이는 유용한 프로그램이 다양하게 설치되어 있다. 간단한 메모를 할 수 있는 메모장이라든가, 내부나 외부의 소리를 녹음하여 웨이브 파일로 저장할 수 있는 녹음기라든가, 간단한 그림을 그리거나 이미지를 편집할 수 있는 그림판이라든가, 또는 영화나 음악 파일을 재생시켜 감상할 수 있도록 도와주는 윈도 미디어플레이어라든지 하는 프로그램 말이다. 하지만 많은 사람이 이 프로그램의 존재에 대해서 모르고 지나치는 경우가 많다. 그동안 쓸 일이 없었기 때문이다. 필자도 처음 이 프로그램이 윈도 안에 기본적으로 설치되어 있다는 사실을 알고 꽤나 놀랐던 기억이 난다. 이 프로그램의 존재에 대해서 알고 난 다음부터는 꽤 자주 사용하였다. 초보자들에겐 다소 생소하고 어렵게 느껴질 수 있는 영상 편집에 대해 부담 없이 학습하고 실용적으로 사용할 수 있도록 간단하고 편리하게 구성되어 있어 누구나 쉽게 영상 편집을 할 수 있다. 꽤나 유용한 프로그램이다.

하지만 단점도 있다. '무비메이커'라는 그럴듯한 이름과는 달리 영화를 편집하기엔 기능이 턱없이 부족하다. 그나마 '무비메이커2' 가 나오면서 많이 개선되긴 했지만 다른 전문 프로그램에 비하면 윈도 무비메이커는 정말 기본적인 영상 편집기능만을 갖추고 있다. 뿐만 아니라 비교적 저사양의 컴퓨터에서도 잘 돌아갈 만큼 저용량의 실속형 프로그램이지만 그만큼 안전성 면에서도 많이 떨어지는 편이다. 용량이 큰 영상을 불러들여 편집하거나 뭔가 시스템이 불안정할 경우 자주 다운이 되는 현상도 발생할 수 있으니 이 점을 반드시 유념하고 사용해야 한다. 밤을 꼬박 새워 열심히 편집을 하고 대망의 완성을 눈앞에 둔 시점에서 느닷없이 프로그램이 꺼져버리거나 다운되어 복구되지 않는 증상이 발생하고 나면 눈앞이 깜깜해지면서 심한 경우 구토 증상이 일어나거나 실신하게 될 수도 있다.

윈도 무비메이커는 다른 프로그램에 비해서 상대적으로 이런 점에서 취약하다. 워낙 함량미달로 만들어진 탓일까, 자주 아프다. 이런 최악의 상황을 예방하기 위해서는 편집하는 중간에 자주 저장해놓는 습관을 들이는 것이 좋다. 갑자기 프로그램이 다운되더라도 저장해놓은 시점부터 다시 불러들여 편집을 할 수 있기 때문이다. 이러한 점을 잘 사용한다면 처음 영상 편집을 접하는 사람에게 아주 편리한 프로그램이다.

2) 베가스

소니에서 만든 베가스Vegas는 뛰어난 성능에 비해 꽤 편리하며 효율성
이 좋은 프로그램이다. 소니에서 나왔다고 해서 소니 캠코더로 찍은
영상과 특별히 더 궁합이 잘 맞는 것은 아니다. 어떤 회사의 캠코더로
찍었든지 간에 쉽게 불러들여 간편하게 편집할 수 있다. 베가스의 가
장 큰 특징은 영상 편집의 거의 모든 기능을 고루 갖추고 있으면서도
프로그램이 유연하고 가볍다는 점이다. 다른 프로그램에 비해 저사양
컴퓨터에서도 유연하게 잘 돌아간다. 경쟁 프로그램에 비해 용량도
적어 컴퓨터가 느끼는 부담을 상대적으로 줄여준다. 마치 모래주머니
를 발목에 차고 걷다가 풀어 던진 후 사뿐사뿐 걷는 느낌이랄까? 전체
적인 프로그램의 구성 또한 무비메이커와 상당히 유사하며 쉽고 간단
하게 구성되어 있어 초보자들도 금방 파악하고 사용할 수 있다. 게다
가 다른 프로그램에 비해 마우스나 키보드를 덜 사용하고도 효과적으
로 사용할 수 있도록 설계되어 있다. 어려운 기능도 한눈에 알아보고
적용할 수 있는 것이 베가스의 가장 큰 특징이다.

3) 프리미어 프로

포토샵으로 유명한 어도비에서 나온 프리미어 프로Premiere Pro는 그래

픽 관련 소프트웨어 쪽으로 탄탄한 기반을 구축한 어도비의 막강한 기술력에 의해 탄생된 만큼 동영상 편집 소프트웨어계의 '본좌'로 군림하고 있다. 학교를 비롯하여 각종 공공기관은 물론이며 대부분의 기업이나 단체들이 프리미어 프로를 공식 영상 편집 소프트웨어로 선택하고 있다. 물론 그런 명성에 걸맞게 탄탄한 구성과 전문적인 느낌을 주는 생김새로 디자인과 기능 면에서 고루 좋은 만족도를 보이고 있다. 국내에도 가장 많은 사용자가 형성되어 있다.

단, 한 가지 아쉬운 점이 있다면 그 명성이나 활용도에 비해 처음 동영상 편집을 접하는 초보자들이 사용하기에는 다소 어려워 보인다. 베가스에 비해 간단한 효과도 조금 더 복잡하게 적용해야 하는 불편함이 있으며 디자인도 더 어렵게 구성되어 있다. 물론 조작에 익숙해지면 누구에게나 편리한 프로그램이 되겠지만 초기 프로그램에 비해서 점점 더 전문적으로 변해 조직이 어려워시고 있다. 그렇다고 해도 전문가들이 보기에 프리미어 프로는 아직까지 초보자나 중급자용 정도의 프로그램일 뿐이다. 전문가들에게는 아비드Avid와 파이널컷Final Cut이라는 편집 프로그램의 거대한 양대 산맥이 굳건히 자리를 잡고 있기 때문이다.

4) 아비드와 파이널컷

아비드와 파이널컷은 사실 영화를 처음 만드는 사람에게 추천해줄 만한 편집 프로그램은 아니다. 두 프로그램 모두 영화사나 방송국에서 주로 사용하는 전문가용 프로그램이라고 할 수 있다. 그중에서도 아비드는 상업영화에서 주로 사용하는 전문 프로그램이다. 베가스나 프리미어에 비해서 조작은 쉽지만 가격이 만만치 않다. 뿐만 아니라 가장 큰 단점은 고급 사양의 컴퓨터에서만 사용할 수 있다는 점이다. 아비드의 경우 맥MAC 컴퓨터 또는 최고 사양을 갖춘 아이비엠IBM 컴퓨터가 필요하며 파이널컷의 경우 맥에서만 작동한다. 두 프로그램 모두 프로그램 가격뿐 아니라 컴퓨터 사양까지 고려하면 웬만한 돈으로는 장만하기 어렵다. 이래저래 두 프로그램은 초보자들에겐 적합하지 않다.

하지만 뭐든지 비싼 것에는 다 그만한 이유가 있기 마련이다. 처음 영화를 찍을 때야 무리겠지만 이다음에 더 많은 영화를 찍게 되고 언젠가 여건이 마련되어 촬영 카메라도 빵빵하게 갖춰놓고 전문 마이크에 전문 조명까지 사용하여 극장 개봉용 '초특급 하이퀄리티' 영화를 제작하게 된다면 반드시 이 프로그램들을 사용해야 한다. 뭐든지 제짝이 있는 것처럼 고급 카메라로 촬영된 영상물을 제대로 된 최종 결과물로 만들어내려면 그에 걸맞는 전문 편집장비를 사용해야 한다. 아비드나 파이널컷의 최종 마스터링(편집이 끝난 영상을 상영할 수 있도록 최종 동영상으로 만드는 과정)은 베가스나 프리미어가 갖추지 못한 성능을 보유하고 있으며 실제로 비교해볼 경우 그 차이는 확연하게 드러난다. 여하튼 극장 상영용이나 방송국 송출용과 같은 고화질 영상물의 경우 이러한 전문 프로그램의 사용은 거의 필수적이다.

그렇다고 해서 너무 욕심을 내어 지금 당장 아비드나 파이널컷의 환경을 무리해서 갖춰놓을 필요는 없다. 이들의 기능을 100퍼센트 활용하기 위해서는 편집과 마스터링에 대한 전문적인 지식이 필요하다. 뿐만 아니라 촬영장비나 부속장비 또한 그에 걸맞는 제품으로 갖추고 있어야 한다. 이런 것들이 뒷받침되지 못한 상황에서 초보자가 억지로 아비드나 파이널컷을 사용할 경우 프리미어 프로나 베가스를 사용하는 것보다 훨씬 더 어려운 난관에 부딪힐 수도 있다. 처음부터 너무 욕심을 내기보다는 차분히 과정을 밟아가는 것이 중요하다.

5) 애프터이펙트

애프터이펙트 After Effects 는 편집 프로그램이 아니다. 그렇다면 어떤 프로그램일까? 바로 합성 전문 프로그램이다. 합성? 어떤 합성? 하늘에 우주선이 떠 있다거나 사람이 괴물로 변한다거나 화려한 글자들이 영상 위를 자유자재로 떠다니다가 멋진 제목을 만든다거나 하는 모든 것들이 다 합성이다. 즉 특수효과와 같은 맥락이라고 할 수 있다. 물론 베가스나 프리미어 프로와 같은 편집 전문 프로그램이 그러한 기능을 갖추지 못한 것은 아니다. 조금 불편하거나 아쉬운 부분이 있어서 그렇지 베가스나 프리미어 프로도 웬만큼 기본적인 합성기능은 갖추고 있다. 하지만 역시 전문 프로그램을 따라갈 수는 없다. 괜히 합성 전문 프로그램이 따로 나와 있겠는가? 세밀한 조정과 다양한 기능을 고루 갖춘 애프터이펙트는 완벽한 특수효과나 합성을 위해서는 꼭 필요한 프로그램이라고 할 수 있다. 하지만 이것도 역시 그만큼 프로그램을 능수능란하게 다루며 또 사용되는 영상이나 소스 등이 충분하고 훌륭하게 뒷받침될 때의 이야기다. 여하튼 영화를 처음 만드는 지금 시점에서 이 프로그램의 기능이나 사용 방법 등에 대해서 자세하게 알 필요는 없다. 언젠가 충분한 제작 경험을 거치고 영화에 대한 욕심이 더 생긴다면 이 프로그램을 사용할 날이 올지도 모른다. 그날을 위해서 지금은 미리 기억해두기만 하자. 멋들어진 특수효과와 합성을 위한 전문 프로그램 애프터이펙트!

2. 편집하기

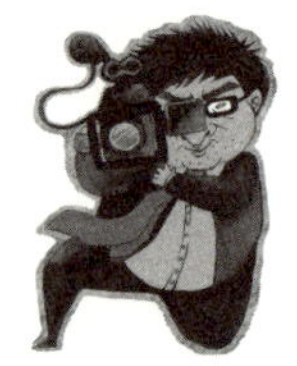

영화를 만들면서 가장 재미있고 짜릿한 순간은 바로 편집이다.

편집에 의해서 영화의 내용이 뒤바뀌거나 작품의 질이 결정되기도 한다. 편집이야말로 영화 창작자에게 '내가 영화를 만든다' 라는 것을 제대로 느낄 수 있게 해주는 질성석 요인 중 하나다. 손가락 하나로 순식간에 바뀌어버리는 세계. 내가 생각하고 원하는 대로 영화를 마음껏 조정할 수 있는 이 특별한 권한은 편집을 해본 사람만 느낄 수 있는 아주 귀한 경험이다.

이 책에서는 처음 영화를 만드는 사람들이 쉽게 조작할 수 있는 간편한 편집 프로그램 중 하나인 윈도 무비메이커를 이용하여 편집에 대한 기본적 원리와 작동 방법에 대해서 알아보도록 한다. 무비메이커를 기본으로 설명해나가겠지만 베가스나 프리미어 프로를 배우고자 하는 사람들에게도 조작 방법에서 약간의 차이만 있을 뿐 기본 원리상 거의 똑같이 적용되는 이야기들이기 때문에 차후에 베가스나 프리미어 프로를 공부하고자 하는 사람들도 편집의 원리를 이해하는 데 많은 도움이 될 것이다.

1) 무비메이커 켜기와 구조 익히기

무비메이커로 상업영화에 사용되는 3D나 합성과 같은 특수효과를 구현해내는 것은 불가능하다. 하지만 영화 편집의 가장 기본이라고 할 수 있는 컷 편집은 충분히 가능하다. 그렇기 때문에 영상 편집을 처음으로 학습하는 사람들이 편집의 기본 원리를 이해하고 학습하는 데 전혀 부족함이 없다.

우선 편집을 위해서 컴퓨터에 숨겨져 있는 무비메이커를 찾아 실행시켜보자. 윈도 무비메이커는 윈도XP 버전부터는 기본 프로그램이기 때문에 별도로 설치할 필요가 없다. 이 강좌에서는 무비메이커의 기원이라고 할 수 있는 윈도XP를 바탕으로 설명하겠다. 윈도비스타나 윈도7 버전부터는 새로 나온 윈도 무비메이커2의 사용도 가능하다.

대부분의 윈도XP에서 무비메이커의 위치는 컴퓨터 바탕화면에서 [시작] - [모든 프로그램] - [Window Movie Maker] 순이다.

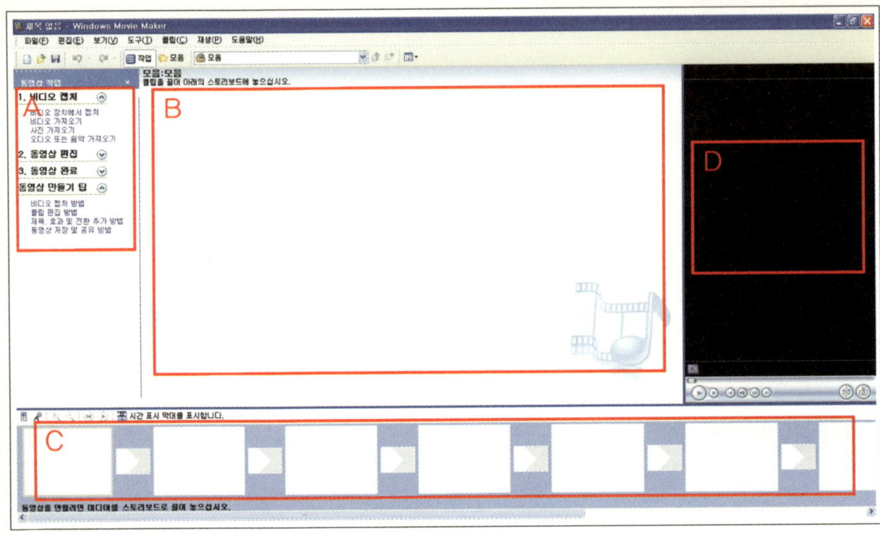

하지만 [모든 프로그램]에서 무비메이커가 보이지 않을 경우 [모든 프로그램] 안에 속해 있는 [보조 프로그램]을 클릭하면 그 안에 있을 확률이 크다. 혹 그 안에도 없다면 [보조 프로그램] 안에 있는 [엔터테인먼트]를 열어보면 있을 것이다. 만일 그 안에도 없다면 별도로 프로그램을 찾아서 설치해줘야 한다.

무비메이커를 찾았다면 이제 무비메이커를 실행시켜준다. 그러면 사진에서 보는 것처럼 무비메이커가 활짝 열릴 것이다. 이 프로그램으로 당신이 촬영한 영상을 영화로 재창조해낼 수 있다. 그러면 무비메이커의 구조에 대해서 한번 알아보도록 하자.

A 편집을 할 때 필수적인 기능이 담겨 있는 주 메뉴다. 편집을 요리로 빗대어 표현하자면 식재료 가져오기를 비롯하여 양념하기, 요리

이름 붙이기, 완성된 요리를 접시에 담기 등 주요 작업에 대한 명령이
이루어진다.

B 영상 편집에 필요한 모든 영상, 사진, 음악 등의 소스를 보관하는
곳이다. 요리에 필요한 식재료를 보관하는 냉장고와 같은 역할을 한다.

C 도마와 같은 역할이다. 요리를 할 때 도마 위에서 칼로 식재료를
먹기 좋은 크기로 자르기도 하고 먹지 못하는 부위는 잘라내 버리기도
하는 것처럼 여기에서 영상 소스를 자르거나 붙이고 순서를 바꾸기도
한다. 실제로 편집이 이뤄지는 작업 공간이다.

D 요리 중간에 간을 보는 것과 같은 기능을 수행하는 곳이다. 실시
간으로 내가 편집하고 있는 영상의 각종 효과들이 어떻게 적용되었는
지 볼 수 있는 일종의 미리보기 창이다. 이곳을 보면서 실시간으로 편
집을 할 수 있다.

다음은 무비메이커의 주요 버튼들에 대해서 알아보도록 하자.

ⓐ 새로운 작업을 시작하기 위해서 새 작업 환경을 열 때 사용한다.
그림처럼 아무것도 없는 초기 화면을 열어준다.

ⓑ 편집을 하다가 중간에 저장한 내용을 불러주는 기능을 수행한다.

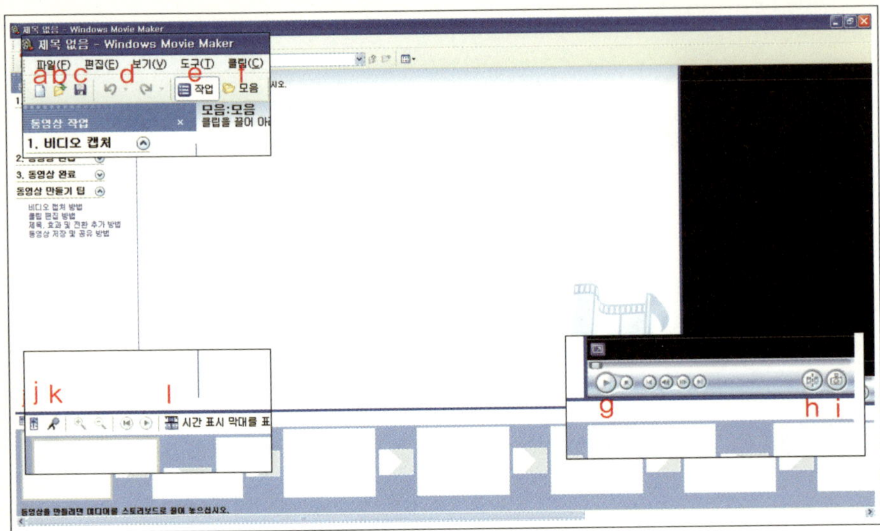

편집은 시간이 오래 걸릴 수도 있는 작업이기 때문에 작업 중간에 수시로 저장을 하고 컴퓨터를 꺼야 할 때가 많다. 그럴 때 저장해놓은 작업내용을 그대로 불러주는 '프로젝트 불러오기' 버튼이다.

ⓒ 편집하던 내용을 중간에 저장할 수 있도록 해주는 '프로젝트 저장' 버튼이다. 편집 도중 갑작스럽게 작업을 못 하게 될 경우 이 버튼을 이용해 내용을 저장해두면 나중에 언제든지 다시 편집을 이어서 할 수 있다. 반드시 저장 버튼 누르기를 습관화할 수 있기를 바란다!

ⓓ 작업과정을 한 단계 뒤 또는 한 단계 앞으로 돌리는 버튼이다. 편집 중 실수를 범했을 경우 이 버튼으로 방금 전 적용한 컷이나 효과로 되돌릴 수 있다.

(e) 주요 메뉴 창을 볼 수 있게 해주는 버튼이다.

(f) 편집을 위해 불러들인 각종 소스를 볼 수 있게 해주는 버튼이다.

(g) 영상을 재생시킬 때 사용한다.

(h) 영상을 자를 때 사용한다.

(i) 현재 보고 있는 장면을 사진으로 저장할 때 사용한다.

(j) 영상이나 음악 파일의 볼륨을 조절할 때 사용한다.

(k) 외부 마이크를 통해 소리를 녹음할 때 사용한다.

(l) 컷 편집을 할 수 있는 작업장인 '시간표시막대(타임라인)'와 편집 내용을 한눈에 볼 수 있게 해주는 '스토리보드'를 서로 전환할 때 사용한다.

무비메이커는 다른 고급 프로그램에 비해 주요 버튼이 그리 많지 않으므로 한 번씩 눌러보면 기능을 금방 익힐 수 있을 것이다.

2) 영상 불러오기

본격적으로 편집을 시작해보도록 하자. 영상을 편집하기 위해서 가장 먼저 해야 할 일은 바로 편집할 영상 소스를 불러오는 것이다.

무비메이커에서 영상을 가져오는 방법은 두 가지가 있는데 첫 번째는 6mm 비디오 캠코더를 통해 테이프에 촬영된 내용을 가져오는 [비디오 장치에서 캡처]가 있고, 디지털 카메라나 메모리용 캠코더를 통해서 이미 디지털 파일로 저장된 영상을 직접 가져올 수 있는 [비디오 가져오기]가 있다.

[비디오 장치에서 캡처]를 사용하여 테이프 안에 담겨 있는 영상을 가져올 경우 우선 촬영된 테이프가 담긴 캠코더를 1394선을 이용하여 컴퓨터와 연결한 후(연결할 때는 반드시 캠코더의 전원을 끄고 연결한 뒤 캠코더의 전원을 켜야 한다. 캠코더를 켠 상태에서 연결을 시도할 경우 컴퓨터의 순간적인 고전압이 캠코더의 주요 부품에 충격을 주어 큰 피해를 입을 수도 있다. 이 때문에 필자는 세상에서 가장 아끼던 첫 캠코더와 눈물의 이별을 해야만 했다), 연결을 안전하게 잘 마쳤다면 캠코더의 모드를 촬영 모드가 아닌 VCR 모드로 설정한다. 그리고 무비메이커의 [비디오 장치에서 캡처] 버튼을 눌러 테이프 속 촬영내용을 녹화하면 실시간으로 녹화된 영상이 그대로 무비메이커에 파일로 저장된다.

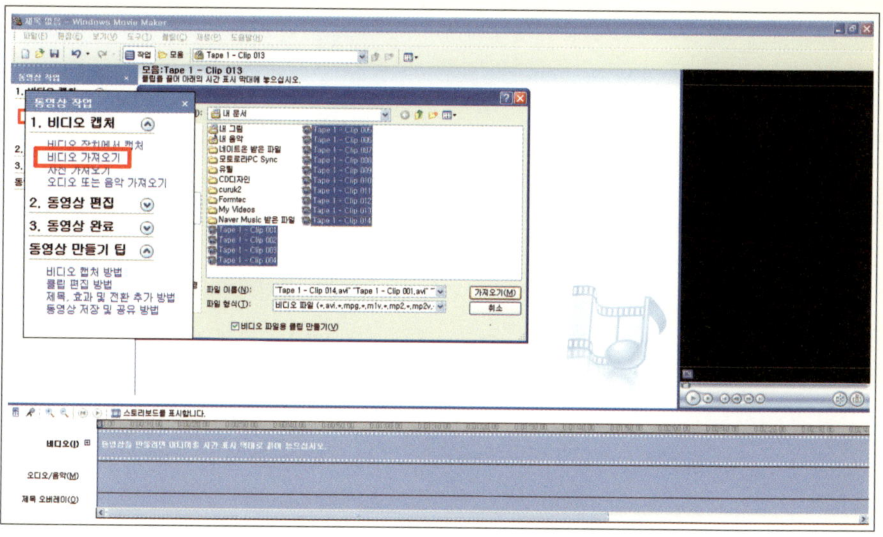

캡처한 영상 소스가 이미 컴퓨터에 저장되어 있거나 디지털 카메라를 통해 촬영된 영상 소스를 불러올 경우 USB를 이용하여 내 컴퓨터로 옮긴 뒤 앞에서와 같이 [비디오 가져오기] 버튼을 누르면 영상소스를 무비메이커로 불러들일 수 있다. 사진 소스나 음악 소스를 가져올 때도 마찬가지 방법으로 기본 메뉴에 있는 [사진 가져오기]나 [오디오 또는 음악 가져오기]를 통해 가져오면 된다.

가끔 영상을 편집하기 위해서 촬영되거나 다운받은 영상을 무비메이커로 불러들일 경우 영상이 아예 불러지지 않거나 소리만 들린다든지 소리 없이 화면만 보이게 되는 경우가 있다. 이런 경우는 십중팔구 코덱codec 문제다.

영상이 만들어지는 데 일종의 유전자와 같은 역할을 하는 코덱을 무비메이커가 인식하지 못하여 이루어지는 현상이라고 할 수 있는데 무비메이커에서 이런 일이 빈번하게 발생하는 이유는 무비메이커가 인식하고 있는 코덱이 기본적인 코덱뿐이기 때문이다.

그렇기 때문에 새로 나오거나 흔하지 않은 특수 코덱을 사용하여 촬영된 동영상의 경우 무비메이커가 인식하지 못하게 된다.

이런 문제를 해결하기 위해서는 해당 동영상을 인코딩 프로그램(동영상의 코덱을 바꿔준다)을 통해서 다시 만들어주거나 다양한 코덱을 인식할 수 있는 전문적인 편집 프로그램을 사용하여 편집해야 한다.

　　촬영된 영상을 불러오면 영상이 화면에 보이게 된다. 만일 동시
에 여러 개의 영상을 불러들였는데 하나의 영상만 화면에 보이게 된
다고 해서 이상하게 생각할 필요는 없다. 이 경우 하나의 영상만 불러
들인 것이 아니다. 나머지 영상은 화면 상단의 [모음] 버튼을 누르면
다음과 같이 각각의 폴더에 따로 저장되어 있는 것을 확인할 수 있다.

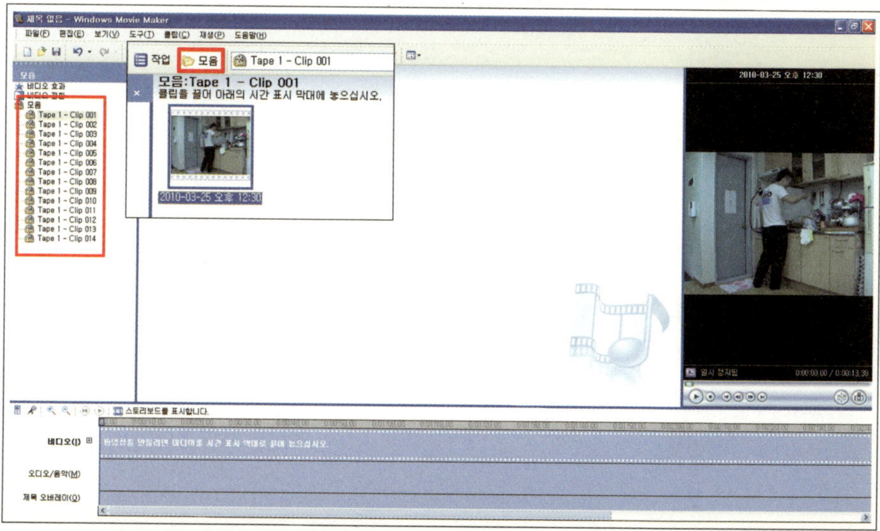

3) 컷 편집하기

이제 편집에 필요한 영상 소스를 선택하여 작업장인 타임라인으로 옮겨보도록 한다.

영상을 타임라인으로 불러들이는 방법은 아주 간단하다. 영상을 마우스로 클릭한 상태에서 아래 타임라인으로 끌면 그대로 옮겨진다.

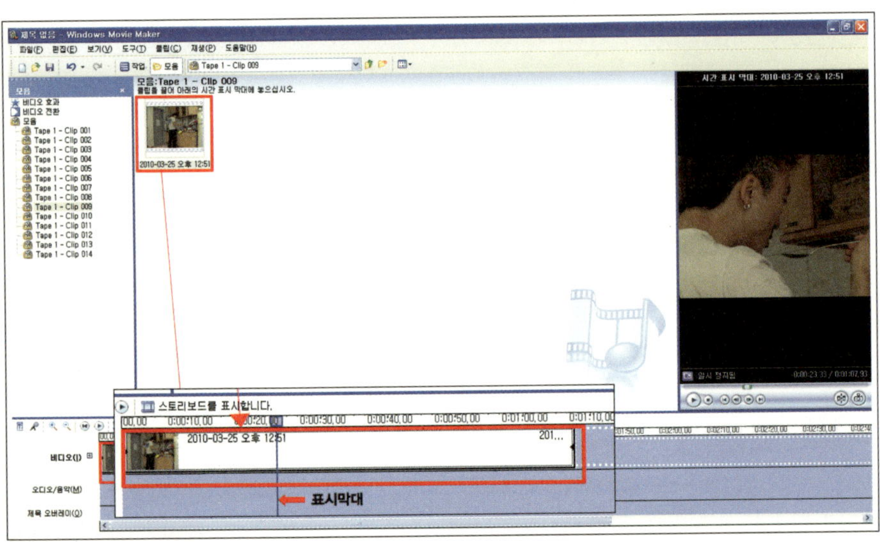

영상이 아래 타임라인으로 옮겨진 모습이다. 영상 위에 위치한 파란색의 세로 선이 바로 '표시막대'다. 전체 영상 중 현재 표시막대가 위치하고 있는 곳에 해당하는 장면을 다음과 같이 미리보기 창을 통해서 확인할 수 있다.

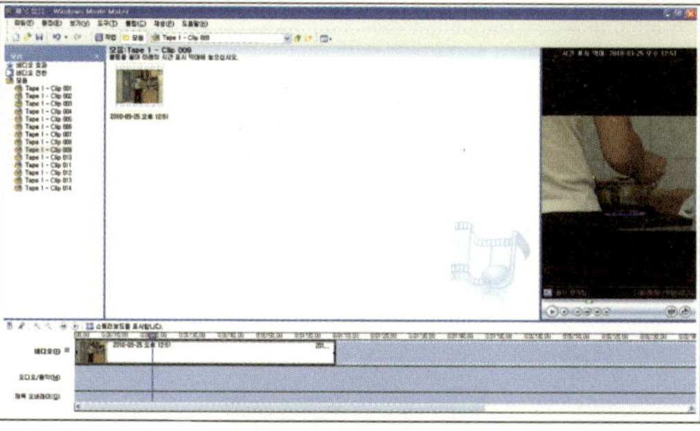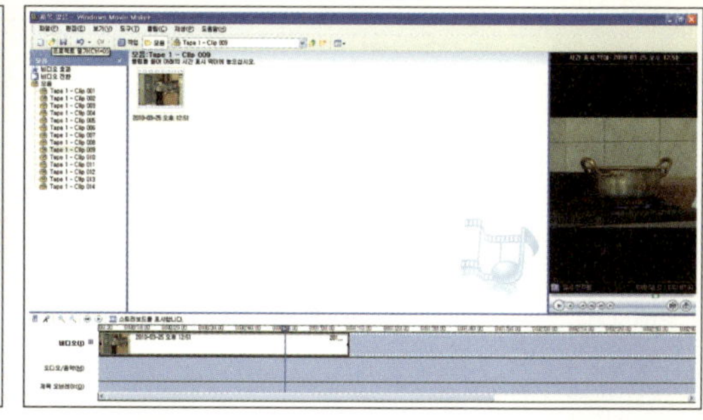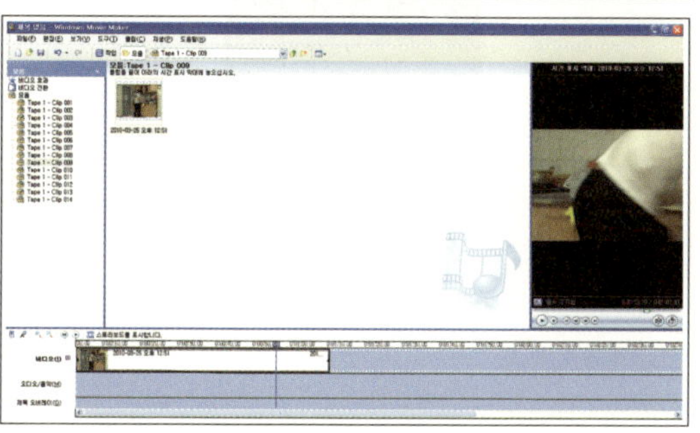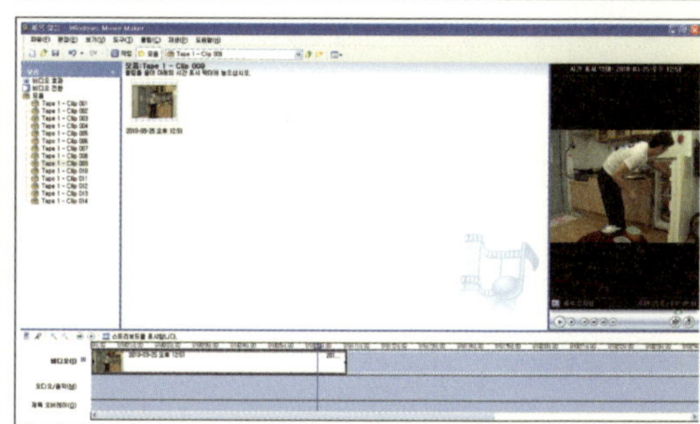

　이번 편집 강좌에서는 꾸러기스튜디오 작업실에서 촬영한 아침
식사 영상을 가지고 편집과정을 설명할 것이다. 앞에 보이는 영상이
바로 그 영상이다. 전날 밤 무리한 음주와 가무로 인해 힘들게 아침을
시작한 꾸러기스튜디오의 라쿠가 씻지 않은 상태에서 아침식사를 준
비하는 장면이 화면에 보인다.

　우선 편집에 있어서 가장 기본적인 작업이라고 할 수 있는 컷부터
시작해보자. 무비메이커에서 컷기능은 화면에 표시되어 있는 버튼을
누르면 된다. 잘라버리고자 하는 장면 위에 표시막대를 올려놓고 분
할 버튼을 누르면 곧바로 영상이 잘리는 것을 확인할 수 있다.
　영상이 잘렸다! 내 영화의 역사적인 첫 편집이 시작된 것이다!

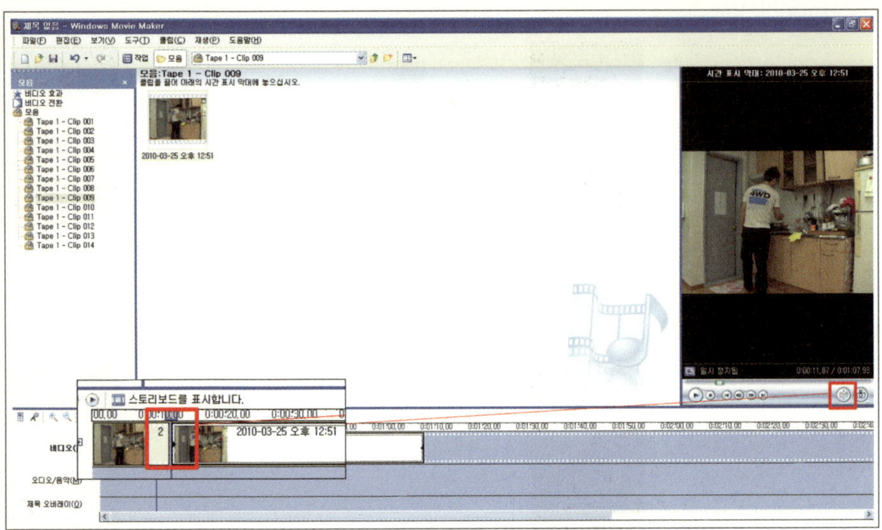

　　컷기능을 익혔으니 이제 불필요한 장면을 거침없이 잘라보도록
하자. 불필요한 장면을 다 잘라냈다면 이제 필요 없는 장면을 타임라
인에서 없애버릴 차례다.

　　영상을 지우는 방법 또한 간단하다. 해당 영상을 클릭한 뒤 [Del]
키만 눌러주면 필요 없는 영상들이 간단하게 타임라인에서 사라진다.
이제 자르고 없애는 컷기능을 통해서 편집에 필요한 나머지 영상들도
마저 불러들여 같은 방법으로 불필요한 장면들을 없애보자.

편집을 할 때 때로는 과감하고 냉정해져야 할 필요도 있다. 내 손으로 직접 촬영한 영상 소스들이다보니 하나하나 다 사랑스러워서 차마 내 손으로 도저히 못 버리겠다 싶어 소심하게 편집을 하다보면 영화가 필요 이상으로 길어지게 될 뿐만 아니라 보는 사람에게 강력한 수면효과를 선사하게 된다.

처음으로 편집을 시작하는 대부분의 사람이 좀더 과감하게 잘라서 버리지 못하는 가장 큰 원인 중 하나는 지나친 친절함이다. 처음 편집을 하는 사람들일수록 '영상을 너무 많이 잘라내면 사람들이 내용을 이해할 수 있을까?' 라는 걱정을 하기 쉽다. 그렇기 때문에 간단한 상황마저도 일일이 다 보여주게 된다. 편집의 힘은 우리가 생각하는 것보다 훨씬 더 대단하다. 우리가 늘 보던 영화나 TV 드라마, 광고를 자세히 살펴보자. 절대로 친절하지 않다. 특히 광고는 짧은 15초 안에 최대한 많은 내용을 전달해야 하기 때문에 가장 불친절하다. 어떤 장면은 1초도 안 된다. 그럼에도 불구하고 우리는 그 내용을 다 이해할 수 있다.

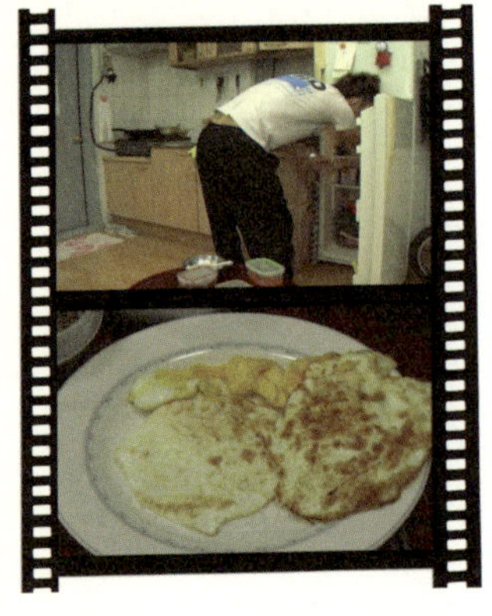

　　그러면 편집이 어떤 효과를 나타내는지 다음 장면을 통해 살펴보자.

　　한 장면은 어떤 사람이 냉장고에서 무엇인가를 꺼내고 있는 모습이고, 또 한 장면은 계란부침이 접시에 놓여 있는 모습이다. 이 두 장면을 나란히 놓았다. 어떤 상황처럼 보이는가?

　　그렇다! 저 사람이 냉장고에서 계란부침을 꺼내놓은 것처럼 보인다. 또는 이미 꺼내놓은 것처럼 보인다.

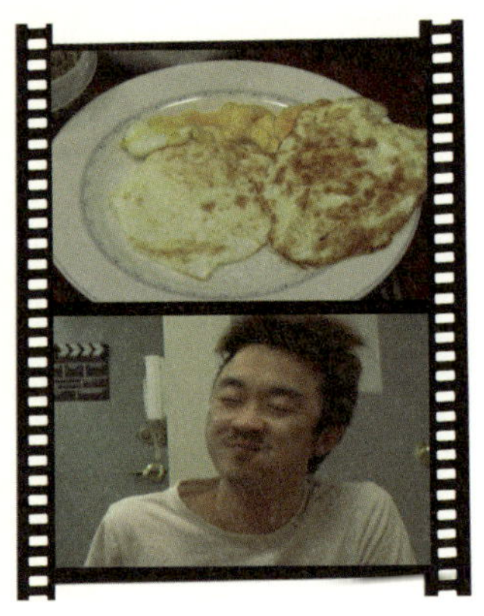

　　다음 장면을 보자. 어떻게 보이는가?

　　그렇다! 저 사람은 분명히 계란부침에 만족하고 있다!

　　그런데 잘 생각해보자. 어찌 보면 사진들은 전혀 상관없는 두 장면이 그냥 나란히 놓여 있는 것뿐이다. 우리는 저 사람이 계란부침을 꺼내는 장면도, 계란부침의 냄새를 맡거나 맛있게 먹는 장면도 보지 못했다. 그러나 신기하게도 직접 보지 못한 상황이라도 우리는 상상해낸다. 그것이 바로 편집의 힘이다. 우리가 걱정하는 것보다 인간의 상상력은 뛰어나다. 그러므로 우리는 편집에 있어 더이상 소심해질 필요도, 친절해질 필요도 없다.

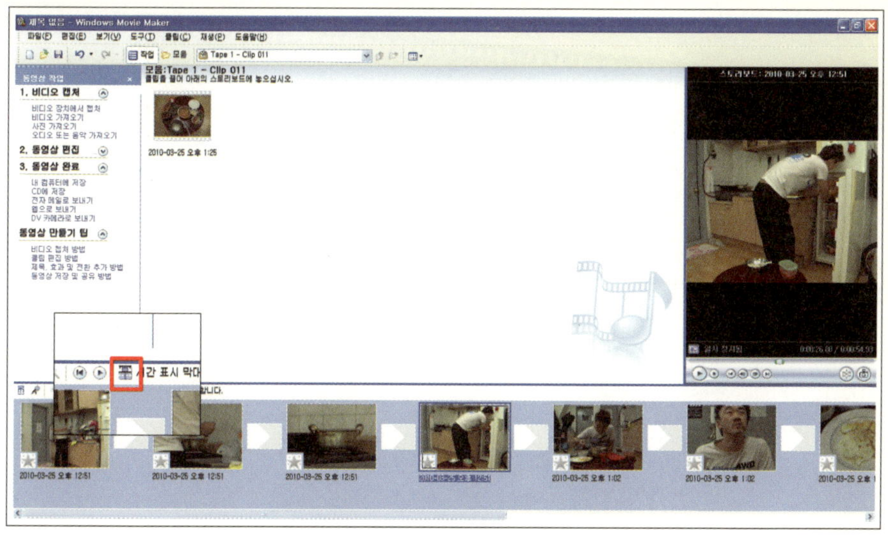

잊지 말자! '냉정하게! 과감하게! 거침없이!'

편집에 사용될 영상을 불러들여 컷 편집을 모두 마쳤다면 이제 화면에 표시된 버튼을 눌러 타임라인을 스토리보드로 전환시킨다. 스토리보드에서는 컷 편집을 통해 남겨진 타임라인 위의 모든 소스의 내용을 마치 만화를 보고 있는 것처럼 한눈에 볼 수 있다. 이렇게 보면 전체적인 이야기가 어떻게 전개되고 있는지 쉽게 이해할 수 있어 편집에 매우 도움이 된다. 게다가 이 상태에서 내용의 순서를 얼마든지 바꿀 수도 있어 이야기의 전개를 달리할 수 있다. 장면의 순서를 바꿔주는 방법은 영상을 타임라인으로 끌어올 때와 마찬가지로 클릭 상태에서 원하는 위치로 이동시키면 된다.

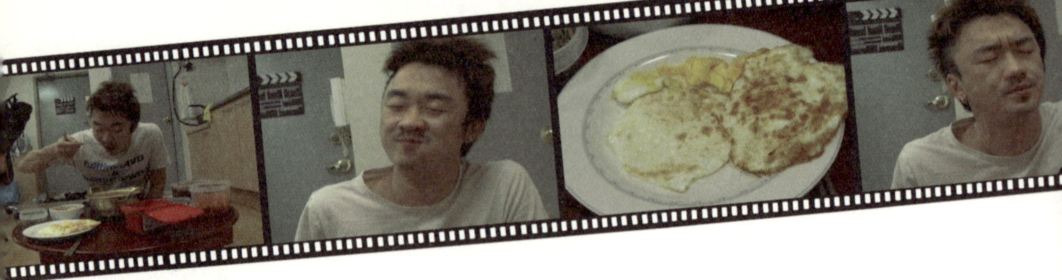

자 연속적으로 놓인 네 장면이 있다. 사진을 순서대로 보면 마치 밥을 맛있게 먹던 남자가 계란부침을 보고는 인상을 쓰고 있는 것처럼 보인다. 계란부침의 맛이 없거나 자신이 평소에 좋아하지 않는 음식인 것처럼 말이다.

하지만 앞의 장면들 중 두 번째 장면과 네 번째 장면을 바꾸면 상황은 정반대가 된다. 이 상황은 마치 불평을 하며 맛없게 식사를 하던 남자가 자신이 좋아하는 계란부침을 먹고 굉장히 만족해하는 것처럼 보인다. 단 한 번의 편집에 의해서 계란부침은 맛없는 음식이 되기도 했다가 맛있는 음식이 되기도 한다.

이렇듯 편집은 현실을 마음대로 바꿔놓을 수 있다. 그래서 편집은 '제2의 촬영'이라고 불러도 될 만큼 그 영향력이 대단하다. 그리고 이러한 점 때문에 편집은 현실을 있는 그대로 기록하는 촬영과 달리 현실을 왜곡시키는 데 주로 사용된다.

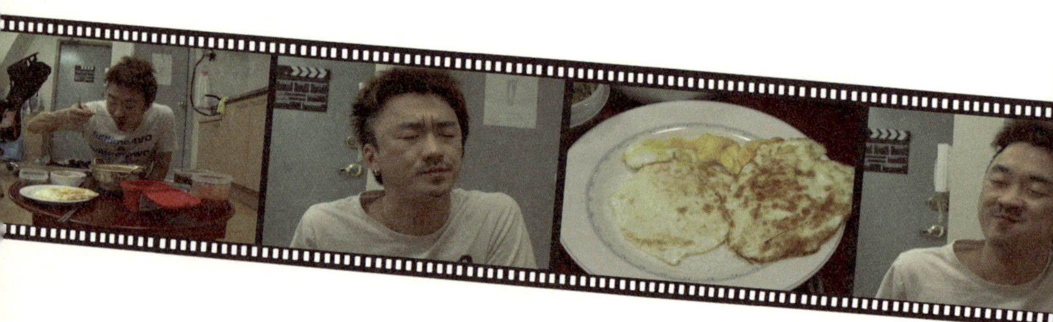

4) 다양한 효과 주기

컷과 배치를 활용한 기본적인 서사 편집을 모두 마쳤다면 이제 영상에 양념을 칠 차례다. 바로 효과 주기!

무비메이커는 다른 프로그램에 비해서 훨씬 쉽고 간편하게 효과를 적용시킬 수 있는 장점을 가지고 있다. 하지만 다른 고급 프로그램에 비해서 제공되는 효과의 수는 상대적으로 적은 편이다. 뿐만 아니라 효과를 세밀하게 조절하는 것이 불가능하다. 이를 극복하기 위해서는 무비메이커보다 더 고급 프로그램을 사용해야 한다. 지금부터 무비메이커로 영상에 효과를 적용시키는 방법에 대해서 알아보도록 하자.

화면상 좌측 기본 메뉴 중 2번 [동영상 편집] 메뉴를 열면 [비디오 효과 보기] 탭을 확인할 수 있다. 그 탭을 클릭하면 무비메이커에서 제공하는 효과들을 볼 수 있다. 영상을 회전시키는 것부터 속도 조절, 색감 변화 등 다양한 기능을 적용시킬 수 있다. 전문 프로그램에 비해서

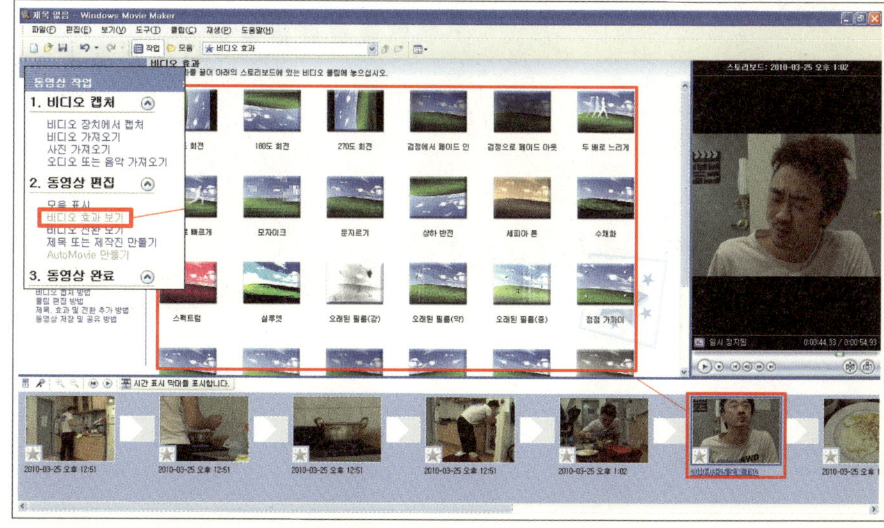

상대적으로 적은 기능이지만 꼭 필요한 기능은 대체적으로 모두 제공하고 있는 편이다.

영상에 효과를 적용시키는 방법은 무척 간단하다. 원하는 효과를 클릭한 상태에서 화면 하단의 스토리보드 중 효과를 적용시킬 영상에 그대로 끌어다놓으면 된다. 그러면 곧바로 미리보기 창을 통해서 효과가 적용된 모습을 확인할 수 있다.

영상에 효과주기를 적용했다면 이번에는 영상과 영상 사이에 화면전환효과를 적용시켜보자. 화면전환효과 역시 매우 간단하게 적용시킬 수 있다. 마찬가지로 2번 [동영상 편집] 메뉴 중에서 [비디오 전환 보기] 탭을 누르면 다양한 전환효과를 확인할 수 있다. 전환효과도 적용시키는 방법이 동일하다. 원하는 효과를 마우스로 선택한 후 클릭한 상태에서 끌어다놓으면 되는데 여기서는 영상에 직접 놓는 것이

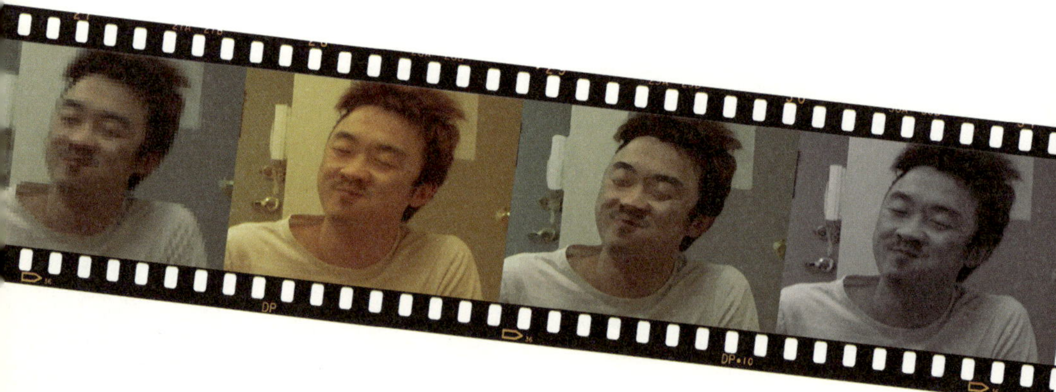

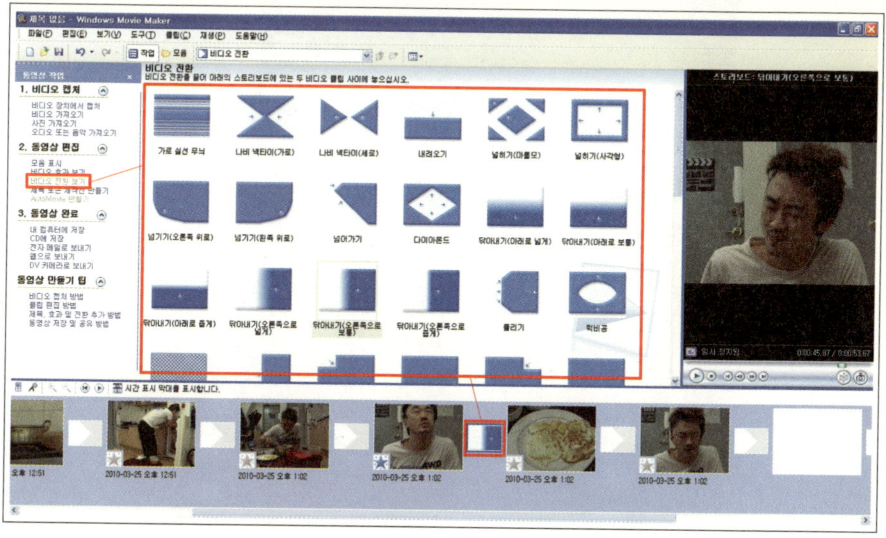

아니라 영상과 영상 사이에 놓아야 한다. 이것은 영상과 영상 사이의 전환과정에 효과를 주는 것이기 때문이다. 사진에서 보이는 것과 같이 영상과 영상 사이에 전환효과를 적용시키면 두 화면 사이로 효과가 적용된 모습을 볼 수 있다. 위에 적용한 것과 같은 예로 [닦아내기 (오른쪽으로 보통)]를 적용시키면 적용된 화면의 전환효과를 미리보기 창을 통해서 확인할 수 있다.

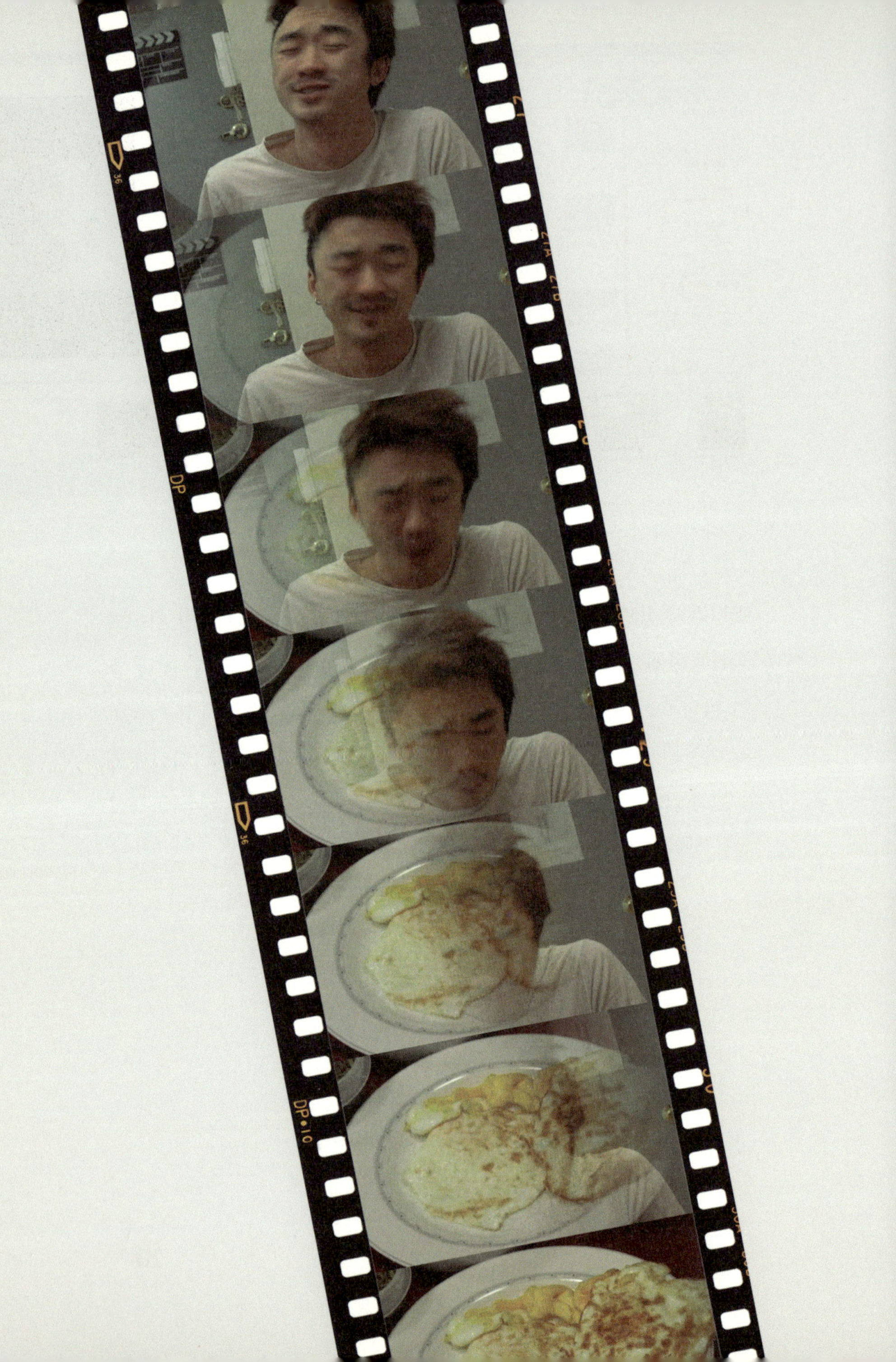

효과는 적당히

영상 편집을 처음 하는 사람들이 매우 쉽게 범할 수 있는 실수 중 하나는 바로 효과의 과도한 적용이다. 내 손으로 만든 영상에 화려한 효과가 적용되고 있는 것을 보고 있노라면 당장 〈스타워즈〉라도 만들어낼 수 있을 것 같은 기분이 든다. 그것은 곧바로 효과의 남발로 이어지게 된다. 하지만 반드시 주의해야 한다! 효과의 과도한 적용은 오히려 영상을 촌스러워 보이게 할 수도 있기 때문이다. 효과는 반드시 사용해야 하는 곳에만 사용하는 것이 원칙이다. 어쩌면 가장 효과적인 영상이란 기본에 충실했을 때 완성되는 것일지도 모른다.

5) 자막 넣기

이번에는 영상에 자막을 넣을 차례다. 여기서 자막이라 함은 외국 영화를 볼 때 화면 밑에 표시되는 자막뿐만 아니라 맨 앞에 제목 넣기와 맨 마지막 제작진 넣기까지 영화상에 표기되는 모든 글을 말한다.

영상에 자막을 표기하는 방법 역시 간단하다. [동영상 편집] 메뉴에서 [제목 또는 제작진 만들기] 탭을 누르면 다양한 위치에 적용시킬 수 있는 메뉴창이 뜨고 그곳에 글자를 입력하면 아래에 보이는 것과 같이 별도의 글자 전용 영상이 생성된다. 이 영상은 다른 영상과 마찬가지로 컷 편집을 할 수 있으며 효과 또한 동일하게 적용할 수 있다.

보이는 것처럼 영상 맨 앞에 글을 넣을 수 있을 뿐만 아니라 영상 중간이나 마지막 부분에도 넣을 수 있고 영상 위에 글을 합성시킬 수도 있다. 또한 글씨의 크기나 굵기, 색, 폰트도 변경할 수 있다.

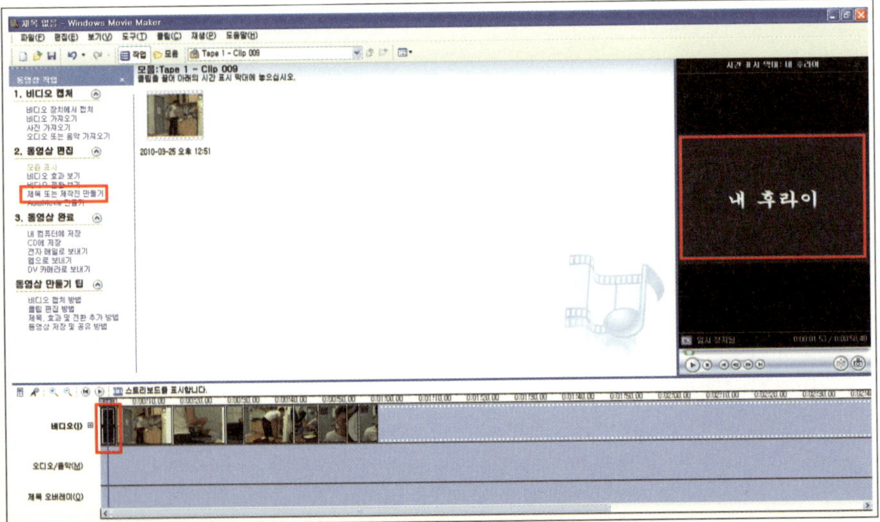

6) 음악 넣기

영상의 편집이 모두 끝났다면 마지막으로 영상을 더욱 돋보이게 해줄
배경음악을 깔 차례다. 음악을 입히기 위해서 먼저 음악 파일을 불러
온다. 음악 파일은 WAV 파일이나 WMA, MP3 파일 등이 가능하다.
음악을 불러오는 방법은 영상을 불러오는 방법과 동일하다. 좌측의
기본 메뉴 중 [비디오 캡처] 탭 안에 [오디오 또는 음악 가져오기]를
선택하면 음악을 불러들일 수 있는 창이 뜬다. 이 창을 통해 미리 준
비된 음악을 선택하여 가져오기를 하면 된다.

같은 방법으로 음악을 불러오면 아래와 같이 음악 파일이 형성되
고 이 파일은 영상과 마찬가지로 타임라인으로 끌어가 편집에 사용할
수 있다.

음악 파일의 컷 편집 역시 영상과 동일하게 적용된다. 음악 파일

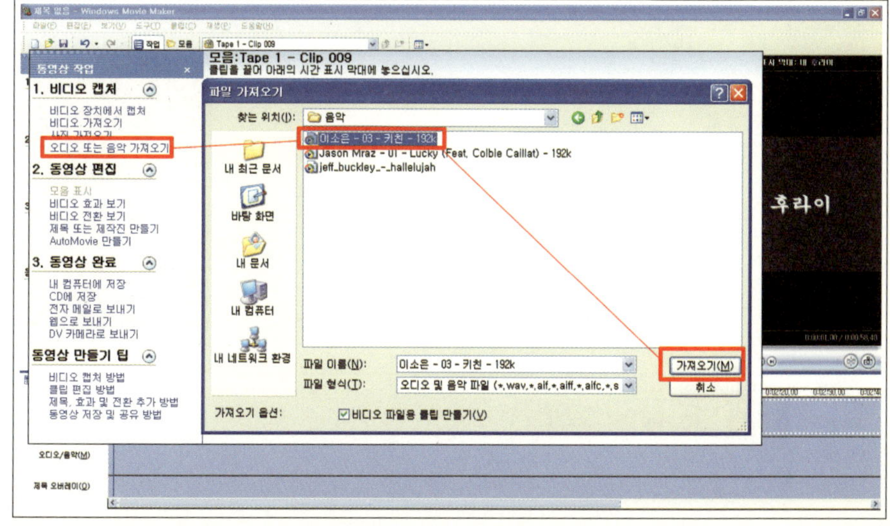

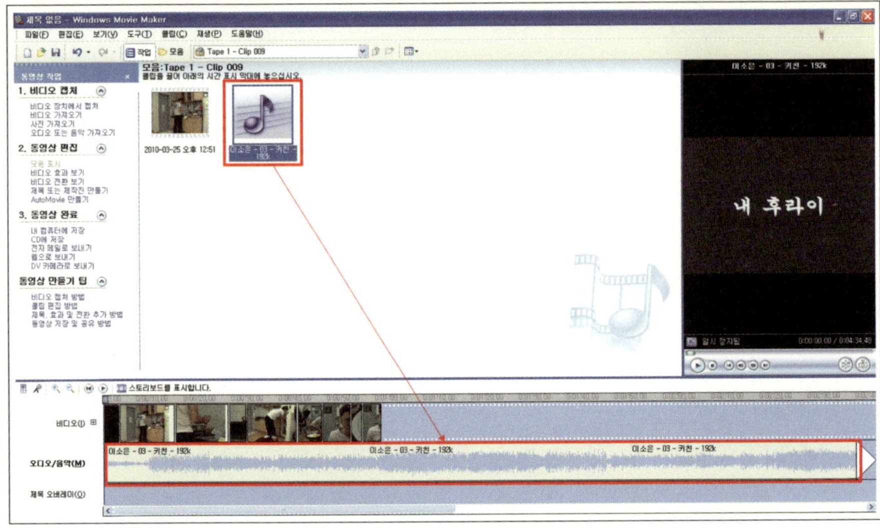

이 편집된 영상보다 길거나, 원하는 부분만 넣고 싶을 경우 영상 컷 편집과 같은 방법으로 컷 버튼을 사용해 길이를 조절할 수 있다.

이제 영상과 음악을 함께 놓고 재생을 시켜보자. 음악이 있을 때와 없을 때의 확연한 차이를 느낄 수 있을 것이다. 음악은 영화를 돋

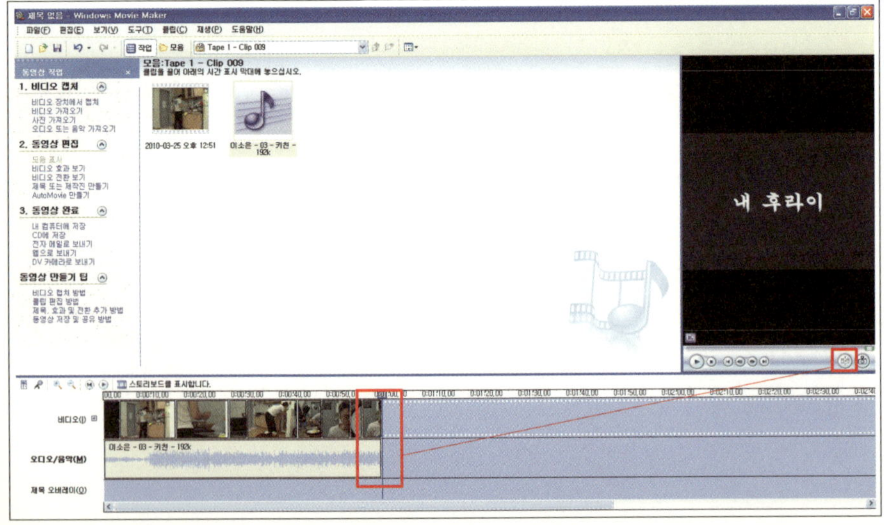

보이게 하는 최고의 효과 중 하나다. 그런데 이 상태만 놓고 보면 영상이나 음악의 마지막 부분이 갑자기 뚝 하고 끊기면서 마무리되는 현상을 볼 수 있을 것이다. 정말 가슴이 탁 막히는 마무리가 아닐 수 없다. 이 경우 영상이나 음악의 끝을 서서히 사라지게 하는 방법을 사용해야 한다.

이것이 바로 편집에서 가장 많이 사용되는 효과 중 하나인 '페이드fade'다. 영상이나 음악이 서서히 나타나게 하는 것을 '페이드 인fade in'이라고 부르고, 서서히 사라지게 하는 것을 '페이드 아웃fade out'이라고 부른다. 무비메이커에서 페이드를 적용시키기 위해서는 타임라인에 있는 영상이나 음악 위에 마우스 화살표를 올려놓은 상태에서 마우스의 오른쪽 버튼을 클릭하면 페이드를 적용시킬 수 있는 창이 뜨는 것을 확인할 수 있다. 이 메뉴 탭 안에서는 음악의 볼륨 조절도 함께 할 수 있다. 영상이나 음악의 끝부분에 페이드 아웃을 적용시키면 영상이나 음악이 조금 더 자연스럽게 사라지는 것을 확인할 수 있다.

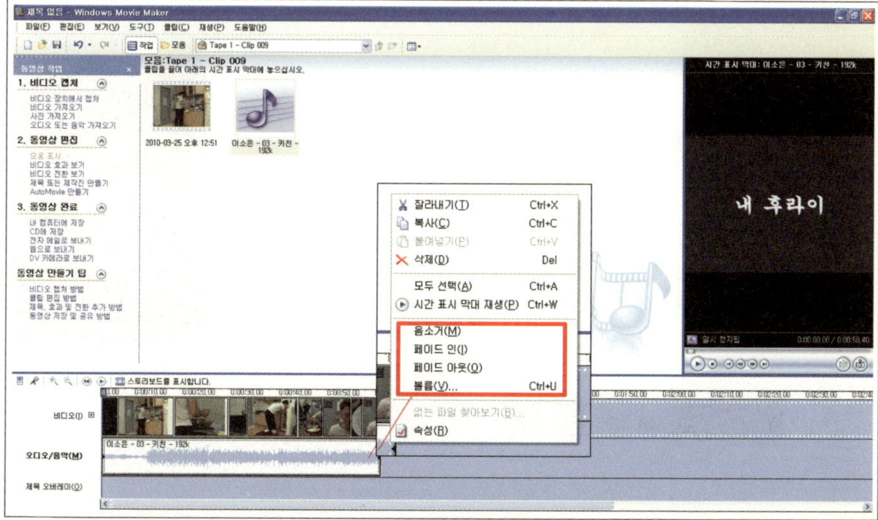

7) 동영상으로 내보내기

이제 모든 편집이 다 끝났다. 마지막으로 한 번 더 재생을 시켜 최종 확인을 한 후 이상이 없다면 하나의 동영상 파일로 만들어놓을 차례다.

편집된 내용을 영상으로 내보내기 위해서는 좌측 기본 메뉴 중 [동영상 완료] 탭에서 [내 컴퓨터에 저장]을 누르면 된다. 그러면 새로 생성될 동영상 파일의 이름과 저장 위치를 묻는 새 창이 뜰 것이다. 그곳에 원하는 정보를 입력해준 뒤 [다음]을 누른다.

그러면 [내 컴퓨터에서 최고 품질로 재생]이라는 문구가 보일 것이다. 이것이 실제로 최고 품질의 동영상을 만들어주는 것은 아니다. 다만 용량 대비 화질에서 가장 효율적인 값을 찾아 동영상 파일로 만들어준다. 그러나 고용량의 파일에 비해서 화질이 그렇게 크게 차이가 나지는 않으므로 특별한 일이 없다면 이 기능을 그대로 사용하는

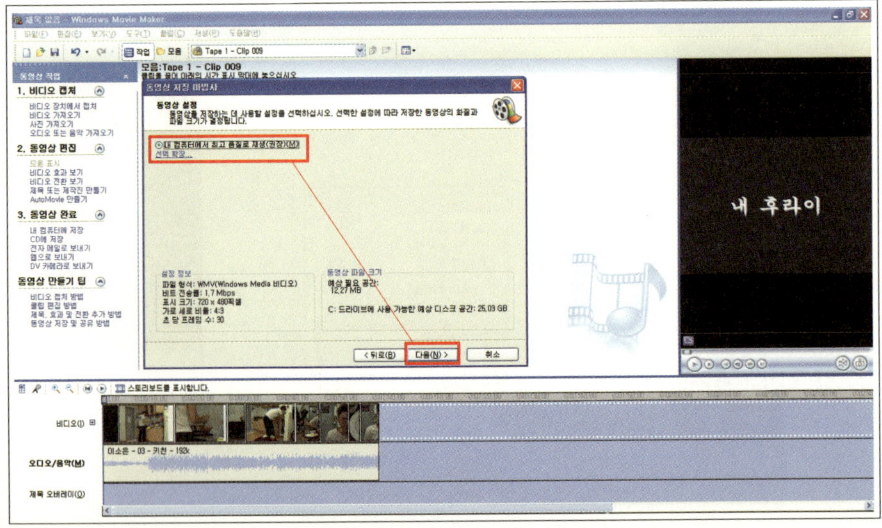

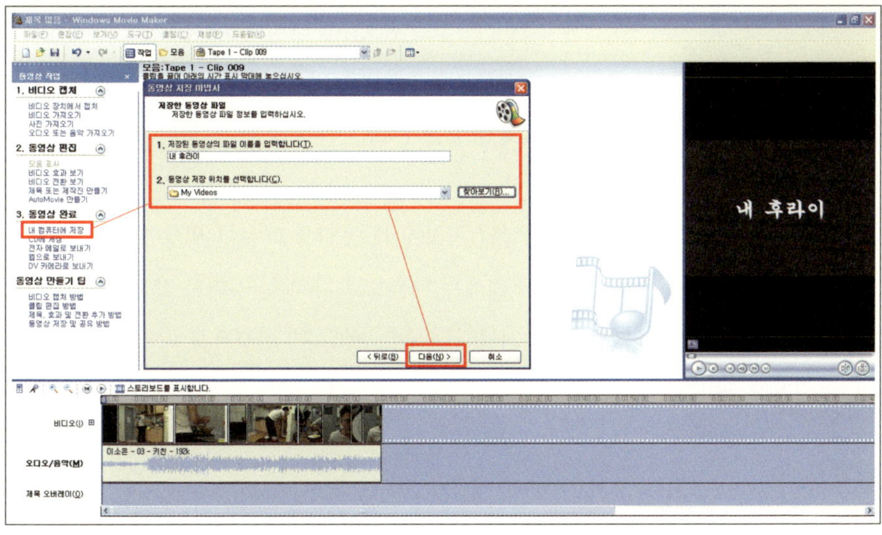

것을 추천한다. 만일 고용량의 최고 화질이나 저용량, 저화질의 동영
상을 만들어주고자 할 경우에는 바로 밑에 있는 [선택확장]을 눌러 동
영상의 용량을 직접 설정할 수 있다.

　　선택을 했다면 [다음]을 눌러준다. 그러면 자동으로 지정한 위치

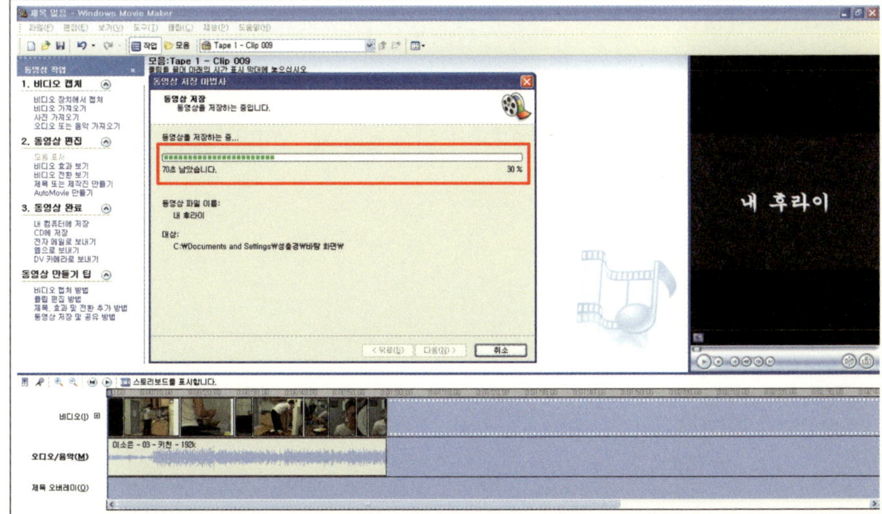

에 지정된 이름으로 동영상을 만드는 과정을 볼 수 있다.

　완료가 되면 지정된 위치에 새 동영상 파일이 생성이 되었는지 확인한다. 그리고 나서 설레는 마음으로 나의 첫 영화를 감상하면 드디어 진정한 영화인으로 거듭나게 되는 것이다! 이것으로 꾸감독과 함께하는 무비메이커를 활용한 편집 강좌를 마치도록 하겠다!

8) 완성된 영화 각종 매체에 저장하기

드디어 고대하고 고대하던 나의 첫 영화가 탄생하였다면 세상 사람들에게 선보이기 위해 영화를 다른 매체로 옮겨 담는 과정이 필요하다.

　영화를 옮겨 담고 상영할 수 있는 매체에는 어떤 것들이 있을까? 우선 대표적인 예로 DVD가 있다. DVD 플레이어, DVD 대여점, DVD 방 등등의 익숙한 단어들을 보라. 전부 DVD가 들어가 있지 않은가. 이것들은 모두 DVD를 활용하여 영화를 볼 수 있게 해주는 매체들이다. 대세는 DVD다! 물론 예전에는 비디오테이프가 대세였던 시절이 있었다.

DVD 만들기

어쨌든 그러한 비디오테이프의 시대는 이미 한물간 지 오래다. 비디오테이프에 비해 크기가 훨씬 더 작아지고, 빨리감기와 되감기가 즉시 가능해지며, 다 보고 난 뒤에는 영화를 처음으로 되감아줄 필요도 없고, 복제가 훨씬 간편하며, 화질도 훨씬 좋은 것이 바로 DVD다. 게다가 DVD는 전문 플레이어에서는 물론이며 웬만한 컴퓨터에서도 감상이 가능하기 때문에 굉장히 효율적인 매체다.

영화를 DVD에 담는 과정은 간단하다. 우선 DVD 굽기를 할 수 있는 DVD 롬이 장착된 컴퓨터에 내가 제작한 영화를 저장한다. 그다음 DVD 롬에 공 DVD를 넣는다.

이 과정까지 끝났다면 이제 DVD 굽기 프로그램을 통해서 굽기만 하면 된다. 그런데 여기서 한 가지 알아둬야 할 것이 있다. 어디서 어떻게 상영할 것인가에 따라 DVD 굽기는 두 종류로 나뉘게 된다.

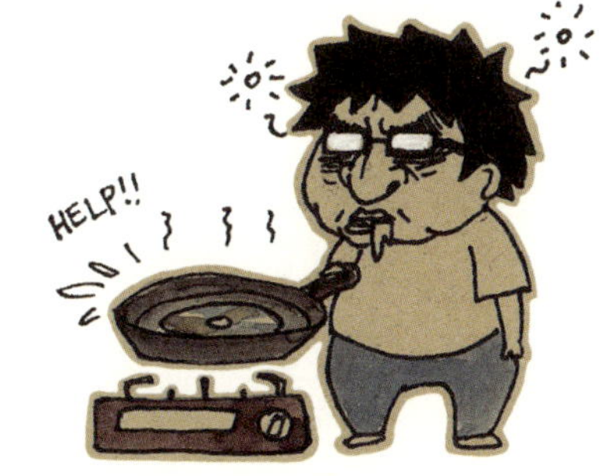

영화를 재생시킬 상영장비가 컴퓨터라면 그냥 동영상 파일 형태로만 저장시키면 간편하게 끝난다. 하지만 DVD 전문 플레이어를 통해서 재생시킬 목적이라면 '오소링authoring'이라는 별도의 과정을 더 거쳐야 한다. 이것은 일반 DVD 플레이어가 AVI나 WMV와 같은 컴퓨터 전용의 동영상 파일을 읽어낼 수 없기 때문에 DVD 플레이어가

해석할 수 있도록 영화 파일의 저장 형태를 다시 한번 바꿔주는 과정이다. 렌더링과 비슷한 작업이라고 할 수 있다. 이 과정을 통해서 하나의 동영상 파일로 저장되어 있던 내 영화는 DVD 대여점에서 빌려온 영화 DVD와 똑같은 형식으로 만들어지는 것이다. 공식적인 영화 DVD는 모두 오소링 과정을 거쳤기 때문에 DVD 플레이어에서 재생되는 것이다.

먼저 DVD 플레이어용이 아닌 일반적인 컴퓨터 재생용 동영상 파일로 영화를 저장시킬 때의 과정을 살펴보자.

이 경우 DVD 롬 안에 새 DVD를 넣으면 컴퓨터가 자동으로 데이터 굽기를 시도할 것인지를 물을 때가 있다. 그럴 땐 그냥 굽겠다고 하면 된다. 몇 분의 굽는 시간이 지나면 DVD 안에 나의 영화가 고스란히 담기게 된다. 컴퓨터에 별도의 DVD 굽기 프로그램이 깔려 있지 않다면 '네로'와 같은 DVD 굽기 프로그램을 설치해주면 된다. 인터넷 검색창에 'DVD 굽기 프로그램'이라고 검색하면 무료로 간편하게 사용할 수 있는 프로그램이 많이 나올 것이다.

컴퓨터 재생용 DVD가 아닌 DVD 플레이어 재생용 DVD를 만들 때는 오소링 과정을 실행할 수 있는 프로그램이 필요하다. 마찬가지로 'DVD 굽기'로 검색하면 나오는 몇몇의 DVD 굽기 프로그램에는 이러한 오소링 과정을 실행시킬 수 있는 프로그램이 있다. 만약 그러한 기능이 없다면 'DVD 만들기' 또는 'DVD 제작 프로그램' 등으로 검

색하여 나오는 오소링 프로그램을 찾아야 한다. 그냥 데이터 굽기로
하지 말고 반드시 오소링 과정을 통해서 구워야 하는데 이 과정은 처음
영화DVD를 구워보는 사람들에게는 살짝 복잡할 수도 있다.

영화 DVD 굽는 법

① 완성된 동영상을 MPEG-2 파일로 저장시킨다. 렌더링을
할 때부터 아예 MPEG-2 형태로 저장시키면 편리하다. 그렇
지 않고 AVI나 WMV로 했다면 동영상 파일을 MPEG-2로 바
꿀 수 있도록 렌더링 과정을 한 번 더 거쳐야 한다. 여하튼 영화
DVD를 만들기 위해서는 반드시 MPEG-2 형식으로 저장된
동영상 파일이 필요하다.

② MPEG-2 형식으로 저장된 파일이 준비되어 있다면 DVD
제작 프로그램을 실행시킨다. 프로그램에 MPEG-2로 저장
된 동영상 파일을 불러온다.

③ 오소링 작업을 한다. 이 작업이 바로 동영상 파일을 DVD
플레이어가 읽어낼 수 있는 형식으로 전환시키는 작업이다. 렌
더링 작업과 같이 동영상의 성질을 변형한 별도의 동영상을 하

나 더 만들어주는 과정이므로 동영상의 길이나 용량에 따라 다소 시간이 걸리기도 한다. 이 과정을 통해서 무한 용량에 가까운 2시간짜리 고화질 영화 한 편이 4GB 미만으로 축소되어 DVD 한 장에 담기게 되는 것이다. 이 오소링 작업은 용량이 큰 동영상을 효율적으로 줄여 DVD 한 장에 담아 재생시키기 위한 작업이라고 생각하면 된다.

④ 필요에 따라 DVD의 타이틀이나 메뉴 등을 설정할 수 있는 프로그램도 있다. 프로그램마다 사용 방법이 다르기 때문에 일일이 설명하긴 힘들지만 대부분의 프로그램이 사용하기 쉽게 구성되어 있을 뿐만 아니라 간단한 검색을 통해서 사용 방법을 익힐 수 있도록 되어 있다. DVD 대여점에서 빌려온 DVD를 틀면 곧바로 영화가 시작되는 것이 아니라 인트로 화면에 영화를 소개하는 다양한 메뉴가 나오고 재생 버튼을 눌러야 영화가 재생되는 것들이 많다. 바로 이러한 인트로 화면을 직접 만들 수도 있다.

⑤ 오소링 작업까지 마쳤다면 이제 DVD 롬에 들어 있는 공 DVD에 오소링된 데이터를 담기만 하면 끝난다. 일반적인 데이터 DVD 굽기와 마찬가지로 DVD 굽기 버튼을 누르면 몇 분의 시간이 지나 완성된 DVD를 컴퓨터가 토해내게 될 것이다. 그러면 영화 DVD가 완성된 것이다. 4~5단계의 과정이 다

소 생소하거나 부담스럽게 보일지도 모르겠지만 일단 MPEG-2 형식으로 저장된 영화 파일과 공 DVD, DVD 제작 프로그램만 준비되어 있다면 그리 어려운 일이 아니다. DVD 제작 프로그램을 실행시키면 웬만한 프로그램들은 완성된 DVD를 토해내기까지의 과정을 자동으로 실행시켜주거나 실행과정을 안내해주기 때문이다.

⑥ 이렇게 완성된 DVD는 재생 프로그램만 깔려 있다면 일반 컴퓨터에서도 감상이 가능하며 거실이나 사무실 등에 있는 DVD 전용 플레이어에서도 깔끔하게 재생이 가능하다.

비디오테이프 만들기

DVD 외에도 영화를 저장하고 상영할 수 있는 매체는 더 있다. 대표적인 예로 이제는 사라지는 매체 중 하나인 비디오테이프다. 아마 특별한 이유가 없다면 내가 만든 영화를 구태여 비디오테이프에 저장시킬 필요는 없을 것이다. 화질이 더 뛰어난 것도 아니며 그렇다고 상영이 더 편리한 것도 아니다. 보관매체로서의 가치도 상대적으로 떨어진다.

그러나 그냥. 아무 이유 없이 왠지 자신의 영화를 비디오테이프로 소장하고 싶은 충동이 있을 수 있다. 나도 그랬기 때문이다. 고생해서 만든 영화를 어릴 적 '로망'이라고 생각했던 매체 중 하나인 비디오테이프로 만든다는 사실은 남들이 보기엔 집착일지 몰라도 나에겐 로망인 것이다. 나에게 영화는 비디오테이프였으니까 말이다. 남들이 알아주든 말든 사용이 불편하든 말든 내 영화를 비디오테이프에 담아보고 싶다는 몇몇의 독자를 위해서 영화를 비디오테이프에 담는 과정을 소개한다.

영화를 비디오테이프로 저장하는 법

①DV 코덱을 사용하여 렌더링한 AVI 형식으로 뽑은 동영상 파일을 준비한다. XVID나 DIVX 등의 코덱을 사용하여 만든 AVI가 아니라 반드시 정식 DV 코덱으로 만든 AVI 파일이어야 한다.

② 컴퓨터에 1394선을 사용하여 캠코더를 연결하고 캠코더 안에는 6mm의 DV 테이프를 넣는다. 이 과정은 촬영된 영상을 컴퓨터로 옮기는 캡처의 반대 과정이다. 캠코더에서 컴퓨터로가 아니라 컴퓨터에서 캠코더로 옮기는 것이다.

③ 윈도 무비메이커나 베가스 또는 프리미어 프로와 같은 동영상 편집 프로그램을 실행시킨다. 그리고 캡처의 반대 과정인 테이프 출력과정을 실행시키는데 프로그램에 따라 명칭이나 접근 경로에 약간씩 차이가 있다. 윈도 무비메이커의 경우 테이프 출력과정은 [동영상 완료] 탭 안에 있는 'DV 카메라로 보내기' 기능이다. 이 과정을 통해서 캠코더 안에 있는 6mm DV 테이프에 영화가 고스란히 담기게 된다. 녹화가 되는 것이다. 이렇게 완성된 테이프는 차후 컴퓨터에서 우연한 사고로 인해 영화 파일이 지워지더라도 다시 캡처를 받으면 영화 파일을 새로 만들어낼 수 있는 보존의 기능을 갖추게 된다.

④ 영화가 녹화된 6mm DV 테이프가 들어 있는 캠코더를 컴퓨터에서 분리하여 비디오데크에 연결시킨다. 여기서 비디오데크란 한때 대부분의 가정집에서 TV와 함께 영화를 재생시키던 가정용 VHS 비디오데크를 말한다. 단, 모든 비디오데크에서 다 되는 것은 아니고 반드시 '외부입력녹화기능'이 가능한 데크여야 한다. 마찬가지로 VHS 비디오데크 안에는 공 VHS 테이프가 들어 있어야 한다. 캠코더와의 연결은 S-VIDEO 단자가 있는 경우 이 단자를 활용하고 없는 경우 빨간색, 흰색, 노란색으로 되어 있는 입출력 단자를 사용해야 한다. 일반적으로 비디오를 TV와 연결할 때 사용하는 선들이다. 이 선들의 색깔을 캠코더와 비디오의 단자 색깔과 일치시켜 연결한다. 이

경우 비디오 단자에는 TV와 연결할 때와 달리 출력이 아닌 입력 단자에 연결해주는 것이 중요하다.

⑤ 캠코더와 비디오데크를 연결했다면 캠코더의 비디오 모드로 들어가 테이프를 재생시킨다. 그리고 동시에 비디오데크에는 녹화 버튼을 눌러준다. 그러면 녹화가 시작되고 영화를 재생시키는 동안 기다리면 된다. 그러면 VHS 테이프 형태로 저장된 영화를 만나볼 수 있다.

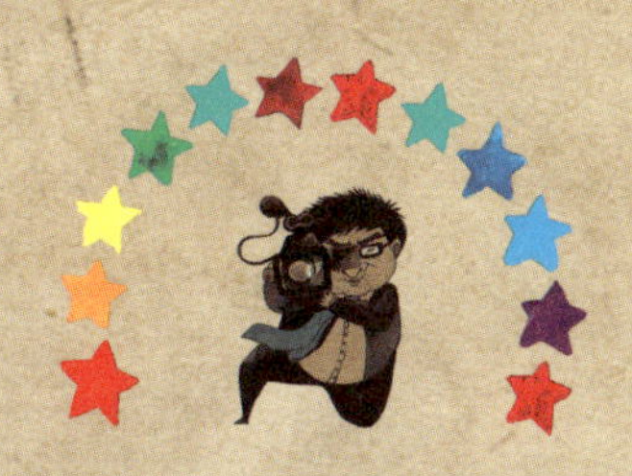
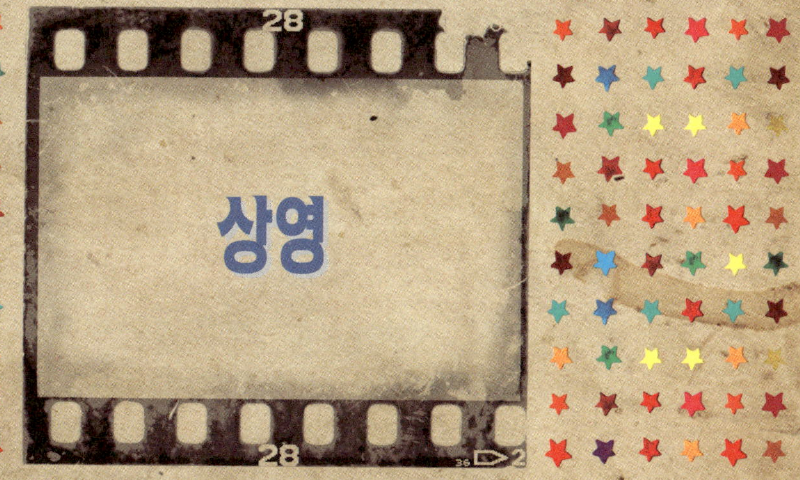
28
상영
28
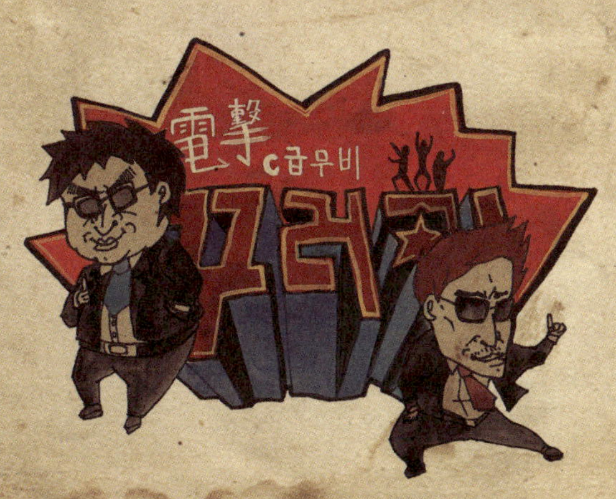
電擊 C급무비
꺼려걸

내 영화를 사람들에게 보여주는 방법

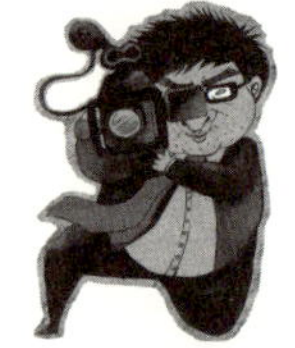

드디어 나의 첫 영화가 완성되었다. 그러나 영화가 완전한 의미에서 최종 완성된 것은 아니다. 영화는 누군가 관람할 때 비로소 완성되는 것이기 때문이다. 관람하지 않는 영화는 존재 이유가 없다. 영화 완성의 최종 단계라고 할 수 있는 상영에 대해서 알아보도록 하지.

상영을 위해서는 많은 준비과정이 필요하다. 홍보에서부터 상영 장비의 준비와 상영 장소, 상영 방식에 이르기까지 영화는 어떻게 만드느냐도 중요하지만 어떻게 보여주느냐도 중요하다. 하지만 너무 걱정할 필요는 없다.

필요한 모든 것은 내게 다 있다.

1) 포스터 만들기

영화는 완성되었다. 이제 사람들에게 보여줄 일만 남은 것이다. 그러나 여기서 잠깐!

이대로 보여주기에는 뭔가 허전하다는 생각이 들지 않는가? 무작정 친구나 가족에게 "내가 만든 영화가 있으니 보러 와!"라고 이야기한다면 그들은 틀림없이 "뭐? 정말 네가 영화를 만들었다고? 이야! 재미있겠는데?" 하면서도 한편으로는 그저 그런 작품이겠거니 하고 대수롭지 않게 생각할 수도 있다. 물론 내가 아는 사람이 만든 작품이라는 생각에서 오는 특별한 호기심도 있겠지만 그만큼 제대로 된 작품이라는 기대감은 상대적으로 덜할 수 있는 것이다. 즉 '진짜' 영화를 만들었을까 하는 생각에 반신반의하게 된다.

그런 사람들에게 내 영화가 제대로 된 작품이라는 기대감을 갖게 하기 위해서는 어떤 것이 필요할까? 바로 포스터다. 포스터는 영화를 한눈에 알아볼 수 있도록 해준다. 포스터는 영화의 첫인상이다. 그만큼 포스터를 어떻게 만들었느냐에 따라 영화 흥행의 성패가 갈리기도 한다. 어떤 영화는 포스터를 보고 잔뜩 기대를 했지만 혹평을 받게 되어 포스터에 속았다는 이야기를 듣기도 하고 또 어떤 영화는 작품성과 오락성이 뛰어남에도 불구하고 포스터 때문에 사람들이 외면하는 경우가 생기기도 한다. 포스터 보고 별로인 줄 알고 안 보려다가 억지로 보게 되었는데 의외로 괜찮았다는 평가를 받는 영화들도 있다. 이렇듯 포스터는 영화의 운명을 좌지우지하는 중요한 역할을 한다.

　물론 첫 영화에 반드시 포스터가 있을 필요는 없다. 어차피 영화는 작품으로 이야기하는 것이고 자칫 포스터를 잘못 만들었다가는 영화에 악영향을 끼칠 수도 있기 때문이다. 또한 처음 만들어본 영화인데 구태여 남들에게 작품이라는 기대감을 갖게 할 필요가 있을까 하는 생각 때문에 부담스러울 수도 있다. 결국 포스터를 만드는 것은 개인이 선택할 문제다. 영화 제작에 있어 반드시 필요한 것은 아니란 이야기다. 하지만 자신의 영화 포스터를 만드는 것은 연출자가 자신의 영화에 스스로 바치는 배려나 선물이다. 의도적으로 자신의 영화에 신비감을 부여하거나 남들에게 보여주는 데 겸손해야 할 필요가 없다면 반드시 포스터를 제작해보길 바란다. 포스터를 그럴듯하게 잘 만들어 활용하는 것은 영화 제작에서 맛볼 수 있는 또다른 즐거운 과정 중 하나다.

　영화 포스터를 만드는 방법은 다양하다. 사진을 활용하는 방법에서부터 직접 그림을 그리는 방법까지 영화의 내용이나 분위기 혹은 감독의 의도에 따라 표현하는 방법은 다양하다.

　여기서 가장 중요하게 생각해야 할 것은 바로 이 영화가 남들에게 어떻게 보이길 바라느냐는 감독의 의도다. 포스터는 일단 홍보 목적이 가장 크지만 영화를 보는 이들의 태도와 관점에도 영향을 준다. 따라서 영화의 내용을 효과적으로 전달하면서도 포스터 나름의 독창성을 견지하는 것이 중요하다. 물론 영화의 실제 내용과 지나치게 다르다면 분명히 역효과가 날 테지만 '이 영화는 이러한 이야기를 할 것인데 분명히 재미있을 것이다' 라는 점을 효과적으로 잘 담아낸다면 관객은 당신의 영화를 훨씬 더 궁금해하고 재미있게 감상할 것이다.

나만의 재치 있는 포스터를 만드는 좋은 방법 중 하나는 기존에 나와 있는 영화 포스터를 다양하게 많이 보는 것이다. 대부분의 영화 포스터는 '이 영화가 재미있을 것이다. 그러니까 꼭 보라' 는 느낌을 주기 위해서 만들어진 것이 많다. 영화 포스터를 검색하면 볼 수 있는 다양한 이미지를 참고하길 바란다. 영화 포스터에는 저마다 연출자의 의도를 반영한 다양한 표현기법이 숨어 있다. 영화도 포스터도 마찬가지다. 많이 보는 것처럼 많이 배우는 것은 없다.

영화와 관련된 사진을 찍어도 좋고 영화의 한 장면을 사용해도 좋으며, 별도의 그림을 활용해도 좋다. 단, 기존의 사진이나 그림을 사용할 때는 누군가의 저작권을 침해하게 될지도 모르니 잘 확인해보고 사용하길 바란다. 이왕이면 자신이 직접 그린 그림이나 촬영한 사진이라면 더욱 좋을 것이다.

포스터 만들기에 대단한 능력과 장비가 필요한 것은 아니다. 사진을 활용할 경우 디지털 카메라 한 대와 간단하게 이미지를 편집할 수 있는 이미지 편집 프로그램(포토샵)만 있으면 얼마든지 포스터를 제작할 수 있다. 포스터에 들어갈 그림이나 글을 직접 그리거나 쓰고 싶다면 그림을 그릴 수 있는 도구와 함께 완성된 그림을 컴퓨터로 옮길 수 있는 스캐너가 반드시 필요하다.

자신이 직접 촬영한 사진이나 그림이 준비되었다면 포토샵과 같은 이미지 편집 프로그램으로 이미지를 불러들인다. 그리고 나서 제목이나 제작자, 출연자, 스태프 등 기본 정보를 다양한 폰트를 활용하여 맛깔스럽게 꾸며보라. 폰트는 가급적 돋움이나 고딕, 궁서, 바탕과 같은 기본적인 폰트보다는 별도로 제작된 다양한 폰트를 사용해보는 것이 좋다. 기본 글씨체의 경우 아마추어 같은 느낌을 주기 때문이다. 이왕 넣는 거 연출자와 출연자 들의 삶과 생활양식이 잔뜩 묻어나는 영화사 이름도 하나 그럴듯하게 지어 넣어보라. 훨씬 더 재미있을 것이다.

기본적인 정보 요소들을 다양한 위치에 배치해보고 가상 어울리는 곳에 위치시킨다. 이미지의 여백을 잘 활용하여 허전해 보이는 부분이 없도록 배치한다. 글이 너무 많으면 산만해 보일 수 있으니 주의한다. 기본 정보를 다 배치했다면 영화를 한마디로 정의하여 호기심을 유발할 수 있는 문장을 만들어보라. 그리고 나서 영화 포스터에 삽입시킨다. 대부분의 영화 포스터에는 한 줄의 문장이 들어간다.

이러한 모든 과정은 내 영화를 알리기 위한 눈물 나는 노력이라고 할 수 있다. 그러나 이러한 과정 자체가 하나의 창작활동이자 즐거운 놀이활동이라는 점을 잊지 말자. 이것은 영화를 직접 만들어본 사람만이 누릴 수 있는 즐거움이다.

문장까지 완성하여 넣었다면 그럴듯한 나만의 영화 포스터가 완성된다. 하지만 한 가지 짚고 넘어가야 할 것은 영화 제작과 마찬가지로 포스터 제작도 정답이 정해져 있는 것은 아니라는 점이다.

완성된 포스터는 필요에 따라 활용 방법을 달리할 수 있다. 건물 게시판이나 동네 담벼락에 부착할 경우 직접 만든 포스터를 원하는 장소에 붙이기만 하면 끝이다. 포스터의 크기가 반드시 클 필요는 없다. A4용지 크기의 포스터라도 상관없다. 포스터 본연의 임무만 잘 수행하면 그만이다. 주의해야 할 점은 내가 부착하는 곳이 이러한 불법(?) 게시물을 부착해도 되는 곳인지 잘 확인해야 한다는 것이다. 자칫 잘못하면 신고를 당할 수도 있다. 하지만 뭐 그렇게 무리해서 부착해야 할 곳이 몇 군데나 되겠는가. 대개의 경우 내가 아는 사람들이 볼 목적으로 부탁하는 만큼 특별한 위험요소는 없을 것이다.

영화 상영이 끝나면 영화를 본 사람들에게 기념으로 포스터를 선물하는 것도 좋은 방법이다. 나는 영화를 감상하러 온 사람들에게 영화 포스터에 사인을 곁들여 선물한 적이 있었는데 생각해보면 나와 그들 모두를 즐겁게 하는 행동이었다. 어쩌면 이것도 영화 제작을 통해서만 느낄 수 있는 고유의 즐거움이 아닐까?

사실 영화 포스터는 홍보의 목적과 기능도 있지만 함께 즐긴다는 면에서 더 큰 의미를 찾을 수도 있다. 만약 내 영화를 홍보하기 위해서만 포스터의 목적과 기능을 찾는다면 굳이 프린트한 종이 포스터를 사용할 필요는 없다. 완성된 이미지 파일을 개인 미니홈피나 블로그, 카페 등을 통하여 공유하면 그만이기 때문이다. 실제로 요즘 사람들 대부분이 인터넷을 매일 사용한다는 점에 비춰볼 때 매우 효과적인 홍보 방법이다. 자신이 주로 활동하는 온라인 커뮤니티 등을 통해서 자신의 영화 상영회에 대해 홍보한다면 즉각 피드백을 받는 효과를 누릴 수 있을 것이다.

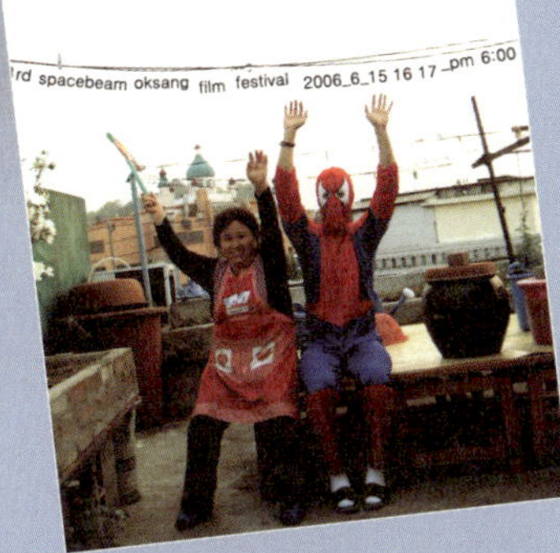
세 번째 옥상 영화제
3'rd spacebeam oksang film festival 2006_6_15 16 17 _pm 6:00

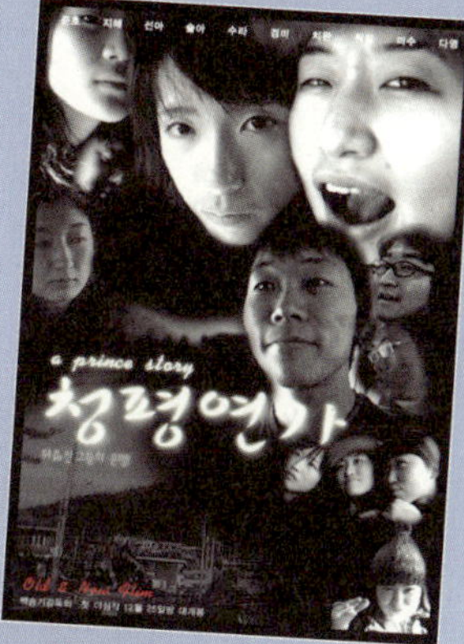
a prince story
청평연가
Old & Japan Film

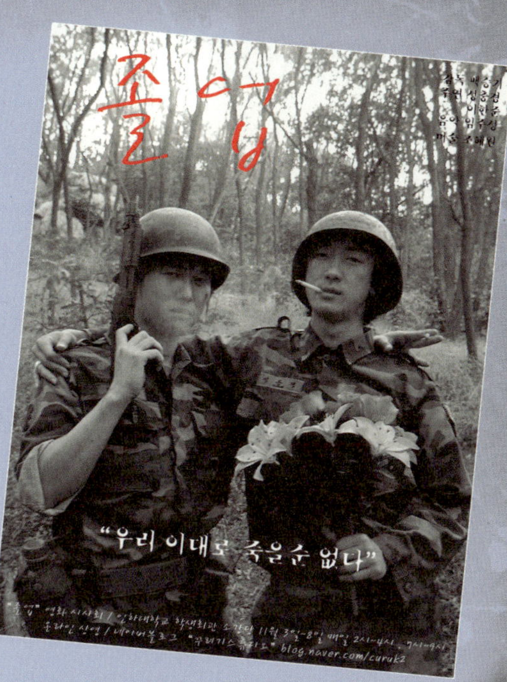
졸업
"우리 이대로 죽을순 없다"
blog.naver.com/curuk2

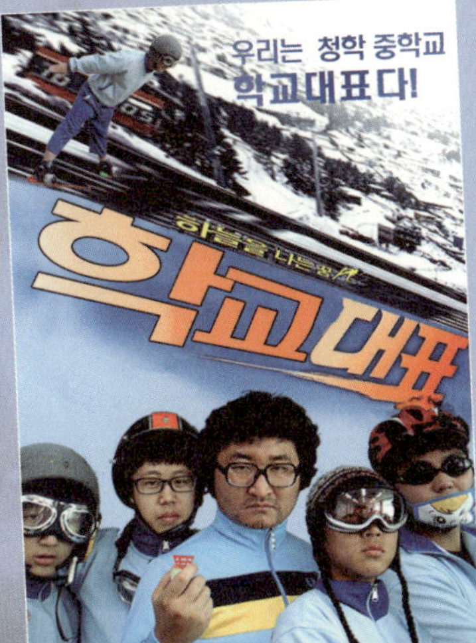
우리는 청학 중학교
학교대표 다!
학교대표

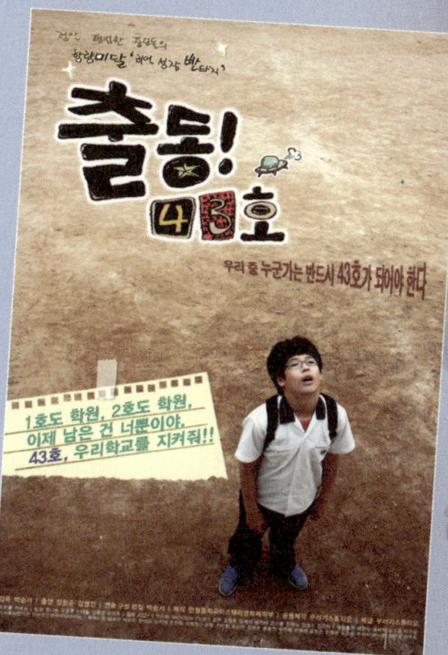
출동!
43호
우리 중 누군가는 반드시 43호가 되어야 한다
1호도 학원, 2호도 학원,
이제 남은 건 너뿐이야,
43호, 우리학교를 지켜줘!!

2) 예고편 만들기

영화를 홍보하는 홍보물에는 포스터 말고 또 뭐가 있을까? 바로 예고편이다. 포스터가 한 장의 이미지로 영화에 대해서 소개하고 있다면 예고편은 어떤 장면이 어떤 스케일로 나올 것이라는 점을 빠르게 보여줌으로써 영화를 소개하는 것이다. 예고편은 관객들로 하여금 짧은 시간 안에 영화에 대해 강렬한 호기심을 느낄 수 있도록 만들어진다. 맛보기를 통한 관객의 궁금증 유발, 그것이 바로 예고편의 존재 이유이기 때문이다.

예고편은 어디까지나 사람들로 하여금 영화를 보고 싶게 만드는 데 주목적이 있다. 예고편만으로는 만족할 수 없다는 심리가 작용하는 것이다. 예고편에서 나오지 않은 이야기와 장면이 궁금하여 예고편이 이 정도라면 본편은 반드시 더 뛰어날 것이라는 기대심리에서 본편을 보도록 만드는 것이다. 그런데 영화를 다 보고 나왔더니 예고편에서 본 이야기와 장면이 전부였더라 하는 영화들이 종종 있다. 본편은 반드시 예고편 이상의 무엇인가를 보여주어야 한다. 내용적인 측면에서든, 비주얼적인 측면에서든 말이다. 사람들은 예고편 이상의 것을 본편에서 보고 싶어하기 때문에 이러한 욕구를 충족시켜줘야 하는 것은 어쩌면 예고편을 제작한 순간부터는 당연한 의무다. 하지만 영화가 지나치게 짧다면 예고편을 만들지 마라.

예고편을 만드는 방법은 의외로 간단하다. 우선 예고편을 통해서 무엇을 보여주고자 하는지 생각해야 한다. 영화에 대한 궁금증을 유발하여 무조건 보고 싶게 만드는 방법이 있는가 하면 영화의 주요 장면들을 친절하게 보여주어 당신의 영화가 재미있다는 점을 사전에 인지시켜 당신의 영화를 보러오게 만드는 방법도 있다. 둘 중 어떤 것이 특별히 좋은 방법이라고 할 수는 없다. 그저 당신은 영화에 어떤 방법이 더 잘 어울릴지 정하면 된다. 창작에 정답이란 없으니 자신의 감각을 맘껏 발휘해보길 바란다.

어떤 느낌으로 예고편을 만들지 정했다면 영화 컷 편집 때와 마찬가지로 예고편에 쓸 장면을 골라 컷 편집을 한 후 나열한다. 길이는 너무 긴 것보다는 대략 1분 내외가 적당하다. 정말 중요하다고 생각하는 장면을 짧으면서도 인상적으로 줄 수 있도록 편집하여 삽입한다. 예고편은 절대로 지루해서는 안 된다. 만약 당신의 영화에 지인들이 많이 출연한다면 예고편에서도 그들의 모습이 드러나도록 편집하는 것을 추천한다. 아는 사람이 직접 나오는 영상을 보는 것처럼 사람들의 관심을 이끌어내는 방법도 없다. 이것만 잘 활용해도 충분히 성공적인 예고편을 만들 수 있다. 잊지 말기를 바란다! 나 자신이나 내가 아는 사람, 그리고 내가 아는 공간을 새로운 눈으로 다시 발견하는 것처럼 즐거운 일은 없다.

그런 다음 영화에서 가장 많이 사용되었거나 중요하다고 생각하는 음악을 입혀준다. 영화 컷 편집 때 경험해보겠지만 영상 제작에 있어 음악의 힘은 상당하다. 컷 편집된 영상에 맞춰 음악을 적당하게 잘 입히면 어느 정도 예고편 같은 느낌이 나올 것이다. 영화에 사용된 음악을 예고편에서도 사용하는 이유는 예고편과 본편의 이질감을 최대한 줄이기 위해서다. 그런 이유에서 영화에 사용된 음악을 사용하는 것은 꽤 효과적인 방법이라고 할 수 있다.

물론 지구상에 존재하는 수많은 영화의 예고편들 중에는 영화에 단 한 번도 등장하지 않는 음악을 예고편의 배경음악으로 사용하는 경우도 있다. 이는 나름대로 이유가 있어서일 것이다. 영화에 사용된 음악 중에서 감독이 원하는 음악이 없거나 예고편을 통해서 전하고자 하는 특별한 분위기를 더 효과적으로 나타낼 수 있는 음악을 별도로 넣어보고 싶었던 경우일 것이다. 여하튼 음악이나 예고편에 들어가는 음악을 선택하는 것도 창작자가 누릴 수 있는 고유의 권한이니 이것 역시 당신이 원하는 예고편의 분위기와 취향대로 선택하면 된다.

음악을 선곡하고 원하는 위치에 잘 놓았다면 그다음에는 글을 입혀준다. 예고편이 홍보기능을 하기 위해서 최소한으로 갖춰야 할 기본 정보들이 있다면 그것을 넣어주면 되는 것이다. 우선 영화의 앞부분에 제목을 넣어야 할 것이고 중간중간 출연자와 연출자의 이름을 넣어준다. 그러고 나서 예고편의 클라이맥스나 마지막 부분에 당신의 영화를 좀더 그럴듯하게 보여줄 수 있는 멋들어진 문장을 삽입시켜준다. 예를 들면 "올 여름을 강타할 초특급 울트라 액숀 대작 무비가 찾

아온다!"라든가, "차마 하늘도 갈라놓지 못한 불멸의 사랑이 시작된
다"든가 하는 식의 멘트 말이다. 이것은 당신의 취향대로 맘껏 작문
을 해주면 된다. 영화 속에서는 이러한 멘트를 할 수 없으니 예고편
안에서 맘껏 허풍을 떨어도 좋다. 그 누구도 이것을 가지고 태클을 걸
지는 않는다. 당신은 누구보다도 자유롭게 당신의 영화를 포장해도
좋다. 사람 심리라는 것이 "잘한다, 잘한다" 하면 더 잘하는 것처럼
보이고 자꾸 "예쁘다, 예쁘다" 하면 더 예쁘게 보이는 것이다. 당신
의 영화도 마찬가지다. "내 영화는 초특급 대박영화다!"라는 수식어
는 당신의 영화를 더욱 당당하게 만들어주고 또 그렇게 보이게 할 것
이다. 첫 작품이라고 지레 소심해져 예고편에서조차 "처음 만들어서
많이 부족한 영화"라는 식의 멘트를 넣어 허접한 영화라는 인상을 스
스로 만들 필요는 없다. 자신감을 가지고 자신의 모든 것을 떳떳하게
세상에 선보이길 바란다. 그럴수록 영화는 더 멋지게 보일 것이다!

그밖에 "올해 최고의 기대작" "○○○감독의 첫 번째 작품" "○
○월 대개봉!" "○○영화제 ○○상 수상작" "천만 관객 돌파(예정작)"
"우리 동네 타임지 선정 금주의 기대작" "이 작품은 나를 초라하게 만
든다 – 스필버그" "시사회 평점 4.9" 등의 멘트를 삽입하는 것도 꽤
큰 즐거움을 줄 것이다. 당신만의 창의적인 수식어를 마음껏 상상해
보길 바란다. 당신의 작품 안에서 당신은 얼마든지 자유로움을 만끽
할 수 있다!

주요 장면을 나열하고 음악을 입힌 후 제목과 제작진 그리고 간단

한 멘트까지 더해줬다면 영화의 예고편이 완성된 것이다. 이제 이 동영상을 렌더링한 후 당신의 미니홈피나 블로그 또는 당신의 영화 시사회에 초대할 사람들이 가장 많이 애용하는 카페나 홈페이지 게시판 등에 최대한 많이 올려보길 바란다. 그러면 분명히 당신은 본편을 선보이기도 전에 예고편만으로도 충분히 큰 관심을 얻을 수 있을 것이다. 그리고 이것은 당신이 사람들을 당신 영화 시사회에 그냥 구두로 초대하는 것보다 훨씬 더 많은 사람들을 끌어모을 수 있는 효과를 낼 것이다.

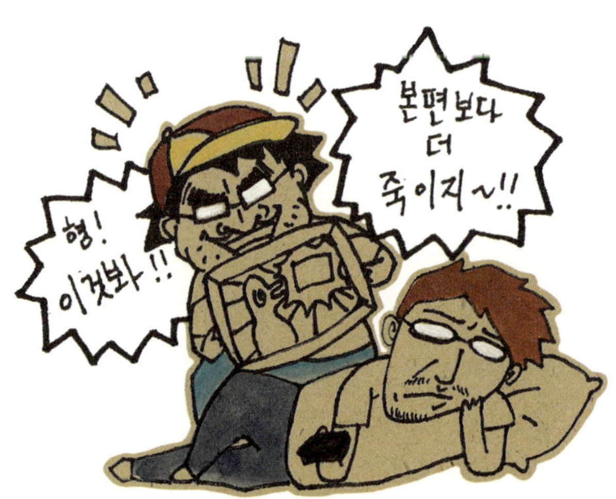

3) 세상에서 가장 즐거운 우리끼리 상영회!

이름하야 우리끼리 상영회! 영화를 만드는 동안 참여한 사람들이나 가족 또는 친구들을 초대하여 조촐한 파티와 함께 상영회를 즐긴다. 빔 프로젝터로 상영하면 충분히 극장과 같은 분위기를 연출할 수 있다. 만약 빔 프로젝터가 없다면 TV나 모니터를 사용해도 상관없다. 음식은 초대하는 사람이 조촐하게 마련해도 좋고 초대받은 사람들이 조금씩 가져와도 좋다.

보통 여느 때와 다를 것 없을 파티처럼 보이지만 그렇지 않다. 우리가 함께 만든 영화가 있기 때문이다. 영화와 파티가 결합된 이 상영회는 보통 상영회나 파티와는 전혀 다른 시너지 효과를 준다. 감상자들은 자신이 직접 출연하는 화면을 보면서 매우 흥분하며 열광한다. 생애 첫 영화가 비록 세련되지 못했다고 하더라도 이 자리에서만큼은 어느 영화보다 사람들을 열광시킬 것이다. 나는 이러한 현장을 여러 번 직접 경험하였는데 이때 사람들의 반응을 관찰하는 것은 영화를 만들어본 사람만이 느낄 수 있는 특별한 감동이다.

한 번은 내가 주말마다 나가는 조기축구회에서 아저씨들이 공 차는 모습을 카메라로 찍은 적이 있다. 카메라 앞에서 아저씨들은 스타가 된 것처럼 멋진 포즈를 취하기도 하고 꽤 그럴듯해 보이지만 왠지 모르게 우스꽝스러운 개인기를 선보이기도 했다. 그리고 나서 그 영상에 음악을 입히고 편집을 하여 연말에 있었던 송년회에서 식당에 있는 작은 TV로 상영을 하였다. 그날 식당 안은 말 그대로 열광의 도

가니였다. 이처럼 재미있는 회식자리가 또 있을까? 화면에 순식간에 지나가는 자신 혹은 지인의 모습을 발견할 때마다 자지러지는 사람들. 호나우두나 루니의 화려한 개인기보다도 훨씬 더 감동적인 장면의 연속이었다. 이날은 나에게 단지 즐겁기만 했던 것이 아니라 왠지 모를 감동이 치밀어 오르는 그런 날이었다.

그 감동이란 어쩌면 그동안 문화생활이라는 것으로부터 소외되어 있었던 동네 아저씨들과 그들의 가족이 자신의 일상을 하나의 문화로 인식하고 승화시킨 데에서 오는 것이었다. 진정으로 행복해하고 즐거워하던 모습이 아직도 눈에 선하다. 영상을 통해 내가 할 수 있는 일이 무엇인지 그리고 해야 할 일이 무엇인지 발견한 날 중에 하나였기 때문이다.

상영회를 하는 곳에 특별한 조건이란 없다. 언제 어디서든지 간에 영화와 사람 그리고 그것을 즐기고자 하는 마음만 있다면 충분히 즐거움과 감동을 줄 수 있는 상영회를 마련할 수 있다. 게다가 영화를 직접 만들었다면 특별한 감동을 경험할 수 있는 매우 흔치 않은 특권을 얻은 것이다. 그러니 반드시 경험해보길 바란다.

한여름 밤의 꿈, 옥상영화제

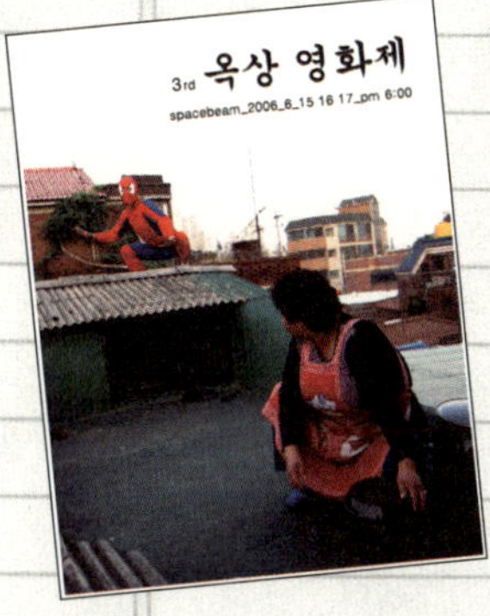

많은 영화를 만들면서 나는 그만큼 많은 상영회를 마련하였다. 그중에서 가장 기억에 남는 것은 역시 옥상영화제다. 옥상영화제는 말 그대로 옥상에서 펼쳐지는 영화축제다. 옥상영화제를 처음 기획하고 추진한 곳은 인천에 있는 스페이스빔이라고 하는 문화예술단체였다. 스페이스빔 건물에는 작지만 꽤 운치 있는 옥상이 있는데 애초에 그곳은 방치된 공간이었다. 그러던 어느 날 사람들이 아주 멋진 생각을 해낸 것이다. 옥상이라는 방치된 공간을 활용하여 멋진 영화제를 기획해보자는 것이었다. 정말 멋진 구상이었다. 여름과 옥상, 게다가 영화는 궁합이 착착 맞는 조합이었고 여기에 사람과 음식 그리고 음악이 곁들여지면서 정말 환상적인 축제가 완성되었다.

사실 2005년은 나에게 매우 특별한 해였다. 내가 만든 영화가 사람들 앞에서 처음으로 상영된 해였기 때문이다. 2004년 내 생에 첫 영화를 만들었던 나는 영화 만들기의 재미를 본격적으로 느끼기 시작하였다. 아르바이트를 하여 장만한 작은 캠코더 하나로 수많은 작품을 만들었다. 당시만 해도 나는 영화를 만드는 것에만 치중했을 뿐 이 영화들을 어디서 어떻게 상영하고 공유해야 하는지에 대해서는 소홀한 편이었다. 아니 소홀했다기보다는 진정한 소통 방식에 대해서 깨닫지 못한 상태였을지도 모른다.

당시에 나는 만든 작품들을 온라인 블로그를 통해서 상영하는 방식을 고수하였다. 온라인을 통한 상영은 시공을 초월하여 많은 사람을 대상으로 할 수 있고 또 그들의 반응을 실시간으로 살펴볼 수 있다는 장점이 있었다. 하지만 온라인 상영이 대세라고 해도 왠지 모를 공허함이 있었다. 영화라는 공동체적인 창작 활동의 매력포인트는 함께할 수 있어 더 즐겁다는 점이다. 그런데 영화를 만드는 과정에서 함께했던 사람들이 정작 상영할 때는 함께하지 못하자 그 공허함은 배가 되었다. 게다가 영화를 만드는 과정을 공유하지 않은 대다수 사람들에게 내 영화는 그저 온라인이라는 공간을 가득 채운 수많은 콘텐츠 중에 하나일 뿐이었다. 그들에게 내 영화는 한 번 보고 말 그런 영화였다.

이런 나에게 새로운 공유 방법에 대해서 알게 해준 것이 바로 스페이스빔의 옥상영화제였다. 옥상영화제, 이름만 들어도 느낌이 팍! 오는 축제의 장이었다. 나는 아무

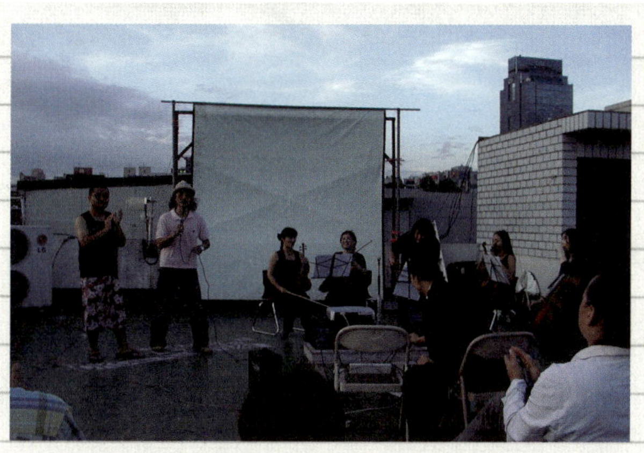

런 고민 없이 옥상영화제에 참여하였고 옥상영화제를 좀
더 즐거운 축제의 현장으로 만들기 위해서 노력하였다.
때마침 옥상영화제에는 한 가지 아쉬움이 있었는데 내가
직접 만든 영화들이 없었다는 점이다. 그래서 나는 직접
만든 영화들을 상영하기로 제안하였고 이것은 옥상을 찾
는 많은 사람에게 더 큰 즐거움을 주는 계기가 되었다.
옥상영화제는 총 4년 동안 매 여름 진행되었다. 첫해에
는 기존의 상업영화를 상영하는 방식이었고 내가 참여
하기 시작한 2회부터는 직접 제작한 영화들을 함께 상영
하다가 마지막 4회에는 관객들이 직접 제작한 영상물을
모두 모아 상영하는 '1분 영상제'도 시도하게 되었다.
옥상영화제는 점점 진화를 거듭하고 있었다. 역시 문화
는 직접 만들 때 가장 재미있는 것이다. 옥상영화제에는
매회 30~50여 명의 사람들이 모여들었고 그곳엔 우리들

이 직접 만든 영화와 더불어 사람들이 가져온 맛있는 음식과 노랫소리가 밤새 이어졌다. 칸영화제가 부럽지 않은 아름다운 밤이었다.

4회까지 진행되었던 옥상영화제는 2008년 주관단체였던 스페이스빔이 새 건물로 이사를 가면서 사라졌다. 그곳엔 옥상이 없었기 때문이다. 그 후 옥상영화제는 더이상 열리지 않았다. 하지만 옥상영화제가 준 그날의 기억은 아직도 많은 사람들에게 남아 있다. 아직도 많은 사람들이 옥상영화제와 같은 자생적인 문화를 만들기 위해 노력을 하고 있다. 그 이유는 바로 스스로 만드는 문화의 즐거움을 이미 경험해보았기 때문이다.

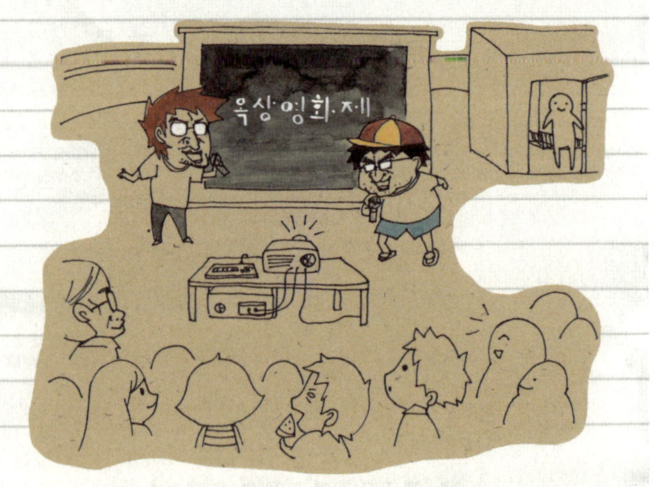

4) 내 영화를 더 많은 사람들에게 보여주고 싶다면?

내가 만든 영화를 지인들과 함께 즐겼다면 이제 더 많은 사람들에게 보여줄 차례다. 낯선 사람들에게 나의 영화를 보여준다는 것은 상당히 부담스러운 일이다. 한편으론 내 작품을 냉정하게 평가받아볼 수 있는 절호의 찬스이기도 하다.

하루아침에 1천만 관객을 동원할 수도 있는 온라인 상영!

1천만 관객을 돌파한 영화들이 종종 이슈가 되곤 한다. 1천만 관객. 정말 많은 숫자다. 전 국민의 5분의 1이 같은 영화를 보았다는 이야기다. 이쯤 되면 얼마나 많은 인원이 동원되어야 1천만 관객짜리 영화가 될 수 있는지 대충 감이 올 것이다.

하지만 어떻게 생각해보면 의외로 불가능한 꿈만은 아니라는 생각도 든다. 여기서 극장이라는 조건을 빼고 단순히 내가 만든 영화를 1천만 명에 가까운 수많은 사람들이 보게 만들 수 있는 방법을 찾아본다면 답은 의외로 쉽게 나온다. 바로 온라인 상영이다.

온라인에서 상영하려면 몇 가지의 추가적인 노력이 필요하며 또 그만큼 당신의 작품이 재미있어야 한다. 여기서 재미란 단순히 웃음거리만을 의미하는 것이 아니라 그 많은 사람들이 보아줄 만한 가치를 지니고 있는가 하는 문제다.

어떠한 것이든 남다른 무엇인가가 당신 작품 안에 녹아 있다면 당신 영화는 충분히 수만 명의 관객을 얻어낼 수 있는 조건을 갖춘 것이다.

　동영상을 올릴 수 있는 사이트에는 어떤 곳들이 있을까? 동영상을 올릴 수 있는 사이트는 무척 많다. 동영상 콘텐츠 제작에 대한 최근의 폭발적인 반응이 반영된 사례라고 볼 수 있다. 그렇다면 내 영화는 어떤 사이트에 올려야 하는 것일까? 우선 동영상 업로드 서비스를 하는 사이트의 종류를 살펴보면 블로그나 미니홈피 등의 개인 플랫폼을 제공하는 포털 사이트를 비롯하여 동영상을 전문적으로 올리는 UCC 전문 사이트와 독립영화 전문 채널을 운영하는 독립영화 사이트 등이 있다.

UCC 전문 사이트

우선 UCC 동영상 사이트를 이용할 경우 지나치게 선정적이거나 폭력적인 내용만 아니면 작품의 질과 상관없이 누구나 자유롭게 창작물을 올릴 수 있다는 점이 장점이다. 초보 감독이 만든 어설픈 작품이라고 해서 거부당하는 일도 없다. 간단한 회원가입만 마치면 누구나 쉽게 작품을 등록할 수 있다.

　하지만 단점도 있다. 앞서 잠깐 언급한 바와 같이 개인 창작자들이 올린 동영상에 대한 인식과 그로 인한 활용 방법 때문에 창작자와 사이트 간에 서로 이견이 발생할 수도 있다. 형식에 구애받지 않고 소통 그 자체에만 의미를 두는 창작자라면 마찰이 거의 없겠지만 자신

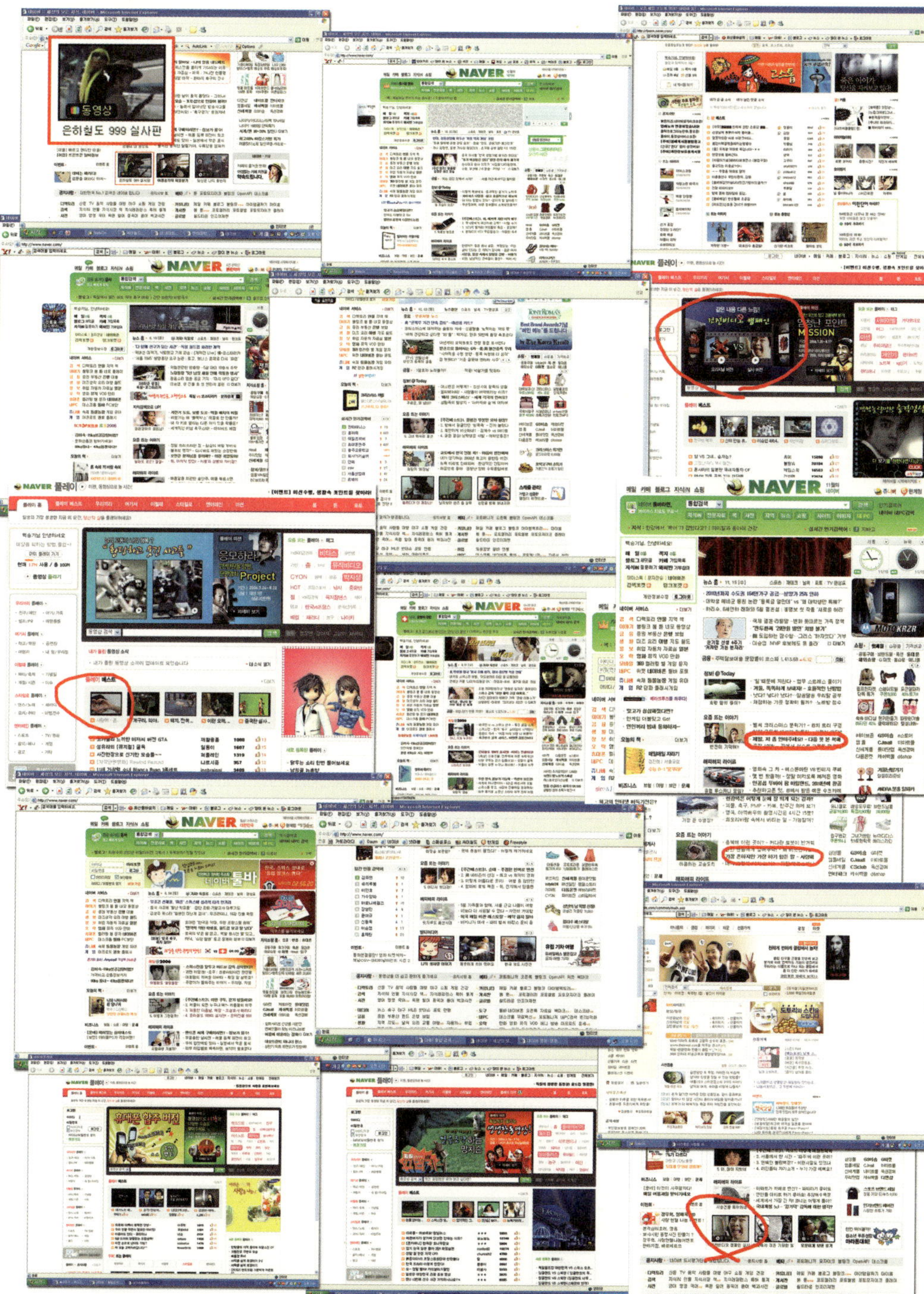

의 창작물이 창작 의도와는 상관없이 지나치게 폄하되거나 일개의 우스갯거리로 평가절하될 수도 있다. 그러한 분위기 속에서 창작자의 기대와는 다른 목적으로 사이트를 방문하는 관객들에 의해 철저히 무시를 당하거나 심한 악성댓글에 깊은 상처를 받게 될 수도 있다.

필자는 적지 않은 동영상 작품을 만들었고 우리나라에 아직 온라인 동영상 서비스 체계가 덜 잡힌 상황에서 겪을 수 있는 대부분의 사례는 종합선물세트로 겪어본 것 같다. 아이디어 도용에서부터 저작권 침탈에 이르기까지 필자가 겪은 일은 정말 다양했다. 처음에는 방송국이나 포털을 상대로 열심히 맞섰으나 나중에는 일일이 대항할 수 있는 에너지조차 다 소진되어 포기할 정도였다. 이런 일은 누구에게나 쉽게 일어날 수 있다. 물론 설레는 마음으로 영화를 처음 만들었을 이 책의 독자들조차도.

이런 이유로 필자는 독자가 인터넷으로 작품을 공개할 경우 생길 수 있는 문제들에 대해서 약간의 조언을 해줄 필요가 있을 것 같다.

당신의 작품을 해당 사이트에 업로드하는 순간 그 회사 입장에서 당신의 영화는 회사 소유의 UCC처럼 취급될 것이다. 그러나 당신의 영화는 당신이 만든 소중한 작품이다. 이 작품에 대한 모든 권리는 당신에게 있으며 이 작품을 다른 곳에 사용하고 싶다면 반드시 당신에게 허락을 받아야 한다. 이러한 권리를 잘 지켜내기 위해서는 해당 사이트가 콘텐츠에 대한 저작권 관리를 어떻게 이행하고 있는지 반드시 살펴보아야 한다. 모두 그런 것은 아니지만 대부분의 UCC 전문 사이트는 이러한 콘텐츠로 주 수익을 내기 때문에 콘텐츠에 대한 보호가 굉장히 미흡하다.

또다른 문제는 창작자는 영화로 생각하고 올렸는데 다른 UCC 동영상과 섞여 있을 경우 가벼운 오락물 정도로 치부되기 쉽다. 이러한 논쟁이 거듭되면서 최근에는 UCC라는 단어 대신 그냥 동영상이라는 표현을 쓰거나 창작자의 의사를 반영하여 영상물의 장르를 구체적으로 세분화시켜놓은 사이트도 꽤 많이 생겨났다.

물론 영화든 UCC든 그저 시시콜콜한 생각 차이일 수도 있다. 필자가 하는 이야기는 그저 어디까지나 경험이 반영된 이야기일 뿐이다. 그렇기 때문에 어떠한 규정이든 상관없이 자유롭고 쿨한 온라인 영화 상영을 원하는 사람은 자유롭게 원하는 사이트에 원하는 방식대로 올리면 된다.

포털 사이트

온라인을 통한 상영 방법 중 가장 많은 사람들에게 내 영화를 보여줄 수 있는 방법은 바로 포털 사이트를 통해서 영화를 올리는 방법이다. 그 이유는 동영상을 전문적으로 다루는 사이트에 비해서 이용자 수가 훨씬 많기 때문이다. 이 점은 포털 사이트를 이용하여 상영할 때 얻을 수 있는 가장 큰 이점 중 하나다. 게다가 포털 사이트는 미니홈피나 블로그 등의 개인 홈페이지 서비스를 제공하기 때문에 평소에 온라인을 통해서 정보를 공유하고 있던 많은 지인들에게도 쉽게 내 작품을 선보일 수 있다는 장점도 있다. 뿐만 아니라 포털 사이트 역시 UCC

사이트와 마찬가지로 동영상 전문 서비스를 제공하고 있어 동영상을 쉽게 올릴 수 있다. 여러 이유에서 포털 사이트를 이용한 상영 방법은 동영상 전문 사이트보다 훨씬 더 효과적이라고 할 수 있다.

전문 사이트에 비해서 포털 사이트의 경우에는 아직까지 업로드 시간이 제한되어 있는 곳들이 대부분이다. 직접 제작한 영화를 올릴 경우 10분 내외의 단편으로만 제한되며 그 이상은 나눠서 올려야 한다는 매우 치명적인 결함이 있다.

또한 개인적으로 올리는 미니홈피나 블로그를 제외하고 포털의 메인 화면에 공개되는 작품들은 포털 사이트의 운영자가 직접 작품을 선별하게 되는데 창작품의 성향이나 의도가 운영자와 맞지 않을 경우 소개되기가 쉽지 않다. 운영진의 입맛에 맞는 작품을 제작해야만 메인 화면에 노출될 수 있다는 강박관념을 갖기 쉽다. 하지만 이런 고민은 어디에서나 존재한다. 상업영화도 흥행 때문에 작품 제작에 많은 영향을 받지 않는가. 여하튼 이러한 점도 온라인 상영을 통해 더 많은 사람들에게 내 작품을 보여주고자 하는 사람이라면 어쩔 수 없이 고민해야 할 요소들 중에 하나다.

포털 사이트를 이용해 상영했을 때 피할 수 없는 고민거리가 한 가지 더 있다면 그것은 바로 댓글이다. 일단 내 작품에 많은 댓글이 달렸다면 이미 그것만으로도 절반의 성공을 거둔 셈이다. 좋든 싫든 내 작품엔 사람들에게 어필하는 무엇인가가 있다는 증거이기 때문이다. 뿐만 아니라 그들은 작품을 솔직하게 평가한다. 그러므로 그들에게 작품에 대한 평가를 듣는다는 것은 꽤 의미 있는 일이기도 하다. 그러나 그 평가가 내가 생각한 것과 너무 달라서 심하게 상처받는 경우도 분명히 생긴다. 그럴 때 당신은 먼저 댓글의 의도를 잘 파악해야 한다. 댓글이 지금 당신의 작품을 제대로 감상하고 그에 대한 냉정한 평가 차원에서 작성한 글인지, 아니면 그냥 장난거리로 작성한 악성댓글인지 말이다. 안타까우면서도 다행인 것은 당신을 잘 모르기 때문에 작품에 대한 냉정한 평가를 해주는 사람들도 분명히 있겠지만 그런 사람들보다는 당신을 잘 모르기 때문에 작품에 대해서 장난삼아 악플을 다는 사람들이 훨씬 더 많다는 사실이다. 그러니 악성댓글에는 그리 마음의 상처를 받을 필요가 없다. 악성댓글에 대한 필자의 노하우는 묵묵부답.

사실 나는 온라인 상영을 통해 얻은 대부분의 댓글에 답글을 달지 않는데 그것은 일종의 무의미한 외침에 대한 항의이기도 하다. 대신 필자의 작품을 배려해주고 그런 측면에서 진심어린 감상 및 칭찬, 비평을 해주는 사람이 남긴 글에 대해서는 반드시 정성껏 응답을 해주기도 한다. 이것은 어쩌면 지난 몇 년간 필자가 온라인을 통해 많은 작품을 상영하면서 자연스레 경험으로 얻어낸 나름의 대처법이기도 하다.

UCC 전문 사이트

판도라TV www.pandora.tv

엠군 www.mgoon.com

유튜브 kr.youtube.com

풀빵닷컴 www.pullbbang.com

포털 사이트

네이버 www.naver.com

다음 www.daum.net

야후 kr.yahoo.com

싸이월드 www.nate.com

독립영화 전문 사이트

내가 만든 영화가 영화로서 존중받지 못하면 상당히 불쾌할 수도 있
다. UCC 전문 사이트에 영화를 올렸을 때 영화가 아닌 동영상처럼
보이거나 해당 사이트와 성격이 잘 맞지 않아 외면당하는 경우들이

있는데 이럴 경우 독립영화 전문 사이트에 영화를 올려보는 것도 좋은 방법 중에 하나다. 최근 인터넷으로 독립영화를 상영하는 것이 하나의 새로운 상영 방식으로 각광을 받고 있는 추세다. 그로 인해 독립영화의 온라인 상영을 지원해주는 사이트가 생겨나기도 했다.

● **네이버 독립영화상영관** www.naver.com

네이버 검색창에 '네이버독립영화' 로 검색. 월별로 선별된 독립영화를 무료로 상영한다. 해당 서비스를 이용하기 위해서는 '인디스토리' 라고 하는 독립영화 전문 배급사를 통해서 작품에 대한 문의를 해야 하며, 배급 승인을 받은 작품들 중 선정된 작품에 한해서 네이버 독립영화관을 통해 상영의 기회를 얻을 수 있다. 작품의 완성도 면에서 어느 정도 보장이 된 작품을 선정하기 때문에 처음 영화를 만든 사람들의 경우 상영의 기회를 얻기에 어려울 수 있다. 대신 선정된 작품은 그만큼 훨씬 더 유리한 조건에서 상영할 수 있게 해준다. 전문적으로 영화를 전공한 학생이나 신인 감독이 주로 이용하는 곳이기도 하다.

● **유에포** www.youefo.com

누구나 쉽게 개인 상영 채널을 만들 수 있으며 해당 사이트의 관리자에게 직접 작품을 전송하여 승인을 받은 후 상영할 수 있다. 승인 절차가 비교적 덜 까다로워서 폭넓은 상영의 기회를 제공 하는 곳이다. 네이버 독립영화관에 비해 훨씬 더 많은 작품이 상영의 기회를 얻고 있으며 사이트 오픈 초기에 비해서 이용하는 사람의 수도 점점 늘어나고 있는 추세다. 기본적으로 무료상영이지만 관람 후 자발적으로 관람료를 지불할 수 있는 선택적 후불제 관람 방식을 채택하고 있다.

● **상상마당** www.sangsangmadang.com

가장 많은 독립영화 작품에 대해서 온라인 상영 지원을 하고 있으며 서비스도 다양하다. 유에포와 마찬가지로 관리자의 승인만 있으면 바로 상영할 수 있다. 상영 지원에 대한 폭이 넓어 전공자가 아니더라도 누구나 쉽게 작품을 올리고 참여할 수 있으며 작품에 대한 전문가 평도 제공하고 있다. 매월 우수작을 선정하여 상금과 함께 오프라인 상영도 지원하고 있다. 다양한 시도와 노력을 하고 있어 빠르게 성장하고 있는 곳 중 하나다.

이러한 독립영화 중심의 사이트를 이용할 경우의 장점이라면 어찌됐든 '영화'로 만들어신 내 작품에 대해서 진지하게 접근할 수 있다는 점이다. 다른 사이트와 달리 영화만을 모아둔 장점 때문에 사람들은 작품에 대해서 좀더 진지한 태도로 관람하며 더 예리하고 냉정하게 평가하기도 한다. 이 점이 독립영화 전문 사이트를 이용할 때 얻을 수 있는 가장 큰 장점이다. 아쉬운 점은 이러한 사이트의 경우 대다수의 작품이 UCC 사이트나 포털 사이트에 올라오는 여타의 동영상에 비해 대중성이 떨어지고 분위기가 사뭇 진지할 뿐만 아니라 사이트로 접근이 어려워 관람객의 수가 상대적으로 적은 편이다. 작품을 보러 오는 사람들보다 올리러 오는 사람들이 훨씬 더 많은 경우도 있

다. 하지만 이러한 점을 개선하고자 이러한 독립영화의 온라인 상영
을 지원하는 사이트들이 생겨난 것이고 여러모로 노력하고 있는 상태
이니 이러한 점은 충분히 개선될 수 있을 것이다.

꾸러기스튜디오의 온라인 전용 상영관

꾸러기스튜디오 역시 시공을 뛰어넘어 많은 사람들과 자유롭게 소통할 수 있는 온라인 상영을 시도하고 있다. 꾸러기스튜디오는 네이버나 다음 등 온라인 포털 사이트가 본격적으로 동영상 서비스를 시작한 해인 2006년에 처음으로 네이버에 블로그를 오픈하여 오늘날까지 꾸준히 온라인 상영을 진행해오고 있다. 꾸러기스튜디오도 처음에는 공신력과 개성 등을 고려하여 독자적인 사이트 구축을 시도하려고 했으나 이는 사이트의 계정 사용료를 지불해야 함은 물론이고, 영화를 상영해야 하는 동영상 사이트의 경우 일일 동영상 파일의 용량이 한정되어 있어 개인 창작자들의 경우 불리한 점이 많았다. 뿐만 아니라 독자적인 사이트를 통해 상영할 경우 그 이름이 많이 알려지지 않으면 홍보 효과가 떨어져 관람객을 끌어모으는 데 매우 불리하기 때문에 포털에서 운영하는 블로그나 까페를 사용하는 것이 포털의 홍보 서비스를 활용할 수 있다는 점에서 매우 유리하다.

그렇기 때문에 꾸러기스튜디오 역시 1년간 시도하던 자체 홈페이지 활동을 접고 포털들이 본격적으로 블로그에서 동영상 서비스를 시도하자마자 블로그로 둥지를 옮겼다. 처음 만들었던 홈페이지의 주소였던 www.curuk2.com (curuk2를 그대로 읽으면 꾸러기가 된다) 역시 블로그에 포워딩함으로써 기존의 주소를 입력할 경우 곧바로 블로그로 연결되도록 하여 사용하고 있다.

블로그를 이용해 영화를 상영하자 곧바로 눈에 보이는 효과가 나타났다. 독자적인 사이트에 비해서 접근성이 유리한 블로그는 오픈한 지 얼마 되지 않아 꾸러기스튜디오의 작품들을 일약 대박 흥행 작품으로 만들어주었다. 상영되는 대부분의 작품이 네이버의 메인 화면을 통해서 소개되면서 많은 사람들에게 알려지기 시작했고 작품 대부분이 최소 1만 회에서 많게는 1백만 회까지 이르는 조회 수를 기록하였다. 독자적 사이트 시절에는 생각할 수 없었던 수치였다. 영화 창작자의 입장에서 더 많은 사람이 내 작품을 볼 수 있다는 것은 그 자체만으로도 더 흥분되고 즐거운 일이 아닐 수 없다.

블로그를 통한 온라인 상영의 장점은 이뿐이 아니었다. 댓글이라는 매개를 통해서 작품에 대한 사람들의 반응도 확인할 수 있었고, 스크랩이라는 공유 방식을 통해서 작품을 더 많이 퍼트릴 수 있었다. 물론 그래봤자 꽤나 알려진 여고생 얼짱들의 블로그나 솜씨 좋은 주부님들의 요리 블로그보다는 훨씬 더 적은 조회 수를 기록하고 있지만 그래도 우리들의 작품이 꾸준히 상영되고 또 누군가의 반응을 얻어내고 있다는 것만으로도 충분히 만족하고 있다.

만약 당신이 온라인으로 영화를 상영해보고 싶다면 꾸러기스튜디오의 경우처럼 본인의 영화사나 감독의 이름이 대문으로 걸려 있는 블로그를 만들어서 꾸준히 작품을 등록하고 상영해보라고 권유하고 싶다. 당신만의 색다른 전용 상영관을 갖게 될 테니까 말이다.

5) 내가 만든 영화를
   극장 스크린에 나오게 하려면?

우선 영화를 만들게 되면 누구나 한 번쯤은 이러한 상상을 해보게 된다.

'내가 만든 영화가 극장 스크린에서 상영된다면…'

생각만 해도 짜릿하다. 처음 내 손으로 영화를 만들어보기 전인 고등학생 시절, 극장에서 온몸에 닭살이 쫙 돋는 소름끼칠 정도의 대작 영화를 감상하고 나면 어김없이 늘 같은 상상을 하곤 했다. 언젠가 내가 만든 영화가 극장 스크린을 통해서 상영될 수 있을까?

영화제 출품

돈 안 들이고 내 작품을 극장 스크린에서 볼 수 있는 가장 빠른 방법 중 하나다. 물론 내 작품이 각종 영화제에서 상영작으로 선정이 되어야 한다는 조건이 따라붙지만 말이다. 그렇다고 겁낼 건 없다. 세상엔 정말 다양한 영화가 있는 것처럼 정말 다양한 영화제가 있기 때문이다. 그렇다면 영화제에는 어떻게 상영작으로 선정될 수 있을까?

영화가 너무 뛰어나서 영화제에서 먼저 초청을 받는다면 이보다 좋을 순 없겠지만 그렇지 않은 상황이라면 먼저 내 작품을 영화제에 출품해야 한다. 그러면 영화제 심사위원들의 자체 심사를 거친 후 선정이 되면 그때 상영작이 되는 것이다. 영화제별로 성격이 약간씩 다른데 경쟁부문이 있는 영화제의 경우 수상작을 선정하여 시상을 하기도 한다. 결코 쉬운 일은 아니겠지만 만약 내가 만든 첫 영화가 영화제에서 수상까지 한다면, 그것은 한마디로 대박이 난 것이다.

영화제에 상영작으로 선정이 되면 웬만한 이변이 없는 이상 극장 스크린 상영은 확보되었다고 보아도 된다. 그 영화제가 옥상영화제와 같은 야외 영화제라든가 우리마을영화제 등과 같은 이색적인 소규모 영화제만 아니라면 말이다. 대다수의 영화제는 독립영화 극장이나 일반 극장을 섭외하여 진행하기 때문에 영화제에 상영작으로 선정된 이상 스크린 상영은 확실히 보장된다.

확실하게 영화제를 공략하기 위해서는 우선 처음부터 너무 큰 욕심을 내는 것보다는 영화의 성격에 잘 들어맞는 콘셉트의 영화제를 선택하는 것이 중요하다. 단편영화제와 장편영화제처럼 영화의 길이에 따라 나뉘는 영화제를 비롯하여 청소년이나 노인과 같이 특정 연령대를 대상으로 하는 영화제가 있으며 지역 특성을 고려하여 진행하는 지역 영화제도 있다. 뿐만 아니라 감성영화제나 여성영화제, 인권영화제처럼 특정 테마를 중심으로 기획하는 영화제도 있다. 그밖에 디지털영화제나 미쟝센영화제, 음악영화제 등과 같이 특정 장르를 주제로 삼는 영화제도 있다. 그렇기 때문에 내 영화의 주제와 특성을 잘 고려하여 적합한 영화제에 출품하는 것이 중요하다.

꾸감독의 다소 엽기스러운 '인천 e감성영화제' 정복기!

때는 2008년의 무더운 여름이었다. 당시 중학교에서 미술교사로 재직 중이던 꾸감독은 학교라는 특수한 공간에서 근무하게 된 기념으로 학생들과 함께 영화를 제작하고 있었다. 의욕적인 학생들과 작업을 하여 무척 신 나고 즐거운 시간이었지만 학생들의 일과를 피해 짬짬이 촬영을 해야 하는 일은 여간 번거로운 게 아니었다. 때론 한두 학생의 급작스런 불참으로 촬영이 불가능했던 날도 많았다. 학생들의 사기는 거의 바닥을 치고 있었다. 전체적인 촬영을 책임져야 하는 연출자로서 꾸감독은 점점 시들해져가는 학생들의 사기를 살리기 위해 학생들을 모아놓고 극단적인 처방을 내리게 된다.

"우리가 만들고 있는 이 영화가 큰 영화제에도 나갈 것이고 극장에서 상영도 하게 될 것이다!"

영화제… 극장… 학생들의 마음을 사로잡기에 충분했다. 그날 이후로 학생들은 더욱 열심히 제작에 참여하였다. TV 속에서만 보던 영화제의 풍경과 극장에서 상영할 영화를 내 손으로 직접 만들고 있다는 생각만으로도

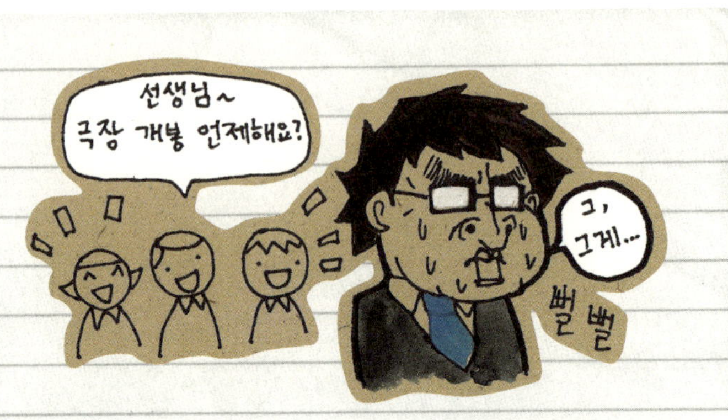

학생들은 이미 칸영화제에 깔린 시뻘건 카펫 위를 걷고 있었다.

큰일이었다. 이야기는 해놨는데 이대로 아무것도 이루지 못하면 꾸감독은 천하에 둘도 없는 뻥쟁이가 되어버릴 것이 뻔하였다. 급기야 꾸감독은 영화제 정보를 찾아 나서기 시삭했다. 그러던 그때! 꾸감독의 두 눈에 구원의 서광이 비추기 시작했다. 그것은 바로!

제2회 인천 e감성영화제!

꾸감독은 기뻤다. 꾸감독의 두 눈엔 뜨거운 눈물이 흐르기 시작했다. 꾸감독은 설레는 마음으로 영화제 정보를 읽어나갔다. 아니 그런데 이게 웬일인가? 영화 출품 기간이 일주일밖에 남지 않은 것이었다. 그때 영화는 반 정도밖에 완성되지 않은 상태였다. 꾸감독은 깊은 고민에 빠졌다. 그러다가 문득 이 영화제가 15분 이내의 작품만을 출품할 수 있는 단편영화제라는 사실을 떠올렸다.

결국 꾸감독은 절반 정도 촬영된 영화 분량만으로 15분짜리 내용으로 편집한다. 이름하야 〈출동! 43호〉 15분짜리 단편 버전이 완성된 것이다. 제출 당일 영화제 사무국에 전화를 걸어 제출 마감 시간을 조금만 늦춰달라는 애원과 함께 한 손으로는 편집을, 한 손으로는 세수를 하며 초특급 광속 택시를 타고 간신히 영화를 제출했다. 꾸감독은 며칠 동안 초조한 마음으로 결과를 기다리고 있었다. 그러던 어느 날! 한 통의 전화가 걸려왔다.

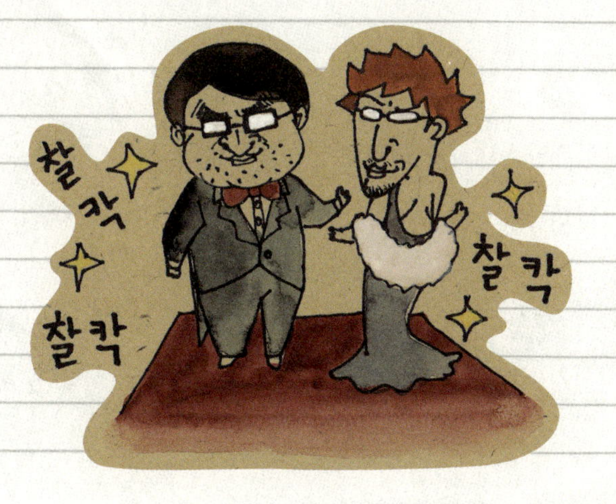

"아… 〈출동! 43호〉가 e감성영화제에… 상영작으로 선정
되셨습니다!"

됐다! 이로써 최소한 아이들과의 약속은 지킬 수 있게
되었다. 영화제에 나간다는 약속을 지켰고 상영작으로
선정되면 스크린을 통해 우리 영화가 상영되니까 그 약
속도 어느 정도는 지킬 수 있게 된 것이다.

그런데 기대하지 않은 일까지 벌어졌다. 하늘은 스스로
돕는 자들을 돕는다고 했던가. 영화제에서 수상까지 하
게 된 것이다. 그런데 엄밀히 따지자면 수상은 만들어낸
것이나 다름없었다. 당시 우리는 상 중의 상이라고 할
수 있는 관객상을 수상하였는데 대상이나 은상과 같은
여타의 상들이 심사위원에 의해서 선정되는 것에 반해
관객상은 말 그대로 관객투표에 의해서 수상작을 가리
는 선정 방식이었다. 영화제가 열린 장소는 학교와도 비
교적 가까운 곳이었다. 그렇기 때문에 영화에 참여한 학
생들은 물론이며 친구들까지 총동원되어 관객의 절반가
량이 우리 학교 학생들로 들어차는 상황이 벌어졌다. 일
종의 인해전술이었다. 다른 참가자들이 대부분 타 지역
에서 온 것을 감안한다면 상대가 되지 않는 게임이었다.
어디 학생들뿐이겠는가, 꾸감독의 동네친구들은 물론이

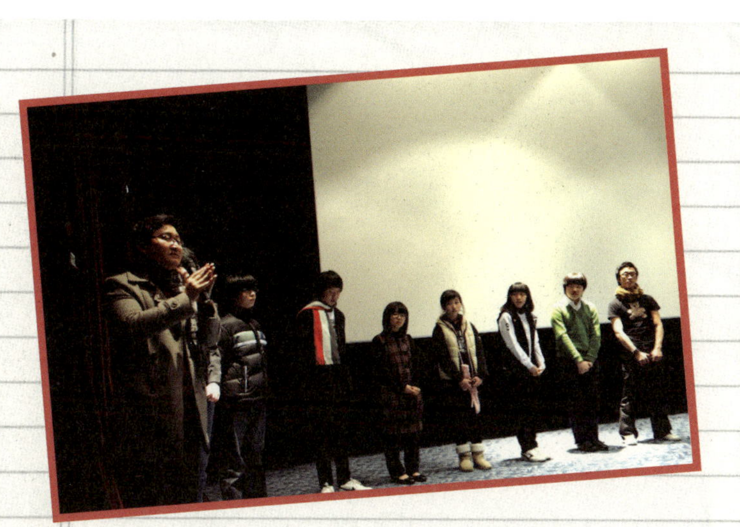

며 일가친척들까지 꾸감독의 첫 영화제 진출을 축하해
주기 위해 다 모였으니 어쩌면 관객상은 이미 정해진 것
이나 다름없는 상황이었다.

결과는?
… 후후후.

어찌 보면 인천에서 개최한 영화제에 인천 출신의 감독
에게 유리한 불공정한 선정 방식이었는지도 모른다.
하지만 어쩌겠는가? 영화제는 인천에서 열렸고 인천에
사는 관객들이 많이 올 수밖에 없었던 것은 당연한 일이

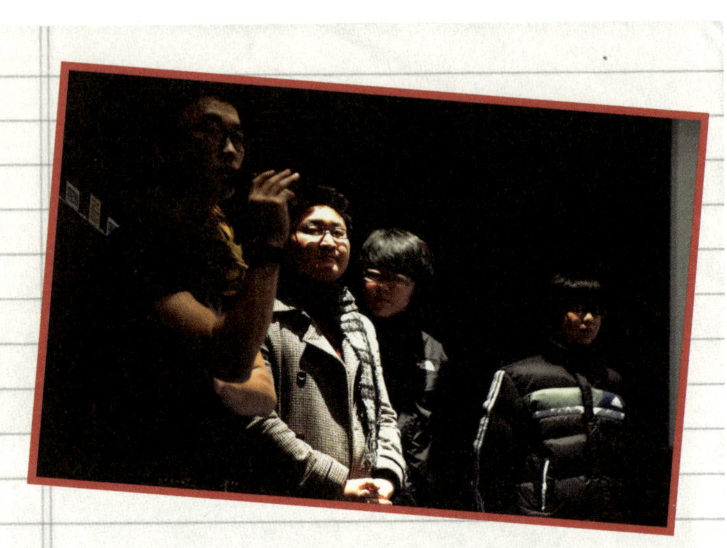

었다. 물론 작품 자체로서 받은 상은 아니라는 것은 확
실하다. 하지만 내 지역에서 만든 영화를, 내가 아는 감
독이 만든 영화를, 일방적으로 이끌어주고 지시해주는 것
은 한편으로는 가까운 곳에서도 문화가 만들어지길 바
라는 마음에서 비롯된 것이라고 생각할 수도 있을 것이
다. 그런 측면에서 내가 아는 사람이 만든 영화는 더 좋
게 보였을 것이다. 실제로 영화제에서 다른 수많은 작품
들이 상영될 때는 조용하던 우리 학생들은 화면 속에 자
신이 나오자 엄청난 반응을 보이기 시작했다. 그러니까
이때 받은 관객상의 의미는 지역의 문화가 만들어지길
바라는 마음에 자신들에게 스스로 만들어준 상이기도

한 것이다. 그날의 참가작 중에는 내가 만든 작품보다 훨씬 더 훌륭한 작품이 많이 있었다. 물론 대상과 같은 더 큰 상은 그들이 차지했다. 영화적인 측면에서 공정하게 심사를 한 심사위원들은 한국 영화의 미래를 위해 그들에게 기대를 걸었고 자생적인 문화를 꿈꾸는 나와 주변의 사람들은 우리들 스스로에게 기대를 건 것이다. 이것이 앞으로 우리가 계속해서 영화를 만들어야 하는 소중한 이유다. 우리가 만든 영화에는 우리가 있어야 가장 재미있기 때문이다.

어찌됐든 나는 학생들과의 소중한 약속을 아주 멋지게(?) 지킬 수 있게 되었다. 덕분에 영화제에서 생전 처음으로 상영도 해보고 수상의 영예까지 얻게 되는 경험을 하게 되었고 학생들은 예전보다 더 열심히 참여하여 남은 영화가 끝까지 잘 완성될 수 있도록 해주었다. 결국 영화는 나중에 애초에 계획했던 대로 70분짜리 장편 버전으로 완성되어 같은 장소에서 시사회를 통해 한 번 더 상영의 기회를 갖게 되었다.

영화제 출품보다 더 쉬운 방법은 없을까? 물론 있다! 그것은 바로 영화 제작을 지원하는 공모전에 참여하는 것이다. 우리나라에는 크고 작은 다양한 영화제가 있는 것처럼 지역 영상위원회나 영상미디어센터 등에서 지원하는 다양한 영화 제작 지원 프로그램이 있다. 그리고 이러한 제작 지원 프로그램은 시설 지원, 장비 지원, 제작비 지원 등 다양한 형태로 존재하는데, 아마추어들에게도 기존의 영화제와 비교해서 참여 조건이 관대한 편이다. 최근 영상콘텐츠 산업에 대한 관심이 높아지면서 아무래도 자금이 적잖이 풀리기 때문일까?

물론 이 세상에 공짜란 없다고 막상 남의 돈을 가지고 영화를 만들다보면 뭔가 아쉬운 요소들이 생겨날지도 모른다. 그래도 한 번쯤 이런 프로그램을 활용하여 영화를 만들어보는 것도 꽤나 유익한 일이다. 무엇보다도 이런 프로그램을 활용할 경우 지원 선정작들을 한데 모아 상영하는 발표회를 갖는다. 브라보! 바로 이것이다! 이때가 바로 돈 안 들이고 스크린에서 영화를 상영할 수 있는 또 한 번의 기회인 것이다!

영화진흥위원회를 비롯하여 각 지역별로 대부분의 영상위원회와 영상미디어센터가 영화 제작 지원 프로그램을 운영하고 있으며 그밖에 상상마당처럼 기업에서 운영하는 단체들에서도 영화 제작 지원 프로그램을 운영하고 있다. 각 단체별로 지원 시기와 방법을 다르게 운영하고 있으니 참여를 위해서는 사전에 충분히 조사해보는 것이 좋다.

직접 대관

내 영화를 스크린에서 한 번 상영하는 것이 이렇게 어렵단 말인가? 더럽고 치사해서 영화제든 공모 지원이든 도저히 못 해먹겠다면 최후의 방법을 사용하는 수밖에 없다. 이 방법은 되도록 안 쓰려고 했는데 도저히 안 되겠다면 써라.

아쉽겠지만 지갑을 열어라! 애써 만든 영화를 제대로 된 환경에서 정말 그럴듯하게 보여주고 싶다면 극장에서 상영하는 것만큼 좋은 방법은 없다. 당장 아쉬운 사람이 먼저 대가를 치르는 법이다. 예전 같았으면 돈으로도 하기 어려운 일임을 감안한다면 그나마 변화된 시대에 살고 있어서 얻을 수 있는 혜택이거니 하고 대관을 해보는 것도 그리 나쁜 일은 아니다.

화가들의 경우 자기 돈 내고 전시장을 대관해서 전시를 하는 경우가 대부분이다. 미술계에선 이미 오래전부터 흔한 일이 었지만 영화계에서는 최근에나 가능한 일이 되었다. 독립영화나 영상콘텐츠에 대한 사회적 관심이 많아진 데다가, 독립영화 단체나 개인의 눈물 나는 희생과 노력에 의해서 이제는 제법 독립영화 전용 상영관들이 생겨나기 시작했는데 이 중 일부 단체에서 운영하는 상영관의 경우 수익을 마련하고 또 독립영화 상영욕구에 대한 수요를 맞추기 위해 상영관의 유료대관사업을 진행하고 있다. 대부분 상업영화나 규모 있는 독립영화 시사회장으로 사용되지만 정말로 내 영화를 극장 스크린을 통해 한 번쯤 상영해보고 싶은 독립영화 제작자들에게 좋은 방법이 될 수도 있다.

국내 지역별 영상미디어센터 홈페이지

미디액트(서울) — http://www.mediact.org

강서영상미디어센터 — http://gsmedia.gangseo.seoul.kr

인천주안영상미디어센터 — http://www.juancamf.or.kr

익산공공영상미디어센터 — http://www.ismedia.or.kr

대구영상미디어센터 — http://www.dgmedia.or.kr

원주영상미디어센터 — http://www.wonjumc.kr

김해영상미디어센터 — http://media.gasc.or.kr

안동영상미디어센터 — http://www.admedia.or.kr

제주영상미디어센터 — http://www.jejumedia.com

충남영상미디어센터 — http://cmc.ctp.or.kr

제천영상미디어센터 — http://www.jcbom.com

비채(천안) — http://www.camedia.or.kr

인천 주안영상미디어센터 상영관 대관료

1. 1회 3시간 기준 오후 30만원(오후 2시~5시), 저녁 40만원(오후 5시~8시)이며 사용장비에 따른 별도 비용은 없다.

2. 전일 대관(오후 2시~9시)은 80만원이며 사용장비에 따른 별

도 비용은 없다. 전일 대관의 경우, 협의를 통해 50퍼센트 할인(40만원) 가능하다.

3. 단, 35mm 영사 시 영사기사료 회당 5만원, 일 10만원이 부가된다.

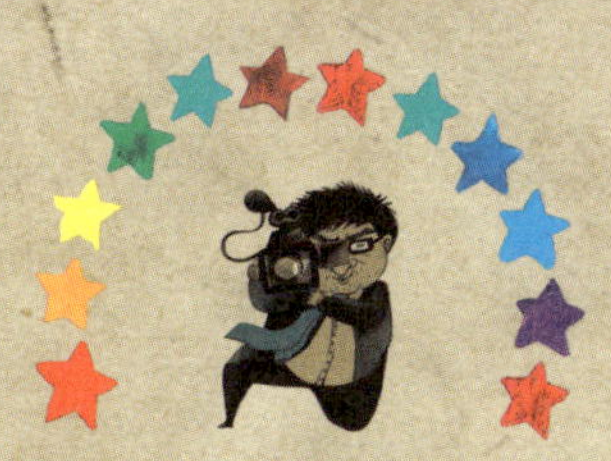

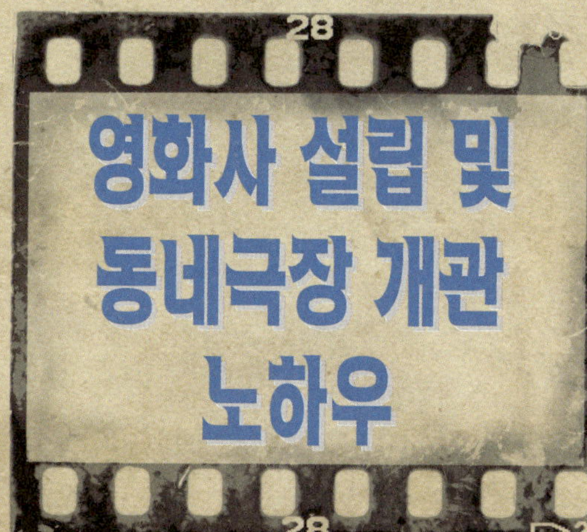

영화사 설립 및 동네극장 개관 노하우

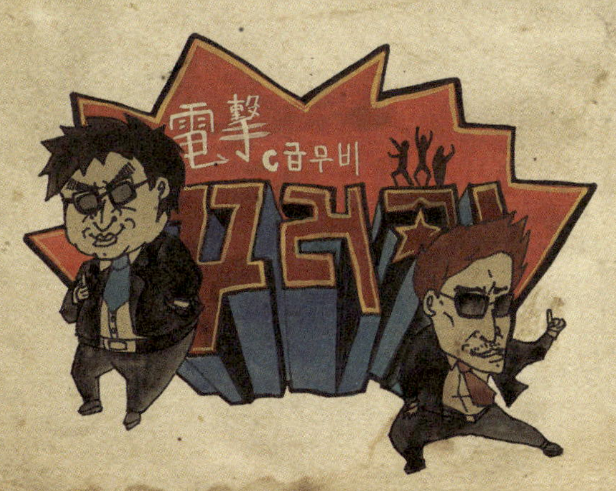

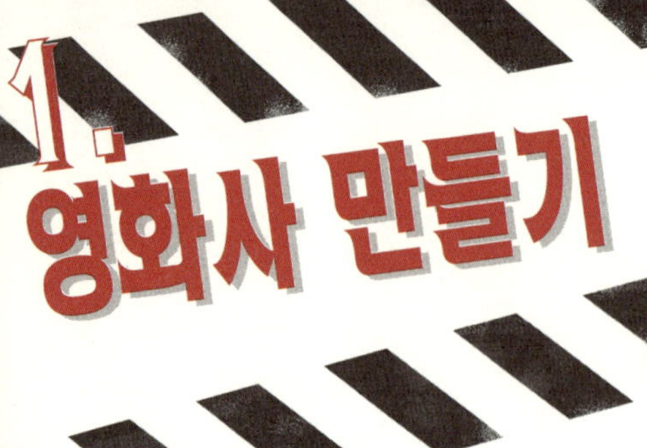

1.
영화사 만들기

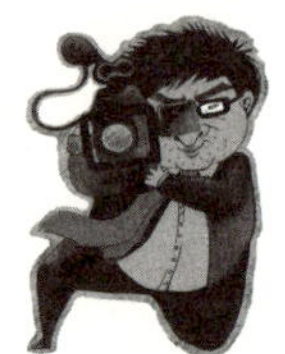

"영화는 최고의 예술이자 교육이며 놀이이다."

세계 최고의 C급무비 전문 영화사 꾸러기스튜디오의 탄생

2005년 여름의 어느 날. 친구들과 함께 빌린 6mm 소형 캠코더로 이미 다섯 편의 단편영화를 만든 대학생 백감독(나름대로 영화 몇 편 만들었다고 자기 스스로 붙인 칭호)은 그날도 어김없이 화장실에서 똥을 누며 이런저런 잡생각들을 하고 있었다(인간에게 있어 이러한 원초적 활동을 동반한 잡생각은 좀더 유익하고 생산적 삶을 살아가는 데 매우 중요하다). 그러다가 갑자기! 문득 기가 막힌 아이디어가 떠올랐다!

"영화사를 만들자!"

이미 영화를 만들어본 백감독에게 더 재미있고 멋있는 영화를 만들기 위해서 필요한 것은 바로 영화사를 만드는 것이었다. 영화사를 만들면 더 많은 사람들과 영화를 만들 수 있으며, 영화사에서 만든 영화는 왠지 더 그럴듯해 보일 것이라는 생각을 했다. 그리고 사람들과 있을 때도 그냥 "영화 만드는 백감독입니다"라고 소개하는 것보다 "○○영화사의 백감독입니다"라는 멘트가 왠지 더 멋있어 보일 것 같았다. 그래서 태어난 후로부터 25년 되던 해인 2006년에 영화사를 만들게 된다. 투자자도 없고 스태프도 없고 배우도 없는 오로지 감독 혼자뿐인 그야말로 독립獨立 영화사!

스스로 영화사를 만들고 대표가 된 백감독은 외출 시 복장부터 달라지기 시작했다. 평소 이렇다 할 콘셉트 없이 있는 대로 입고 다녔던 백감독은 그 후로 늘 영화감독처럼 하고 다녔다. 하기야 하루아침에 영화사의 사장이 되었으니 즐거울 만도 했다. 당시 대학 미술교육과에 재학 중이던 백감독이 중3 때 처음, 예고에 진학하기 위해 시작한 이후로 10년 동안 전공해온 미술이 전혀 아깝다는 생각이 들지 않을 만큼 영화는 백감독에게 매력적인 장르였다. 사람이 뭐에 한번 꽂히면 아무것도 보이지 않는다고 했던가.

그 이후 백감독은 영화사에 필요한 것들을 하나하나 찾아다니고 만들어가기 시작했다. 영화사에 필요한 것이 무엇이 있을까? 필요한 몇 가지가 생각났다. 우선 최소한의 인력(배우, 스태프)과 장비(캠코더나 편집용 컴퓨터) 그리고 공간(사무실이나 스튜디오)이 필요했다.

백감독은 이 운명의 '초대박 프로젝트'를 함께 진행할 동지들을 떠올렸다. 제일 먼저 떠오른 사람들은 바로 대학 동기들이었다. 그중에서도 입학시절부터 유독 마음이 잘 맞던 친구 둘이 떠올랐다. 이 두 명의 친구들은 때마침 백감독과 같은 시기 복학도 했으며 군대 가기 전에는 SBS 방송국의 개그 콘테스트에도 출연하여 대상의 영예를 함께한 사이였다. 그중 한 명은 최고의 연기파 배우로서 영화사 내에서 전문 연기자를 담당하였으며 나머지 한 명은 끈기를 자랑하는 노력파 디자이너로서 영화사에서 디자인과 홍보를 담당하였다. 대박 예감이 드는 최고의 멤버 구성이었다. 두 명의 친구들은 흔쾌히 백감독의 제안을 받아들였다. 연봉 한 푼 없이 오로지 끼와 무모함만으로 뭉친 이 세 명의 사내들은 그렇게 영화사의 창단 멤버가 되었으며 구성원이 3명으로 불어난 영화사는 제법 그럴듯한 단체가 되었다.

멤버 구성 이후에 백감독은 영화사에 필요한 장비를 마련하기로 한다. 영화를 만들기 위해서는 최소한 두 가지가 필요했다. 바로 캠코더와 컴퓨터였다. 물론 정식으로 영화를 공부했다는 사람들에게는 이 둘만으로는 영화 만들기가 불가능할지도 모른다. 필름 카메라에서부터 조명장비, 녹음장비를 비롯하여 영화 만드는 데 필요한 '최소한의 것'에 대한 정의는 사람마다 다르기 마련이다. 그러나 우리들에게 그런 것은 사치였다. 사실 다 있다고 해도 사용할 줄 모르니 당연히 없어도 되는 줄 알았다. 우리는 우리 사정에 맞는 영화를 찍으면 된다고 생각했다. 솔직히 고백하건대 다른 사람들도 다 그렇게 찍는 줄 알았다. 필요한 최소한의 장비조차도 사실 만만한 것은 아니었다. 6mm 캠코더도 대학생이 구입하기엔 적지 않은 돈이 있어야만 살 수 있는 장비였기 때문이었다. 당시에 영화 찍으려면 꼭 있어야 한다는 6mm 캠코더 PD170이나 DVX100B 같은 장비들은 적어도 300만원 이상이 필요했다.

300만원… 택도 없는 돈.

나는 열심히 아르바이트를 했다. 그래서 모은 돈이 100만원이었다. 이 돈으로 살 수 있는 캠코더를 찾았다. 마음속으로는 PD170이나 DVX100B처럼 들고 있을 때 멋있어 보이는 중형 캠코더를 사고 싶었지만 턱없는 가격이었다. 결국 인터넷을 일주일 동안 뒤지고 용산과 남대문을 이틀 동안 헤맨 끝에 소니 HC90이라는 가정용 핸디캠코더를 내수 제품으로 90만원에 사게 되었다. 한 손에 쏙 들어오는 귀여운 디자인, 그래서 더욱 속상했던 HC90. 그러나 내 생애 첫 캠코더이며 우리 영화사의 위대한 앞날을 함께할 촬영장비라고 생각하니 왠지 모르게 강렬한 애정이 마구 솟아나기 시작했다. 남대문에서 인천까지 전철을 타고 오는 내내 계속 만지작거리며 손 안에 있는 작은 녀석과 함께 반드시 세상을 깜짝 놀라게 할 작품들을 만들어내겠다고 결심했다.

촬영장비는 마련되었고 편집장비는 특별할 것도 없이 그냥 집에 있는 컴퓨터 한 대면 충분했다. 그렇다. 정말로 충분했다. 프랑스의 뤼미에르 형제가 1895년에 첫 필름영화를 제작한 이후 필름에 의한 영화 제작 방식은 절대불변의 공식처럼 자리매김해왔다. 그것이 지난 20세기 말까지의 일이다. 절대 변하지 않을 것 같았던 영화 제작 방식은 이제 급진적인 변화의 시기를 맞이하고 있다. 디지털에 의한 제작 환경의 변화가 바로 그것이다.

물론 완성도에서 디지털 방식은 아직까지 필름 방식을 앞지르지 못한다. 어쩌면 영원히 따라잡지 못하고 흉내만 내려다 끝이 날지도 모른다. 어쩌면 당연한 것이다. 둘은 애초부터 완전히 다른 것이었으니까. 그러나 한 가지 확실한 것은 영상이든 음원이든 디지털의 인지적 재현력은 이미 우리가 눈치채지 못할 만큼 발전되어 있다는 사실이다.

나는 이러한 변화를 적극적으로 활용했다. 학창시절부터 LP판에서 나오는 소리를 좋아하고 통기타를 좋아했으며 필름 카메라로 사진을 찍는 것을 좋아하던 아날로그 마니아였지만 영화를 아날로그로 제작하는 방식은 아무나 쉽게 할 수 있는 것이 아니었다. 그러나 디지털 영화는 자본도 학력도 인맥도 요구하지 않는다. 그저 캠코더 한 대와 편집할 수 있는 컴퓨터 한 대면 충분히 나의 이야기를 한 편의 영화로 만들 수 있었다.

"그렇다! 캠코더 한 대와 컴퓨터 한 대면 충분하다. 그러면 그 어떤 이야기든 영화로 만들어낼 수 있다. 그것이 바로 C급무비다!"

C급무비

'C급무비'란 꾸러기스튜디오가 만들어낸 영화 제작의 새로운 패러다임을 지칭하는 용어다. 이는 'C+급急+무비movie'의 합성어로 C는 Camcorder로 촬영하고 Computer로 편집하여 Cyber상의 경로를 통해 Communication하는 Comic한 Cinema라는 뜻이다. 새로운 영화 제작 및 소통 방식에 공통적으로 사용되는 키워드인 알파벳 C를 의미하는 것이며, 급急은 영화의 제작 및 소통 과정이 모두 진행되는 데 단 하루면 충분할 만큼 빠르게 전개된다는 의미다. 여기에 영화를 상징하는 단어인 무비movie를 합쳐 제작과 소통의 과정이 매우 빠르고 간편하며 쉬운, 새로운 형태의 영화를 지칭하는 용어인 'C급무비'가 탄생한 것이다.

혹자들은 이를 두고 기존의 'B급영화' 등에서 언어적 유사성을 찾아 '자의적으로 선택한 마이너리티'라는 의미를 부여하기도 한다. 하지만 'C급무비'는 마이너리티라는 의미를 그다지 부여하지 않는다. 기존의 상업영화와는 분명히 다른 목적과 방식을 취하고 있으며 특정한 비교 대상을 염두하고 제작하는 것이 아니라 스스로가 하고 싶어서 하는 것 그 자체에 가장 큰 목적을 두고 있기 때문이다. 그러므로 마이너리티라기보다는 독립적인 것에, 그리고 독립적인 것보다는 즐길 수 있는 데 더 많은 의미와 목적을 둔다. 기존의 '독립영화' 라는 용어와는 자본에서 벗어난 독립적인 제작 방식이라는 점에서 유사하지만 '철저한 즐거움' 이라는 목적에서 만큼은 차이가 있다.

한편 새로운 영상 제작 환경의 변화를 이용해 만들어진 'UCC' 라는 용어와는 제작 및 소통의 방식에서 상당히 유사하지만 UCC의 단어에서 Uuser가 자본주의 시장의 원리원칙에 의해 창작자를 사용자나 소비자로 규정한다는 점에서 큰 차이를 보인다.

그렇게 나의 영화사 설립은 이뤄지고 있었다. 자그마한 디지털 캠코더 한 대와 컴퓨터 한 대가 전자산인 영화사.

함께할 동지들도 생겼고 영화를 만들 수 있는 최소한의 장비도 마련되었다. 그런데 뭔가 허전했다. 뭐가 빠졌지? 아! 이름! 이름이 빠졌다. 영화사를 만들면서 가장 먼저 만들어줬어야 할 이름이 빠져 있었다. 우리는 곧바로 이름을 만들기 시작했다. 어떤 이름이 좋을까?

처음엔 군대에 있던 시절 나중에 영화사를 만들면 꼭 이름으로 지어야지 하며 생각해두었던 '色色 엔터테인먼트' 를 놓고 고민했고, 두 번째는 학교 연극영화과 후배들과 함께 만들었던 영화 동아리의 이름 '날 필름' 을 놓고 고민했다. 둘 다 훌륭한 이름이었다. 그러나 뭔가 마음을 확 사로잡는 그 무엇인가가 없었다. 그러던 중 군대 가기 전 지금의 멤버들과 함께 나갔던 SBS 방송국의 개그 프로그램이 문득 떠올랐다. 그때 영화사 멤버들이 나가서 함께 창작개그로 대상을 탄 적이 있었는데 그때 우리 팀의 이름이 바로 '꾸러기'였다. 그뿐만 아니었다. 꾸러기는 고등학교 시절 가장 친했던 친구들 중 한 명의 별명이기도 하였으며 어머니가 운영하던 작은 분식집의 이름이기도 했다. 나는 온몸의 세포로 '꾸러기스튜디오'라는 이름이 우리 영화사의 운명적 이름임을 느낄 수 있었다. 가만 생각해보니 우리 영화사의 순수하면서도 자유분방한 성격과도 꽤 잘 어울리는 이름이었다.

잘 생각해보자. 꾸러기들은 즐기며 노는 존재들이다. 그것도 아주 열심히 말이다. 어른들의 말은 잘 듣지 않는다. 그보다는 자신들이 즐거울 수 있는 일에 최선을 다해 열심히 매진한다. 또한 그들은 동네 곳곳을 누빈다. 그들에겐 무엇이든 놀이가 될 수 있으며 무엇이든 즐거움이 될 수 있다. 함께 즐긴다. 많으면 많을수록 더 즐겁다. 세상엔 다양한 꾸러기들이 있다. 장난꾸러기, 말썽꾸러기, 잠꾸러기… 모든 꾸러기들은 각자 자신이 원하는 것이 다 다르며, 또 그들은 자신이 원하는 것을 언제나 원 없이 이루려고 노력한다. 다시 말하면 그들은 마니아인 것이다. 뭐든 한 가지에 푹 빠져 사는.

이렇게 생각해보니 꾸러기는 너무 훌륭한 이름이 아닐 수 없었다. 다양한 주체들이 모여 자신의 감정과 생각 그리고 욕구를 마음껏 영화로 표현해내고 그 자체로 재미있게 즐기며 놀 수 있다는 점에서 영화사의 색깔을 잘 나타내는 최고의 이름이었던 것이다. 또한 순수 우리말이라는 점도 무척 마음에 들었다. 마침내 친구들의 동의를 얻어 그렇게 '꾸러기스튜디오' 라는 이름이 탄생했다. 그리고 백감독은 꾸감독이 되었다.

'꾸러기' 라는 이름도 그렇고 'C급무비' 라는 용어도 그렇고 막상 따지고 보면 별것 아닌데 너무 거창한 의미를 부여한 게 아닌가 하는 지적도 있었다. 하지만 그것은 우리 꾸러기를 잘 모르고 하는 이야기 였다. 왜냐하면 우린 그만큼 거창한 꿈을 꾸고 있었고 또 거창한 영화를 만들어낼 것이며 그만큼 거창하게 놀 준비가 되어 있었기 때문이다. 언제나 이야기하는 것이지만 험난한 이 세상을 즐겁게 살아가기 위해서 가장 필요한 것은 '자뻑' 이요. 그것은 바로 자신감이다.

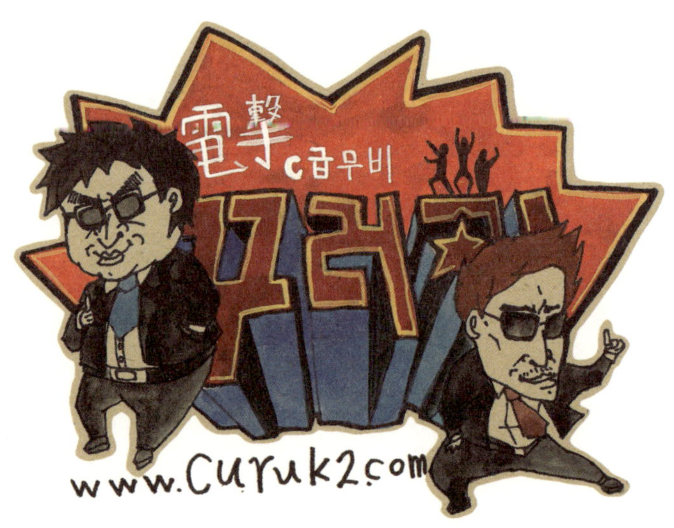

훌륭한 멤버들과 장비도 마련되고 영화사의 이름도 만들어졌다. 이후 백감독은 영화를 만들 수 있는 공간이 필요했다. 가진 것도 없으면서 무슨 생각이었는지 시간이 날 때마다 열심히 빈 점포들을 찾으며 동인천 일대를 돌아다녔다.

한때 인천의 문화와 경제의 중심지였지만 이제는 죽은 자의 도시나 다름없을 정도로 황량해진 동인천. 하지만 백감독에게 동인천이란 유년시절부터 지금까지 인생의 대부분을 보낸 고향이나 다름없는 곳이었기 때문에 동인천에 최고의 영화사를 만들어서 동인천을 빛내고 싶다는 아주 작지만 촌스러운 꿈이 있었다. 슬픈 이야기지만 역시나 동인천엔 빈 점포들이 많았다. 그러나 마땅한 곳이다 싶어 막상 전화를 걸어보면 과거의 화려함이 아직도 남아 있었을까, 대학생이 감당하기에는 적지 않은 월세를 요구했다.

그러나 하늘은 스스로 돕는 자를 돕는다고 하였던가. 개중에 한 곳에서 뜻밖의 행운을 잡을 수 있었다. 처음 오는 사람도 어렵지 않게 찾을 수 있는 위치에 20평 남짓한 깔끔한 공간, 무엇보다도 내 사정을 이해해주고 응원해주는 친절한 주인아저씨까지. 아저씨가 한때 건설업을 할 때 사무실로 사용했다고 하는 그 공간에 우리는 한 달 월세 15만원에 첫 둥지를 틀 수 있게 되었다. 지금 생각해보면 훌륭한 공간에 비해 그렇게 부담되는 돈은 아니었던 것 같은데 대학생들에게 돈이란 언제나 부담인 법. 당시에는 한 달 사용료 20만원(기본료+전기세+수도세+인터넷비 포함)을 내는 것도 힘들어서 고생에 고생을 했다. 여하튼 우린 그렇게 처음으로 영화사의 문을 열었다. 지금도 어지간한

애주가들은 다 안다는 동인천 삼치골목 입구 어느 건물의 3층. 2005
년의 어느 여름날 그곳에서 꾸러기스튜디오의 위대하고 역사적인 첫
시작이 이루어졌던 것이다.

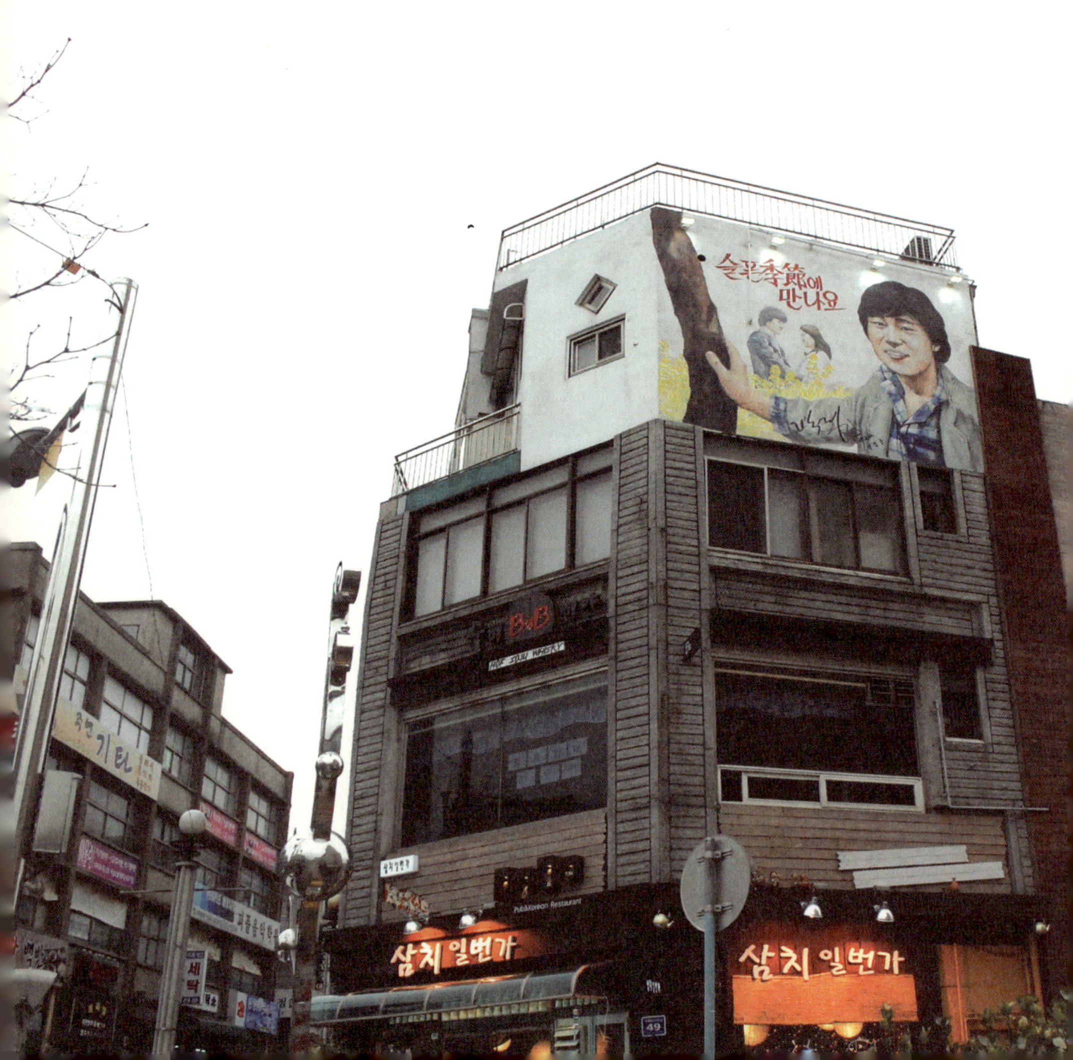

지금, 꾸러기스튜디오는?

그 이후 벌써 5년이라는 시간이 흘렀다. 그 사이 꾸러기
스튜디오에도 많은 변화가 일어났다. 함께 동고동락하
며 열심히 달려오는 동안 꾸러기스튜디오에서는 100편
이 넘는 작은 영화와 영상을 만들었으며 몇 번의 TV 출
연과 신문 보도 그리고 인터넷상에 올린 작품들이 간간
이 인기를 끌며 많진 않지만 열심히 응원해주는 소수의

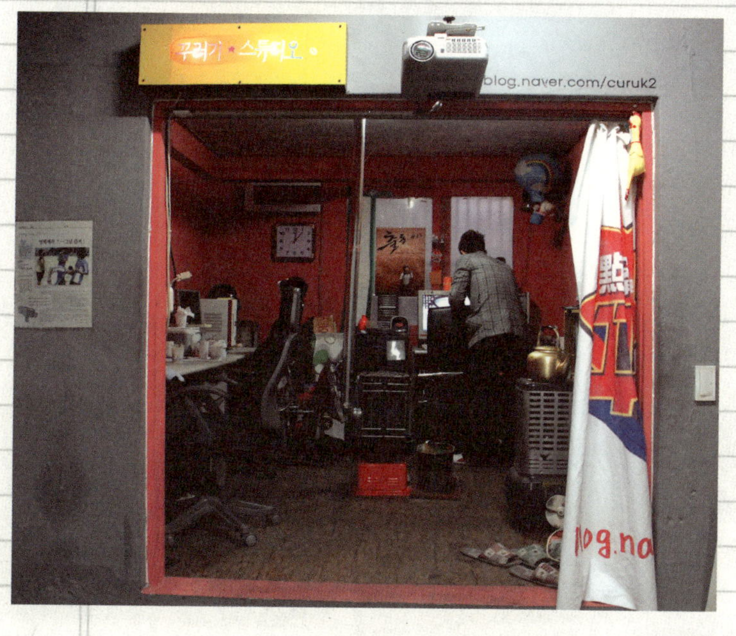

팬들도 생겨났다. 위대한 미래를 약속하며 시작을 함께
했던 두 명의 친구들은 각자의 길을 찾아서 떠났다. 그
리고 그 자리엔 대학교 시절 나름 끈끈한 우정을 과시하
던 선후배 관계였던 30대 초반의 노총각 배우이자 아티
스트인 라쿠가 함께하고 있다. 꾸러기스튜디오의 첫 번
째 보금자리였던 동인천 삼치골목의 사무실도 주인아저
씨의 갑작스런 사정에 의해 자리를 비워야 했다. 지금은
냉면으로 유명한 동인천 화평동의 한 작은 주택가 상가
건물에 13평 남짓한 새로운 보금자리를 마련해놓고 세
상에서 가장 작지만 가장 강력한 영화사를 만들기 위해
서 노력하고 있다.

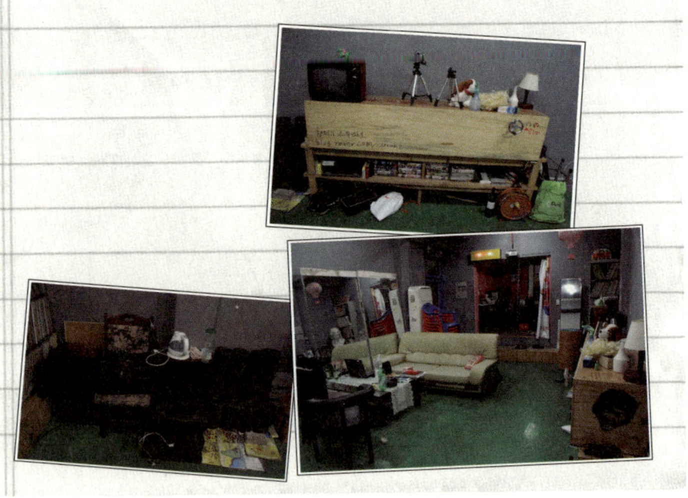

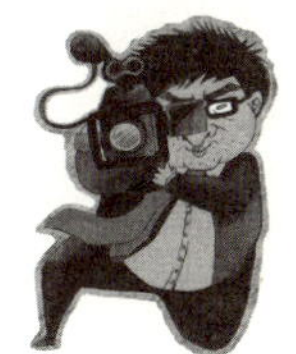

"세상에서 가장 작지만, 큰 극장"

꾸러기스튜디오가 운영하는 멀티플렉스 동네극장 DGV

동인천 삼치골목 입구에 첫 공간을 마련했던 꾸러기스튜디오는 주인아저씨의 갑작스런 개인사정에 의해서 공간을 급히 비워야 했다. 이후 반년간 마땅한 공간 없이 말 그대로 재택근무 형태의 영화사로 운영하게 된다. 그때 꾸감독은 자신의 집 대문에 직접 아크릴물감으로 꾸러기스튜디오의 간판을 그려놓기도 하였다.

하지만 공간이 없으니 너무 불편했다. 영화를 찍기 위해 조금씩 마련해두었던 장비와 소품이 점점 늘어나기 시작하면서 그런 것들을

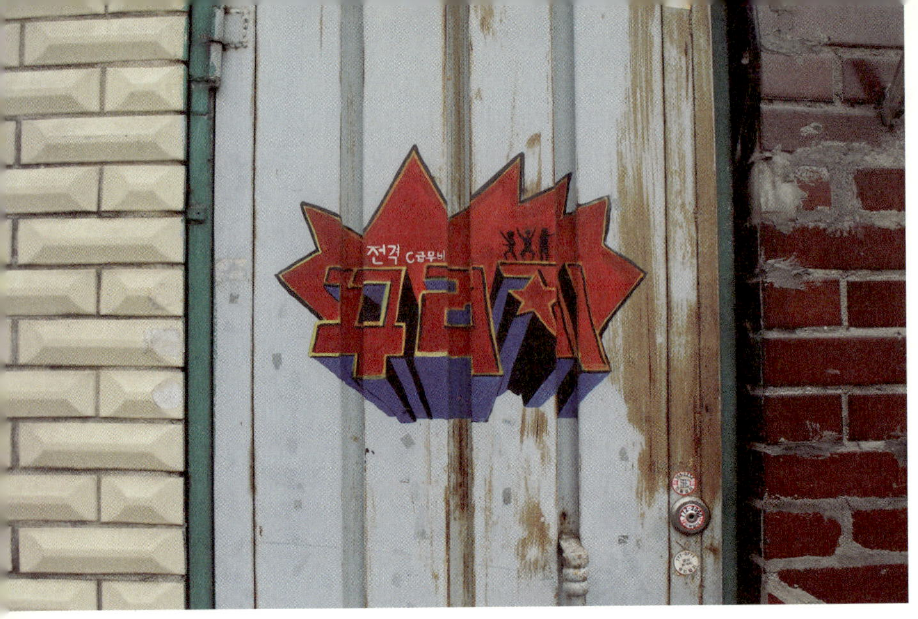

둘 공간도 점점 더 필요해지기 시작했다. 게다가 가끔 꾸러기스튜디오에 관심을 가지고 찾아오는 손님이 있거나 언론사에서 인터뷰를 하러 올 때면 영화사로서 보여줄 만한 이렇다 할 모습이 없다보니 그때마다 일부러 밖으로 나가 영화를 찍는 시늉을 해야만 했다. 무엇보다 주기적으로 만나 기획을 하는 아지트가 없다보니 만나는 횟수도 현저히 줄어들고 결집력이 점점 더 떨어지는 것 같았다. 결국 우리는 새로운 공간을 만들기로 결심했다.

그러던 어느 날 어김없이 똥을 누던 중 꾸감독은 기가 막힌 아이디어를 생각해내게 된다. 어차피 구할 작업실을 좀더 획기적인 공간으로 활용할 수 있는 그런 멋진 아이디어를 말이다. 바로 작업실을 극장으로 만드는 것이었다. 제작된 영화의 거의 대부분을 온라인으로만 상영하던 꾸러기스튜디오는 오프라인 공간에 무척이나 목이 말라 있는 상태였다. 그동안 일부러 온라인 상영 방식을 고수한 것은 아니었지만 극장에서 영화를 상영하는 것은 아무나 쉽게 할 수 있는 일은 아니었기 때문이다. 뿐만 아니라 큰 스크린이 있는 전용 극장이 아니더라도 직접 만든 영화를 부담 없이 누구나 상영할 수 있는 시설이 어디딱히 마련되어 있는 것도 아니었다. 그렇기 때문에 오프라인에서 사람들을 초대하고 영화를 마음껏 상영할 수 있는 극장을 만들면 무척이나 유용하고 의미 있는 일이 될 것이라고 생각했다. 그래서 우리는 새로 만들 작업실을 꾸러기스튜디오의 전용 극장으로 만들기로 결정했다. 우리만의 극장을 갖는다는 것. 영화사 꾸러기스튜디오를 처음 만들었을 당시의 기분만큼이나 흥분되고 설레는 일이었다. 그러던 중 극장을 만들 만한 새로운 공간을 찾아 나서기 위해 동네를 걷다가 메모 한 장을 발견하게 된다.

'점포임대, 보증금 200에 월 20'

바로 꾸감독이 사는 동네의 빈 상가에 붙어 있는 메모였다. 그 순간, 꾸감독과 라쿠의 머리 속에서는 또 하나의 재미있는 아이디어가 번뜩이게 된다.

'동네극장?'

그렇다. 동네극장이었다. 한때 웬만한 시내에서 쉽게 찾아볼 수 있었던 추억의 동네극장. 하지만 자본주의가 만들어낸 거대한 멀티플렉스 극장에 밀려 이제는 사라져버리고 없는 동네극장. 그렇다! 우리가 만들 극장이 반드시 시내에 있을 필요는 없었다. 동네에서 찍은 소소하고 작은 영화들이니 상영도 마찬가지로 동네에서 주민들을 위해서 하면 되는 것이었다. 아니 그래야만 하는 것이고 그것이야말로 정말 중요한 일이었다.

"그래! 동네에 극장을 만들자!"

우리는 곧바로 그 점포를 임대했다. 한때는 슈퍼였고 또 한때는 세탁소였으며 가장 최근에는 인쇄소였던 그 점포는 이제 극장으로 변신할 차례였다. 월세도 시내보다 저렴했고 무엇보다 집에서 가까워서 좋았다. 평범하고 조용한 동네에 엉뚱하고 이새저인 공간을 만든다는 사실 자체가 무척이나 설레는 일이었다. 13평 남짓한 작은 상가건물에 극장을 만드는 것도 특별히 어렵지는 않았다. 극장을 만들기 위해서 필요한 최소한의 것들만 준비되어 있으면 되기 때문이었다. 영화를 상영하기 위해서 필요한 최소한의 것들이란 영화를 재생할 수 있는 컴퓨터와 빔프로젝트, 스크린 그리고 사람들이 앉아서 영화를 볼 수 있는 의자 정도였다. 이것만 마련되면 충분히 멋진 극장을 만들 수 있다고 생각했다. 그러고 나서 더 이상 망설임 없이 곧바로 공사를 하기 시작했다.

한 달여간의 공사가 끝났다. 나름 극장 분위기를 내기 위해 어두운 색으로 페인트를 칠하고 여러 사람들이 앉아서 영화를 볼 수 있는 단체의자도 나무로 직접 만들었다. 내부엔 영화를 편집할 수 있는 꾸러기스튜디오의 작업실도 자그마하게 마련되었으며 극장 외부엔 '멀티플렉스 동네극장 DGV'라는 간판도 그럴싸하게 직접 만들어서 달

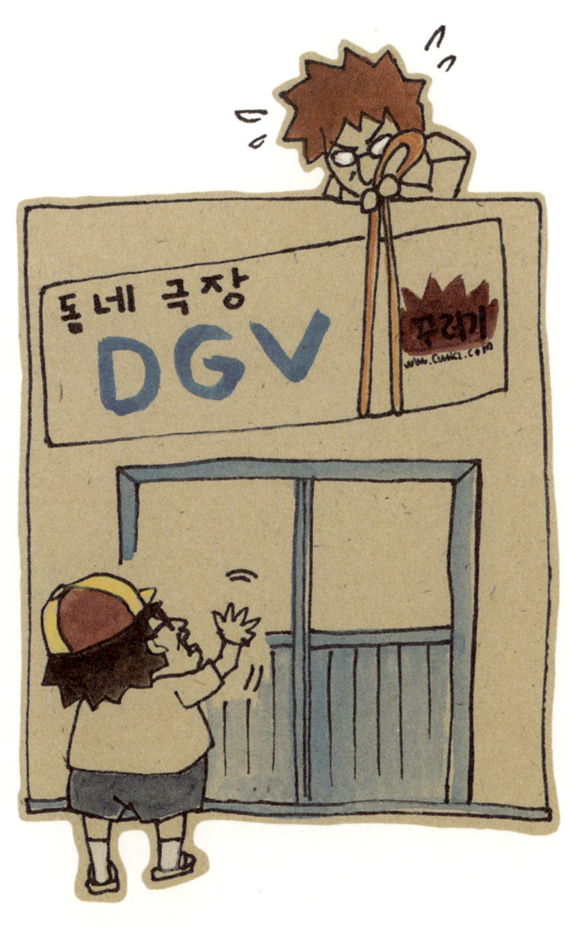

았다. 동네극장 앞에 멀티플렉스라는 말을 덧붙인 이유는 이 공간이 단순히 영화를 감상하는 데만 그치지 않고 좀더 다양한 용도로 활용되기를 바라는 마음에서였다.

DGV란 이름은 국내의 모기업에서 만든 대형 멀티플렉스 영화관인 CGV를 뛰어넘는 동네극장으로 거듭나겠다는 의지로 만들어낸 일종의 패러디 이름이었다. 사실 CGV와 같은 대형 멀티플렉스 극장이 등장하자 동네극장은 경쟁에서 밀리면서 모두 자취를 감추었다.

'동네극장 만들기 프로젝트'는 모든 것이 순조롭게 진행되었다. 그러던 중 예상치 못한 첫 번째 난관에 부딪히게 되었다. 빔프로젝트나 스크린 등의 영사장비의 가격이 우리가 예상했던 것보다 훨씬 비

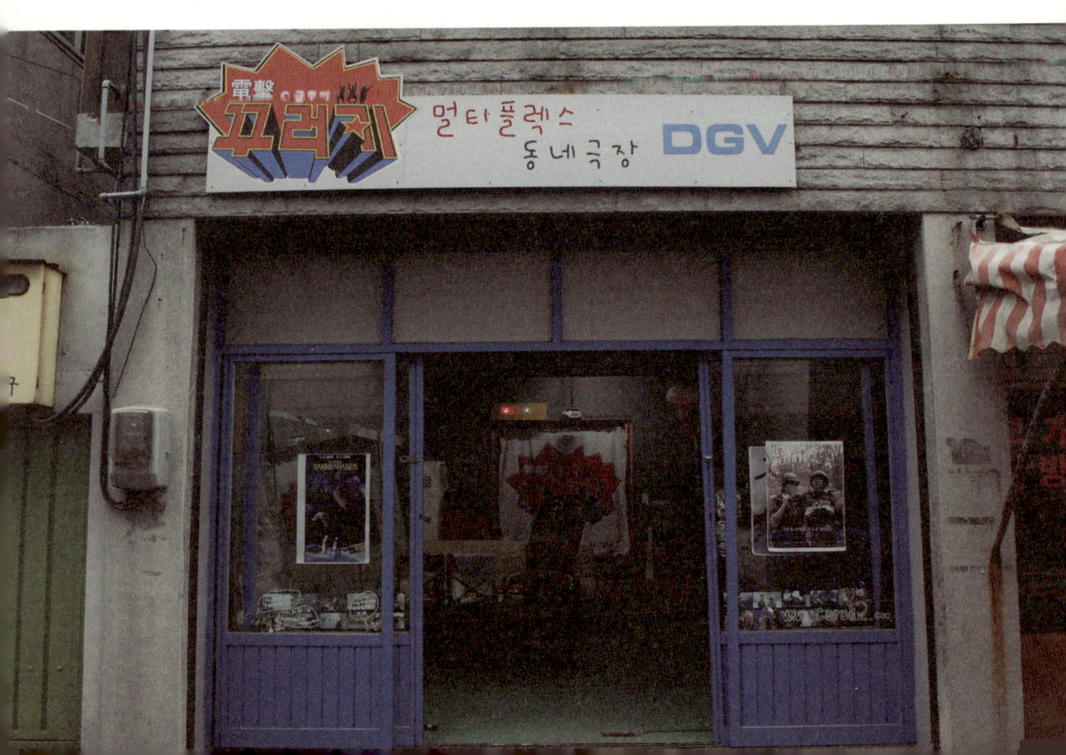

쌌던 것이다. 작업실을 만들기 위해서 우리가 준비했던 금액은 상가의 보증금과 보수 그리고 인테리어 작업에 모두 사용해버렸기 때문에 추가적으로 영사장비를 구입할 수 있는 돈이 남아 있지 않은 상태였다. 재미있는 아이디어와 좋은 취지만을 가지고 무턱대고 시작한 일이었지만 가난한 두 청년의 발목을 잡는 것은 언제나 그랬듯이 돈의 문제였다. 꾸감독과 라쿠는 깊은 고민에 빠졌다. 일은 벌여놨는데 방법은 보이질 않고 혼란의 시간이 며칠간 계속됐다.

그러던 중 천금 같은 도움의 손길이 나타났다. 그간 인천에서 꾸러기스튜디오의 활동을 긍정적인 시각으로 예의주시하고 응원하던 몇 분이 우리들의 취지와 상황을 듣고 후원금을 선뜻 내주기로 한 것이었다. 아무런 대가도 바라지 않고 그저 좋은 활동을 기대한다며 건네준 정말 값지고 귀한 후원금이었다. 돈 문제로 속앓이를 하고 있던 꾸감독과 라쿠에게는 너무나도 소중하고 든든한 뒷받침이었다. 금액도 적지 않았다. 우리에게 그같은 후원을 해준 이유를 항상 되새기며 공간을 값지게 꾸려나가겠노라고 다짐했다.

여하튼 우리는 그 후원금으로 영사에 필요한 장비들을 구비할 수 있었다. 그리하여 결국 많은 우여곡절 끝에 역사적인 영화사 꾸러기 스튜디오의 두 번째 작업실이자 동네의 작은 문화공간인 '멀티플렉스 동네극장 DGV'가 탄생하게 된 것이다.

멀티플렉스 동네극장 DGV

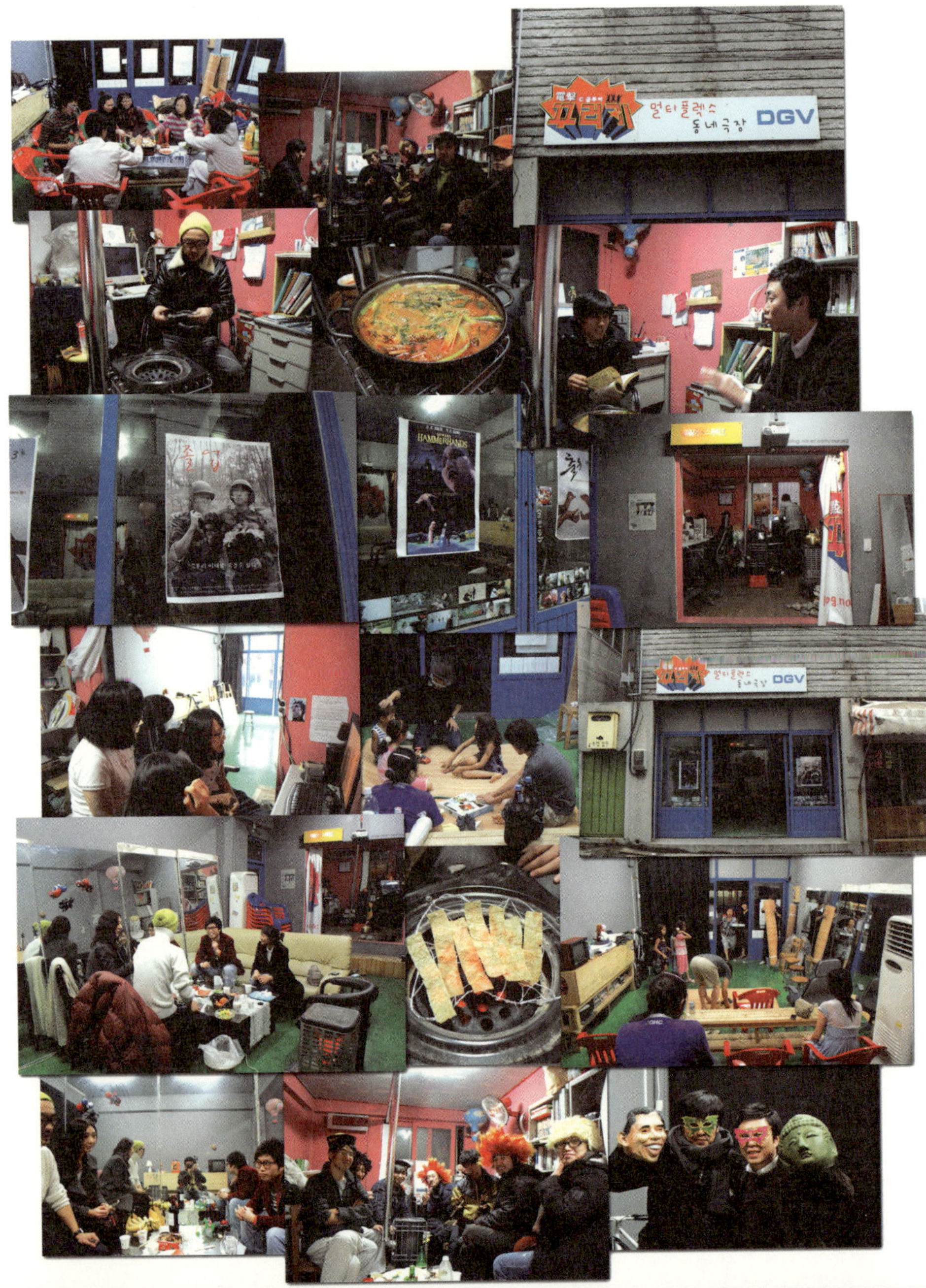

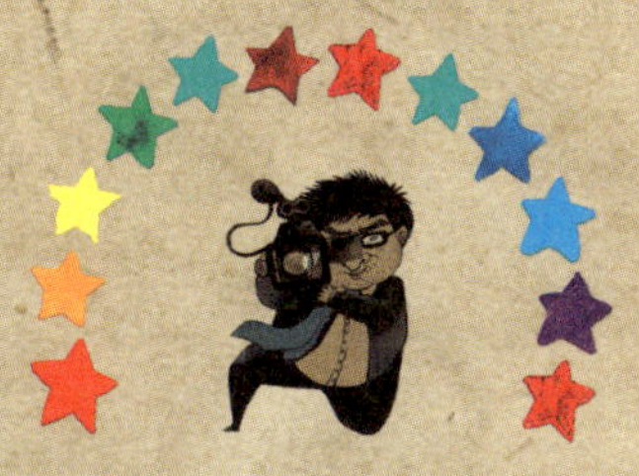

좀더 전문적인 영화를
만들고 싶은 사람들을 위한
선배들의 조언

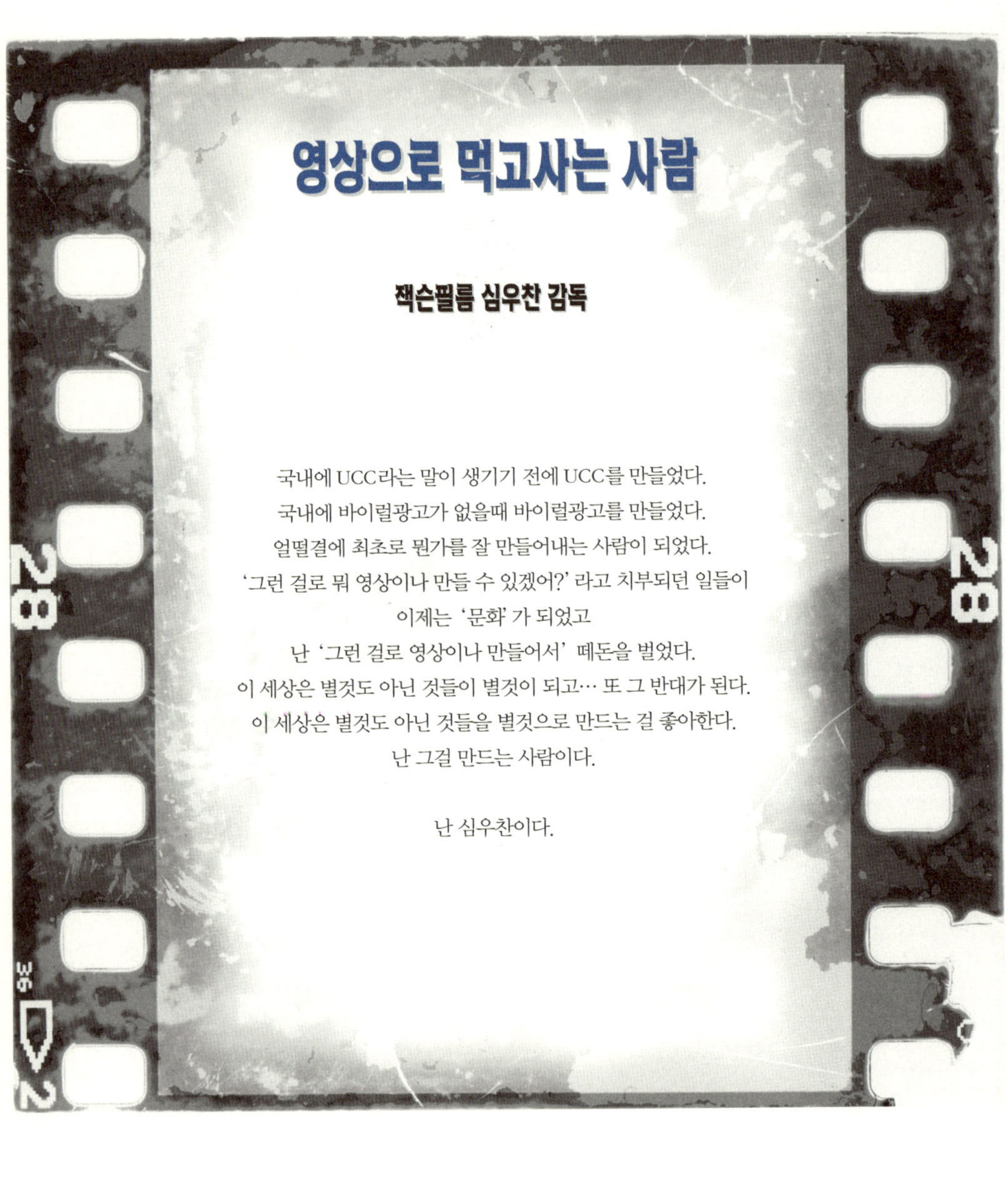

영상으로 먹고사는 사람

잭슨필름 심우찬 감독

국내에 UCC라는 말이 생기기 전에 UCC를 만들었다.
국내에 바이럴광고가 없을때 바이럴광고를 만들었다.
얼떨결에 최초로 뭔가를 잘 만들어내는 사람이 되었다.
'그런 걸로 뭐 영상이나 만들 수 있겠어?' 라고 치부되던 일들이
이제는 '문화' 가 되었고
난 '그런 걸로 영상이나 만들어서' 떼돈을 벌었다.
이 세상은 별것도 아닌 것들이 별것이 되고… 또 그 반대가 된다.
이 세상은 별것도 아닌 것들을 별것으로 만드는 걸 좋아한다.
난 그걸 만드는 사람이다.

난 심우찬이다.

심우찬 잭슨필름 대표를 맡고 있는 심우찬입니다. 예전 개인 홈 페이지의 이름이 잭슨필름이었는데 그 홈페이지에 간단한 영상 작품 과 영상 일기, 모션그래픽 작품을 올렸죠. 그것을 계기로 처음으로 뮤 직비디오를 의뢰받아 모션그래픽 기법을 활용하여 제작을 했습니다. 사실 모션그래픽과 영상 작업은 독학으로 시작했어요. 모션그래픽을 하긴 했지만 좀 재미난 영상을 하고 싶었죠. 그러다가 대학교 때 포트 폴리오를 제출한 것을 계기로 스카웃되면서 본격적인 수입원이 생기 기 시작했습니다. 그때는 바이럴광고를 제작했는데 지금 말하면 UCC 라고 할 수 있겠네요. 여러 군데에서 제작 의뢰가 많이 왔어요. 광고 주들의 의뢰가 상당히 많아서 가장 바빴던 시기였어요. 그러다가 개 인 회사를 만들어야겠다는 생각이 들어서 아무 미련 없이 퇴사를 하 고 잭슨필름을 큰 회사로 만들기로 마음먹었어요. 그로부터 2, 3년을 혼자서 활동하다가 점차 식구들이 늘어나 지금은 크리에이티브 부티 크 형태의 회사가 되었습니다. 그것이 지금의 잭슨필름이죠.

꾸러기 **영상 작업을 시작하게 된 계기는 어떤 것이었나요?**

심우찬 사실 영상에 흥미를 느끼기 시작한 계기는 십대로 거슬러 올라가요. 고등학교 때 뮤직비디오만을 틀어주던 상영관에서 크리스 커닝햄 감독의 〈Aphex Twin – Come to Daddy〉라는 뮤직비디오 를 접하고 엄청난 충격을 받았습니다. 그 편집감이나 특수효과 등에 서요. 그래서 매주 토요일마다 그 상영관을 찾아서 보고 또 봤어요. 아, 저런 걸 만들면 어떨까 하고… 그 영상의 충격을 잊지 못하고 있다가 진로를 결정할 때 고민했죠. 하지만 원래부터 영상을 전공하려고 했던 건 아니었고 디자인을 전공하기 위해 미술학원을 다니고 있던 터라 일단 미대에 입학하게 되면 영상을 해야겠다는 막연한 생각뿐이었습니다. 그런데 학원선생님이 멀티미디어학과에 가면 영상을 할 수 있다고 해서 더욱 영상에 대한 강한 집념이 생겼어요. 그래서 광고멀티미디어학과에 입학을 하고 영상영화학과로 졸업을 했습니다. 본격적인 계기는 성룡의 액션영화 같은 작업을 만드는 게 취미인 어떤 감독의 단편영화를 본 이후입니다. 그분의 SF영화는 대부분 어렵지 않은 CG(컴퓨터그래픽)기법, 예를 들어 기존의 해외영화 이미지를 활용한다든가 하는 식의 아주 고전적이면서도 어떻게 보면 일차원적인 발상으로 생각할 수도 있는 기발한 아이디어였는데 거기에 자극을 받았죠. 어떤 장소에 가서 일단 무작정 촬영부터 하는 것이었어요. 현장에서 시나리오를 즉흥적으로 짜고 촬영을 해버리는 겁니다. 상당히 흥미진진한 작업이었어요. 발상의 전환도 되고… 그걸 만든 후 개인 홈페이지에 올렸더니 반응이 엄청났어요. 소문이 나면서 방송국에서 취재도 오고. TV에서 상영되는 기회를 얻기도 했죠.

꾸러기 잭슨필름의 창작 아이디어는 어디서 나오나요?

심우찬 100퍼센트 내 아이디어는 없는 거 같아요. 다른 영화나 영상에서 영감을 많이 얻는 편인데… 저만의 노하우라면 할리우드 B급 영화의 아이디어를 참고하는 것이었어요. 학창시절 피터 잭슨의 〈고무인간의 최후〉를 굉장히 인상적으로 봤는데 저예산영화 특유의 기발한 아이디어는 정말 대단했어요. 어떻게 하면 저런 영화의 요소들을 내 방식대로 가공할 것인가를 고민한 거죠. 일종의 벤치마킹을 통한 재생산이라고 보면 될 거 같네요.

무엇보다 아이디어를 얻는 좋은 비결은 일단은 다작多作입니다. 가능한 많은 습작을 만들어보는 것이 가장 좋은 것 같아요. 예전부터 동영상 일기를 5년 동안 찍었습니다. 그 결과 내가 하고 싶은 이야기를 어떻게 영상으로 보여줄 것인가에 대한 노하우가 쌓이기 시작했습니다. 현재 많은 창작을 할 수 있는 건 모두 그때의 많은 습작 덕분입니다. 영상의 노하우는 한마디로 '많이 만들어보는 것뿐'이라고 생각합니다.

'JUST DO IT'

꾸러기 빠르게 변하는 현대의 매체환경에 대처하는 방법이 있나요?

심우찬 어찌 보면 저 같은 경우는 그런 매체 환경의 변화로 인해 혜택을 받은 케이스라고 생각해요. 하지만 지금은 그런 변화들이 많은 긴장감을 주기도 합니다. 이제는 누구나 쉽게 영상물이나 그밖의 창작물을 제작할 수 있는 환경이 되었기 때문입니다. 경쟁이 더 심화된 것이죠. 물론 그저 취미 활동이라면 굳이 경쟁심을 가질 필요는 없겠죠. 하지만 영상이 저에게 생업이 된 이상, 지금 자리에서 안주할 수는 없죠. 또 새로운 기술이 등장해 매체 환경이 바뀐다면 그에 맞춰 작업할 필요가 있을 것 같아요. 창의성은 고정된 상태에서 나오는 것이 아니라 변화된 매체 환경을 염두에 두고 감각적으로 반응할 때 쌓이는 것이니까요.

꾸러기 영상 작업을 하면서 번 수입에 만족하는가요?

심우찬 80퍼센트 정도 만족합니다. 작업실이 꾸준히 운영이 되고 잭슨필름 식구들 월급도 밀리지 않고, 또 개인적으로 어느 정도 여유로운 생활을 누리기에 아직 부족함은 없으니까요. 그런데 장기적으로 일을 하지 않고도 연구에 몰두할 수 있을 만큼의 여유가 더 있으면 어떨까 하는 욕심은 있어요. 그러기 위해서 열심히 작업해야죠. 제가 생각할 때 영상이나 디자인은 정말 굶어 죽지 않는 직업군이거든요. 하지만 그런 문제도 자기하기 나름이겠죠. 약간 쓴소리를 하자면 이제 막 영상을 시작한 후배들 중 과반수는 자신의 노력에 비해 욕심만 많은 것 같습니다. 많은 노력을 하고 그 후에 돈에 대한 욕심을 갖는 것이 순서입니다.

꾸러기 다양한 영상 분야 중에서 모션그래픽 작업을 잘하기 위해 갖춰야 할 조건이 따로 있는 건가요?

심우찬 개인적으로 독학을 해서 그런지 저는 모션그래픽학원 교육을 좋아하지 않아요. 학원 출신 친구들이 가져온 포트폴리오는 개인의 창작 포트폴리오가 아닌 학원 스타일의 포트폴리오죠. 오히려 독학을 통해 이것저것 시도하고 산전수전 겪으면서 쌓인 노하우가 있는 사람이 더 훌륭하다고 생각하거든요, 창의력이라든가 순발력이라든가. 항상 강조하지만 다양한 영상 작업을 통해 여러 상황을 경험하고 다작을 해봄으로써 영상에 대한 자기만의 스타일을 스스로 개발하는 게 중요하다고 봐요.

꾸러기 경쟁 업체들이 많아지는데도 꿋꿋하게 굴러가는 잭슨필름만의 차별점이 있다면 알려주세요.

심우찬 상대방(클라이언트)의 기대치에 두 배 이상의 만족을 주는 것이 아마 비결이라면 비결! 어떤 작업이든 퀄러티를 두 배 이상 올려서 아웃풋을 최대치로 끌어내는 거죠. 많은 이윤을 남기고자 하는 욕심을 버리고 작업에 대해 최대한 능력을 쏟아부어 결과물에 대한 신뢰를 쌓는 것이 중요한 거 같아요.

'고객만족 2배' 서비스!

꾸러기 영상 작업을 처음 시작하는 사람들에게 한마디해주신다면?

심우찬 영상이나 영화로 큰돈을 벌어보겠다는 마음으로 시작한다면 꿈 깨라고 말하고 싶습니다. 이쪽 일을 그런 장사꾼 마인드로 접근했다가는 아무것도 할 수 없습니다. 돈을 벌기 위해서는 다른 장사를 하는 게 낫죠. 이 책을 보는 분이라면 대부분 영상에 많은 관심을 갖고 있는 분일 겁니다. 처음 시작할 때의 열정으로 일에 임하다보면 어느 순간 그것이 직업이 되어 있을 것입니다.

만일 직업으로 삼게 되었다면 매일 어제와 다른 오늘이 되도록 노력하셔야 합니다. 어느 정도 위치에 올라섰다고 해서 안주하면 어느 순간 도태됩니다. 항상 여러 가지 영상을 많이 보고 자신의 뇌를 말랑 말랑하게 만드세요. 앞에서도 언급을 했지만 다작을 통해 노하우를 습득하고 많은 시행착오를 경험해보세요.

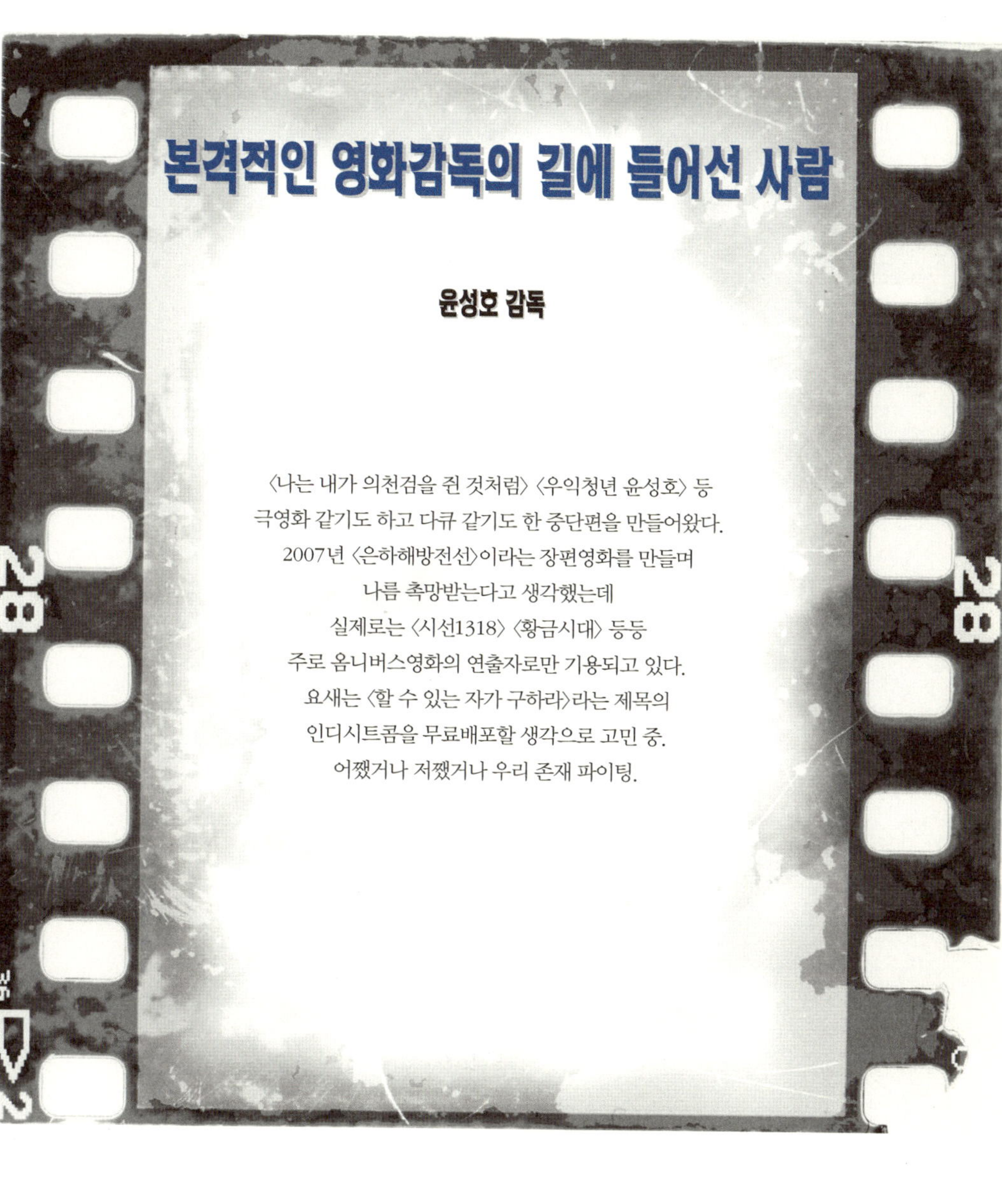

본격적인 영화감독의 길에 들어선 사람

윤성호 감독

〈나는 내가 의천검을 쥔 것처럼〉〈우익청년 윤성호〉 등
극영화 같기도 하고 다큐 같기도 한 중단편을 만들어왔다.
2007년 〈은하해방전선〉이라는 장편영화를 만들며
나름 촉망받는다고 생각했는데
실제로는 〈시선1318〉〈황금시대〉 등등
주로 옴니버스영화의 연출자로만 기용되고 있다.
요새는 〈할 수 있는 자가 구하라〉라는 제목의
인디시트콤을 무료배포할 생각으로 고민 중.
어쨌거나 저쨌거나 우리 존재 파이팅.

윤성호 〈나는 내가 의천검을 쥔 것처럼〉 〈우익청년 윤성호〉 〈이렇게는 계속할 수 없어요〉 〈졸업 영화〉 등등 극영화 같기도 하고 다큐 같기도 한 중단편을 만들어왔습니다. 2007년 〈은하해방전선〉이라는 장편영화를 만들며 나름 촉망받는다고 생각했는데 실제로는 〈시선 1318〉 〈황금시대〉 등등 주로 옴니버스 영화의 연출자로만 기용되고 있어요.

꾸러기 영화를 처음 시작한 것은 언제이고 계기는 무엇이었나요?

윤성호 저는 영화가 아니라 신문방송학을 전공했는데 실제 영상 제작보다는 커뮤니케이션이나 저널리즘 이론을 공부하는 학문이었거든요. 군대 다녀오고 졸업할 때쯤 되어서야 실제 영상을 제작하는 수업을 듣게 되었고, 그때도 연출을 하려는 건 아니었고 막연히 방송국을 가거나 언론매체에서 일해야지 하는 정도의 생각이었는데, 디지털 카메라나 편집기 등이 경량급으로 보급되면서 실제 제작에도 조금씩 관심이 생겼어요.

그렇게 비슷한 관심을 공유하는 친구나 후배 들과, 그래도 졸업 전에 뭔가 기념으로 남기자는 생각에 찍은 단편이 〈삼천포 가는 길〉이었어요. '우리는 왜 여자친구가 없을까' 하는 생각을 극영화 같기도 하고 다큐 같기도 하고 그냥 VJ 인터뷰 같기도 하게 찍어서 편집한 이 작품이 당시 꽤 유명했던 '십만원 비디오 페스티벌' 등등의 영화제에서 호응도 받고 상도 받으면서 영상을 만드는 이력이 시작됐죠. 요즘 같으면 유튜브나 개인 블로그에 올릴 정도의 소소한 작품이지만 그때는 그렇게 온라인으로 가볍게 유통시키기가 더 어려울 때고, 그래도 이왕 만든 거 사람들에게 선뵈고 싶은 생각에 여기저기 영화제에 출품했던 것이 상을 받으면서 인생 진로가 바뀌게 됐죠. 뭐랄까, 인터넷에 글을 올렸다가 신춘문예 당선의 효과를 본 셈이랄까. 신기했죠. 영화니 예술이니 하는 건 저보다 훨씬 끼가 넘치고 특이한 사람들이나 하는 거라고 생각했는데 그런 사람들이 제 단편을 재밌어하고 치켜세워주니까.

그 뒤로도 운이 좋은 게, '이 일을 계속 해야 되나, 말아야 되나' 갸우뚱할 때마다 다음 작품을 만들 동기나 기회를 남들이 계속 제공해줬어요. 시민단체에서 다큐멘터리 제작을 의뢰한다거나, 독립영화 커뮤니티에서 옴니버스 참여 기회를 준다거나 하는 식으로. 장편인 〈은하해방전선〉 역시 상상마당에서 저예산으로 극장용 장편을 만드는 시뮬레이션을 하면서 저한테 먼저 기회를 준 거고, 그 뒤에 만든 〈시선 1318〉이나 〈황금시대〉 역시 국가인권위원회나 전주국제영화제에서 제안을 해서 참여한 기획들이고요.

사실 예전이나 지금이나 저한텐 캠코더나 편집기 등등 기본적인 장비도 없어요. 그런데도 꾸준히 손해를 보지 않으면서 영화를 만드는 작업을 할 수 있었던 건, 작게는 이 마당에 오면서 십시일반 도움을 주고받을 수 있는 고마운 사람들을 만난 덕이 큽니다.

좀더 공적으로는, 저같이 아직 서툴고 검증되지 않은 비전공의 창작자들에게 장비를 빌려주고 제작을 독려하고 상영의 기회를 주는 그런 '공공의 영역', 가령 '미디액트'라든지, 지금은 없어졌지만 '활력연구소' '일주아트하우스' 등이 제공하는 지원 프로그램의 혜택을 많이 받았습니다.

모두가 캠코더를 하나씩 장만하려고 하면 그냥 가전제품회사 매출을 늘려주는 것밖에 안 되는데, 그런 장비를 공공을 위해 구입하고 관리하고 교육시키고 대여해주는 센터 지원 프로그램들은 그냥 보통의 시민들이 자기표현을 하는 데 충분히 도전할 기회를 주거든요. '각자 경쟁으로 행복해지자'가 아니라 '모두 한 번쯤 자기표현을 하면서 행복을 나누자, 모두 함께 재밌어지자' 뭐 그런 거죠. 지금이야 제가 대중영화를 만드는 연출자가 되었으니까 더욱 큰 자본과 전문적인 인력을 제 역량으로 꾸려야 하는 상황이 됐지만, 그전에 저런 공공의 마당을 살뜰히 일궈낸 많은 무명의 독립영화 활동가들의 수고가 없었으면 이런 위치까지 오지도 못했을 겁니다.

꾸러기 시나리오는 주로 어떤 식으로 쓰시는지요?

윤성호 단편만 만들던 시절에는 굳이 시나리오의 필요를 못 느꼈어요. 그리고 그런 서사의 규칙 같은 걸 안 지키는 게 신념이고 스타일이라고 생각했는데, 돌이켜보면 그냥 그때는 그러지 않고도 만들 수가 있었던 것뿐이지요.

물론, 단편영화도 탄탄한 시나리오가 준비되어 있으면 좋겠지만, 저는 즉흥적으로 촬영을 한 후 편집하면서 코멘트를 붙이는 식의 작업을 해왔으니까, 심지어 35mm 필름으로 단편을 만들 때도 그렇게 했는데 지금 생각하면 개성을 살린 점도 있지만 놓친 점도 많았죠.

다만, 지금은 어느 정도 러닝타임이 있는 장편영화를 만들고 그걸 불특정 다수에게 보여주며 반응을 끌어내야 하니까 좋은 시나리오의 필요성을 확실히 절감하죠. 비유하자면, 이제는 '지도'가 필요한 작업을 하게 된 것 같아요. 전에는 지도가 필요 없는 짧고 가벼운 산책을 즐겼던 셈이죠. 지도 없이 걷는 여행도 그 나름의 맛이 있지요.

함께하는 스태프나 이뤄야 할 서사의 규모에 따라 좀더 구체적이고 정확한 지도가 필요한 여행이 있고, 지도 없이 두서넛이서 걸었다 쉬었다 할 수 있는 그런 여행이 따로 있는 것 같아요. 이건 우열의 문제가 아니니까 자기가 생각하는 작품의 성격이나 규모에 맞는 '여행'을 택하고 거기에 따라 지도도 선택하면 되겠죠.

꾸러기 감독님만의 영화 제작 노하우가 궁금합니다.

윤성호 일단 뭔가를 만들려면 하고 싶은 이야기가 있어야겠죠. 정치적인 이슈든, 사소한 일상이든, 가족에 대한 이야기든, 자기가 겪은 사랑 이야기든. 어쨌든 정말 자기가 하고 싶은 이야기를 고민하는 게 중요한 거 같아요. 연애랑 비슷하거든요. '여러 상대가 있는데 왜 꼭 이 사람이랑 연애를 하는지'에 대해서 스스로 확신이 있어야 연애도 재밌게 하죠.

그런데 말은 쉽지만 '하고 싶은 이야기' '담고 싶은 이야기'라는 게 사실 막연하죠. 그래서 저는 무슨 이야기를 할지 못 정하고 있는 자신에 대한 이야기도 영화로 만들고 그랬어요. 정말 '이거 아니면 죽음'이라는 생각이 들 정도의 이야기 소재가 없다면 너무 자신만 들여다보지 말고 그냥 친근하게 생각하는 주변 사람들을 관찰하고 일단 그 사람들 이야기를 담는 것도 괜찮지 않을까 싶어요.

어쨌든, 그렇게 소재와 인물을 정하고 대략의 각본이 나왔다면, 이제 함께할 스태프들을 모으고 설득하고, 배우들을 섭외해야겠죠. 주변의 끼 있는 사람을 연기자로 쓰는 것도 좋지만 평소에 비슷한 견적의 단편영화들을 꾸준히 봐가면서 거기 출연한 배우들을 눈여겨보는 것도 좋아요. 그중 본인의 작품과 맞을 것 같은 배우들의 리스트를 메모해놓았다가 연락하고 설득하는 거죠. 그러면서 동시에 예산을 짜요. 인건비, 진행비, 교통비, 소품비, 장비대여료 등등. 일정에 비례해서 진행비는 늘어나는 거니까 촬영일정도 적정하게 정하구요. 마찬가지로 작업의 규모를 생각하면서 촬영장비도 결정해야죠. 요새는 워낙 촬영기자재의 폭이 넓어져서 다양한 선택을 할 수 있습니다. 장비를 선택할 때는 촬영 작업만이 아니라 나중에 완성작을 어떤 경로로 선보일지에 대한 고민까지 해야 해요. 그러니까 장편 극영화루 극장을 통해 배급할 것이냐, 그냥 DVD로 만들어서 지인들에게 돌릴 것이냐, 온라인 스트리밍 위주냐 등등에 따라 촬영장비의 경중을 조절할 수도 있으니까요.

이어서 영화를 어디서 어떻게 찍을지, 로케이션이나 세트, 콘티 등에 대한 계획을 구체적으로 짜야겠죠. 저 같은 경우, 영상 작업에 입문하고 만든 처음 몇 단편들은 그런 고민을 구체적으로 하지 않고 그냥 거리에 나가서 시선이 닿는 대로 즉흥적으로 촬영을 하곤 했는데 그런 방식이 주는 신선함이나 의외성 등의 장점도 있긴 합니다만,

앞서도 말했다시피, 가벼운 '산책'이 아닌 사람을 여러 명 꾸리고 충분한 드라마를 만들어내야 하는 '여행'이라면 아무래도 확실한 '지도'가 있는 게 낫겠지요.

꾸러기 사운드의 비중은 어떤가요?

윤성호 초보자들이 종종 간과하는 부분이 사운드예요. 사실은 사운드야말로 영화를 감상하는 데 굉장히 큰 변수가 되는데 우리는 그 중요성을 잊곤 하죠. 아니면 그 중요성은 알지만 마땅한 인력이나 장비가 없어서 어쩔 수 없이 포기하는 경우도 있고요. 저도 마찬가지여서, 첫 단편을 만들 때 녹음장비도 없고 전문적인 인력도 없어서 일종의 변칙적인 내레이션을 넣은 적도 있어요. 보이스 오버 내레이션을 카메라에 달린 마이크를 통해 따로 녹음하고 입히면 동시녹음의 열악함을 덮을 수 있지 않을까 해서요. 그리고 내레이션도 프랑스어, 중국어 등 외국어로 하면 따로 자막을 입힐 근거가 생기니까, 그것도 왠지 사운드의 불량함을 잊게 할 장치라고 생각했고요. 물론 지금은 동시녹음만을 전담하는 전문적인 스태프들이 함께하면서 그런 부분은 해결이 됐죠.

다시 말하면, 사운드를 제대로 챙길 환경이 안 될 경우에, 두 가지의 해결책이 있는 거 같아요. 하나는 말 그대로 환경을 개선하는 거죠. 녹음장비도 갖추도록 노력하고 그걸 운용할 스태프도 모으는 거고요. 하지만 영상 제작에 입문하는 단계에서 그런 부분을 다 챙기기 어렵다면, 그걸 상쇄할 만한 새로운 어떤 형식들을 고민하는 방법도,

하나의 창작과정일 수 있습니다. 부족한 부분들을 오히려 가능성으로 만드는 거예요. 좀더 새로운 시도와 방법들을 창의적으로 시도하고, 지금 수준에서 안 되는 것들은 과감히 포기하는 지혜도 필요하다고 생각합니다. 정답은 없는 것 같아요. 다른 비슷한 역량의 친구들이 만든 작품도 봐가면서 그 시점에서 자신만이 생각할 수 있는 수만 가지 방법을 재미나게 실험하고 시도하는 게 중요할 거 같아요. 물론 그런 변칙이 너무 관성이 되면 그것도 재미없죠. 촬영이든 사운드든 장기적으로는 기본을 갖춰가면서 자기의 문법을 챙기는 게 제일 좋겠죠.

편집을 할 때 주의할 점이 있나요?

윤성호 촬영 등의 일정을 마치고 편집을 하잖아요. 이때 혼자의 눈으로만 하지 말고 주변 사람들에게 충분히 모니터링을 받을 것을 권합니다. 혼자서 개성 있는 편집을 하는 것도 의미가 있겠지만 저는 영화를 협동작업으로 생각하는 편이라 모니터링을 많이 받는 편이에요. 좀 독하게 말하는 친구랑 칭찬을 많이 해주는 친구, 이렇게 두 명 또는 두 그룹을 갖추고 열탕과 냉탕을 오가는 것도 괜찮은 방법이더라고요.

대단한 팁이라기보다는, 그냥 일종의 제안 같은 건데, 처음 영상 제작에 뛰어드는 사람일수록 장비나 화질 등 하드웨어적인 면에 고민의 대부분을 할애하는 경우가 있어요. 물론 화질이나 음질, 포맷 따위가 좋으면 좋죠. 영화에서 정말 중요한 부분들이구요. 그런데 본인이 관객인 경우를 생각해보세요. 비싼 카메라로 화려하게 찍은 화면인데 이야기도 상투적이고 연기도 어설픈 작품이랑, 화질은 조금 열악한데 이야기도 재미있고 연기도 뛰어나고 새로운 형식이나 메시지를 선뵈는 작품, 이 둘 중에 어느 걸 선택하겠어요. 좀더 좋은 촬영, 좋은 녹음 등을 항상 고민하되, 지금 각자가 동원할 수 있는 역량의 최우선을 그쪽으로 죄다 집중하진 말라는 거죠. 아, 혹 촬영이나 녹음 등 각 파트의 전문적인 스태프를 꿈꾸는 분이라면 좀 다를 수 있겠습니다.

꾸러기 수입은 어떠신지요?

윤성호 아직까지 작은 독립영화만 만들어온 것 치고 저는 좀 특수한 케이스인데, 제가 '이빨'이 조금 돼요. 그래서 다양한 강의나 원고, 또는 매체에 출연하거나 다른 분의 시나리오를 함께 작업하면서 수입을 얻지요. 솔직히 아직까진 제 영화를 통해 생기는 수입만으로는 생계가 해결이 안 돼서… 다만, 엉뚱한 분야가 아닌 영화와 관련된 일로 돈을 벌 수 있어서 행운이라고 생각해요. 저로서는 행복한 케이스이긴 한데 모든 분들에게 '그러니까 걱정 말고 신나게 영화일에 뛰어들어'라고 할 순 없지요.

꾸러기 멀티미디어 창작 환경과 소통에 대하여 어떻게 보시나요?

윤성호 어쩌면 평생 1인 미디어 식으로 작은 작업을 하고 사람들과 소통하는 것도 이제는 충분히 가능하고 재밌을 거예요. 그런데 저 같은 경우 피할 수 없는 갈림길이 오더라고요. 계속 가볍고 즉흥적인 작업을 할지, 아니면 좀더 긴 서사, 규모가 있는 작업에도 도전을 할지. 물론, 두 가지를 병행할 수도 있지요. 소 잡는 칼, 닭 잡는 칼이 따로 있다고나 할까요. 우열의 문제가 아니라 용도의 차이인데, 장편영화를 여러 명의 스태프와 긴 시간 동안 만들어서 다수의 극장에 개봉시키고 익명의 대중들을 만나는 일은, 소를 잡는 일이니까 소 잡는 칼을 써야겠지요. 그 와중에 틈틈이 '닭 잡는' 일도 하고 싶고요.

개인이 어떤 종류의 작업을 선택하느냐보다 중요한 것은, 현실에서 영상매체라는 게 어떻게 유통되고 소비되느냐의 문제예요. 사실, 만드는 사람들에 의해 유통망이 바뀌는 게 아니라 유통망을 쥐고 있는 힘에 의해서 작은 동영상의 용량이나 포맷, 상영시간이나 조회 수 등이 결정되는 경우가 대부분이죠. 자본주의, 그러니까 돈 놓고 돈 먹는 게임이 세상을 지배하는 상태에서 그 생리를 긍정하진 않더라도 그 생태에 대한 관찰과 고민은 해야 할 텐데, 영상매체의 환경도 마찬가지죠. 따라서 내가 만든 매체물이 어떻게 (무엇을 위해, 어떤 식으로) 유통되는지를 고민하고 규모와 전략을 정해야 돼요.

가령, 극장용 장편을 만드는 것은 내가 모르는 불특정 다수가 입주할 빌딩을 짓는 것과 같아요. 1인 미디어식의 작은 동영상 작업들은 야생에 혼자 또는 둘이서 텐트를 치며 여행 또는 생활을 하는 것에 비유할 수 있겠죠. 이런 두 가지 방식을 딱히 구분하기 힘든 타이밍도 있습니다. 초저예산으로 친구 몇 명이서 디지털 장편을 만들었는데 그게 대량으로 유통되어 히트를 친다든지.

그러나 대체적으로는 규모가 규모를 낳지요. 자기가 할 수 있는 것과 할 수 없는 것을 구분한 후 거기에 맞춰 작전을 짜고 대응하는 것이 유효하다고 생각합니다. 기동성 있게 텐트를 치고 빠져야 맞는 기획인데 빌딩 짓는 마인드로 사람들을 끌고 다니면 그 노숙은 민폐가 될 수도 있겠죠. 반대로, 빌딩을 제대로 설계하고 지어야 되는데 텐트 치듯 왕래하면 그건 더 큰 문제고요. 그래서 창작의 목적과 현재 상황이 어떠하냐에 따라 작업에 대한 고민도 모양을 달리해야 하는 것 같아요. 이건 유통에 대한 고민뿐만 아니라, 예산이나 장비, 인력 구성 등 그 이전의 문제와도 연결이 되는데, 시를 창작하거나 그림을 그리는 것과 달리 영상 작업은 동료를 은근히 많이 필요로 하기 때문이죠.

실은 개인적으로 디지털이나 온라인의 가능성을 너무 맹신하는 환경에 대해선 약간 회의가 있어요. 모든 발전의 이면에는 다른 뭔가를 잃는 과정도 포함되거든요. 유통 환경 자체가 달라지잖아요. 예전에는 어떤 좋은 영화가 만들어졌는데 그 영화의 감동이 서서히 번지는 성격의 것이라면, 좀 늦더라도 그 영화의 가치가 알려졌거든요. 그런데 요새는 한꺼번에 개봉했다가 한꺼번에 내리죠. 따라서 한 번 보고 딱 한마디로 정리되는, 한 문장으로 마케팅할 수 있는 영화가 각광을 받죠. 묘사가 서사를 압도하는 시대인데 그게 미적인 센스가 중요한 문제가 아니라 대량으로 자극적으로 전형적으로 마케팅할 수 있느냐의 문제죠.

영상매체, 그중에서도 디지털매체의 속성은 복제를 무한히 공짜로 할 수 있다는 거예요. 다운로드 이야기를 하려는 게 아니라, 생산자 입장에서도요. 자동차는 한 대 만들어 팔고 다음 소비자를 위해 또 한 대 만들려면 같은 만큼의 재료비와 인건비가 드는데, 영상이나 음악은 한 번 만들면 다음 소비자를 위해서는 그냥 한 번 더 찍어내기만 하면 되죠. 카피비용이 제로에 가까워요. 따라서 대량복제를 해서 대량으로 팔면 팔수록 만드는 사람에겐 이득인데 따라서 '작지만 의미 있는 이야기' '느리지만 결국엔 사람들에게 파고들 작품' 보다는 '나중엔 잊혀지더라도 당장 대량으로 마케팅할 제품' 을 선호하게 되는 거예요. 디지털이고 1인 미디어가 가능하니까 너도 나도 자신의 이야기를 할 수 있겠구나, 이런 게 민주주의구나 하고 좋아하지만 사실 그게 함정인 거죠. 모두를 작가로 만드는 게 아니라 모두를 소비 중독자로 만들 수 있는 게 디지털 환경이기도 한 거죠.

예전에 VJ라는 직업이 각광을 받았던 시기가 있었어요. 1인 제작이 가능해졌으니 각자 자기의 이야기를 마음껏 할 수 있겠구나 생각했는데 지금 보면 방송국의 저임금 계약직 노동자인 셈이거든요. 모두가 '사장님' 이 될 수 있다고 부추김을 받은 후 실은 계속 '투자' 를 하고 '채무' 를 갚으며 무한히 '경쟁' 해야 하는 환경보다는 모두가 자기 일에 의미를 느끼는 '노동자' 가 되어 적당히 먹고 적당히 싸며 그 '권리' 를 누리고 남의 이야기도 꾸준히 듣고 자신의 이야기도 꾸준히 들려줄 수 있는 게 낫지 않을까요.

꾸러기 감독님에게 영화란 무엇인가요?

윤성호 진짜 개인적으로 답하자면 '운동'. 무브먼트movement도 가능하지만 그보다는 엑서사이즈exercise. 그러니까 운동을 안 하고도 살 수는 있지만 꾸준히 해야 더 건강하게 살 수 있는 거잖아요. 개인적으로는 운동 자체가 제 직업이 된 셈이기도 하구요. 더 좋은 선수가 되어야죠.

꾸러기 영화를 처음 하는 분들에게 해주고 싶은 조언 한마디.

윤성호 지금은 영상 촬영이나 편집 등이 특별한 기술이 아닌 그냥 기본기가 된 세상이죠. 앞으로 더 그렇게 될 거고요. 타자 기술이 예전에는 직업적인 능력이었는데 요새는 남녀노소 다 워드를 다루는 것처럼요. 모두가 자판을 잘 두드리는 시대에도 분명 더 좋은 문장과 이야기를 고민하는 작가들은 반짝반짝 존재하거든요. 그런 작가들은 자기만족이나 장기자랑을 위해서가 아니라 '너와 나의 이야기'를 하고 싶어하는 사람들이죠. 게다가 영화를 비롯한 영상 작업은 혼자서 하기 힘든 일이니까 나 아닌 다른 사람들에게 관심을 많이 가집시다. 저도 앞으로 그럴려고요.

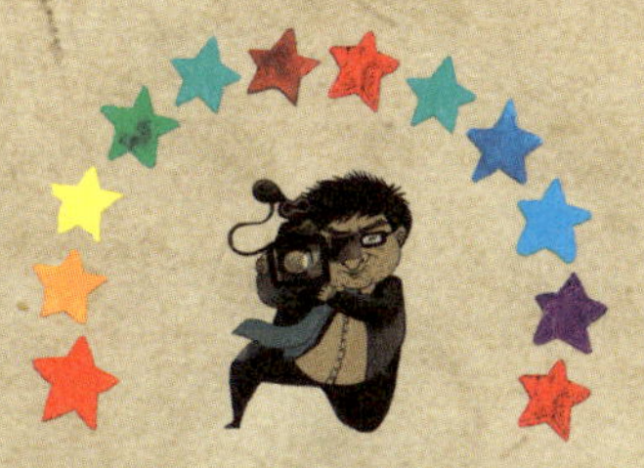

에필로그

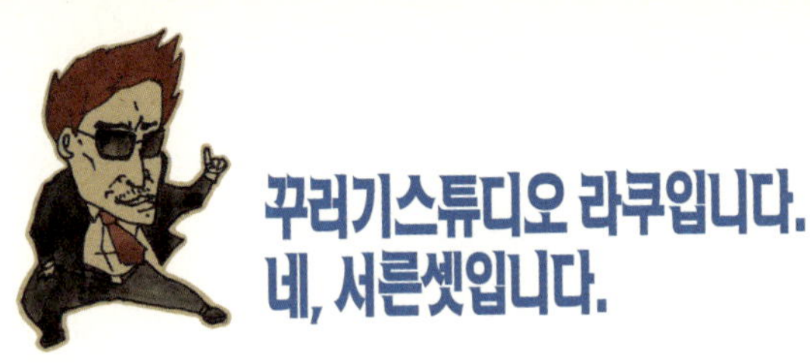

난 내가 생각해도 돈벌이와 같은 경제적 이해관계에 물들 재주를 타고
나지 못했다. 그나마 돈을 벌기 위해 간간히 아르바이트(나의 알바경험
은 나름 풍부한 편이다. 공사장 막노동부터 편의점 알바, 서빙, 트럭 기사 그
리고 군고구마 장사, 연극배우, 벽화 그리기, 방송용 교재 제작보조 등등 직종
과 급여에 상관없이 자리가 있고 시간이 맞으면 알바를 했다)를 하며 대한민
국 사회에서 서른 살이 다 되도록 고정된 직장을 가지지 않고도 죽지
않고 살 수 있다는 것을 깨달았을 정도로만 살아왔다. 그러다 가끔씩
개인 이력서와 포트폴리오와 같은 서류 따위를 공공기관에 제출할 일
이 있을 때 습관적으로 한 가지 항목에 멈칫하게 된다. 바로 직업란.

제출해야 할 서류의 형식이야 크게 다르지 않기에 이름이며 나이,
출신 학교 등등의 항목을 순서대로 써내려감에 있어 망설일 것이 없
는데 직업란에만 가면 한순간 머뭇하게 된다.

　내 나이 서른셋. C급무비를 만드는 꾸러기스튜디오의 일원으로 영상 창작과 연기를 하며 인천에서 공공미술 및 교육활동을 하는 비정규직 노동자다. 그런데 직업란에는 이렇게 장황하게 쓸 공간이 없다. 그래서 그냥 남들이 으레 쓰는 '미술작가' 혹은 '아티스트'라는 호칭을 쓸까 하다가도 그러한 호칭이 주는 닭살스러움 때문에 이내 맘을 고쳐먹는다. 즉각 '정확히 하시는 일이 어느 업종이죠? 직책이 뭐예요?' 등등의 질문이 되돌아온다. 나의 정확한 현재 직업은 비정규적으로 공공기관이나 지역문화재단에서 공적 지원금을 받아 공공미술 프로젝트나 영상 창작 및 교육 활동을 진행하며 벌이를 하는 생계형 비정규직 문화예술 노동자라고 하면 적절할 듯하다.

　하지만 이런 내 삶을 후회하거나 불안하게 여겨본 적은 거의 없다. 오히려 지금까지 이렇게 나의 위치를 정해왔다는 것이 다행이라면 다행. 돈 많이 벌어 성공하는 고정된 삶보다는 세상에 대해 계속 질문하고 공상하고 모험하며 나만의 영역을 지속적으로 확대, 재생산해내는 삶이 뭐랄까 좀더 의미 있지 않을까 하고 생각했다.

　이렇다보니 세상 하나뿐인 둘째 아들 녀석에 대한 부모님의 푸념 섞인 잔소리와 애정 진한 걱정은 늘 가실 날이 없다. 봉급생활을 하며 남들처럼 안정적인 앞날을 대비하고 있는 것도 아니고 결혼에 대해 진지하게 생각하고 있지도 않은 둘째 아들을 부모님과 형제들이 보기엔 늘 불안하고 걱정스러운 존재일 것이다. 하지만 어찌 하겠는가. 내가 살아가면서 세상에 대해 배우고 느끼고 깨달은 바를 토대로 내 삶의 철학이 이렇게 형성된 것을(죄송합니다. 둘째아들은 이렇게 그냥 살고 싶습니다)…

삼십대, 난 영화가 재밌다.

심형래 감독의 〈우뢰매〉에 열광하며 초능력 인간의 초인적 힘에 매료되었던 어린 시절이 있었고 이소룡과 성룡의 맨몸뚱이 쿵푸 허슬과 홍콩 누아르영화를 거쳐 패러디무비와 엽기적 저질 코미디의 정수를 뿜어대며 마니아층을 형성시킨 주성치의 오락물을 섭렵했던 성장기가 있었으며, 스펙터클 판타스틱 비주얼 블록버스터 SF 호러 액션, 3D, 4D까지 그 위세를 떨치는 헐리우드 영화를 대형 멀티플렉스를 통해 자주 보는 지금까지…

　그런데 왜 우리는 2시간 남짓한 시간 속에서 영화 속 주인공이 되지 못한 채 객석에만 앉아 있어야 하지? 이러한 영화들은 어디까지나 영화라는 전문 영역 안에 있는 사람들, 즉 특정한 소수에 의해 생산되고 유통되기 때문이다.

　관객의 입장이 아닌 영화를 만드는 감독, 배우의 입장이 한번만 되어보라. 영화 감상의 재미를 넘어 좀더 폭넓고 다양한 재미를 경험하게 된다. 영화를 좋아하는 사람들(꼭 마니아가 아니더라도)은 대개 가슴 속에 나름의 베스트 목록을 지니고 있다. 고전 영화부터 장르영화까지. 개인의 취향이나 특별한 사연과 추억을 통해 생성된 이러한 목록을 내가 직접 패러디하고 주변 상황에 맞게 재해석해보라. 카메라를 들고 내가 좋아하고 감동받았던 장면들을 연출해보라.

　　일상의 풍경들, 오고가는 사람들, 출퇴근하면서 보는 무수히 많은 사물과 장소 들이 영화의 배경으로 환생하며 평소에는 잘 보이지 않던 사소한 세계의 문이 열리기 시작한다. 매일 보던 일몰의 강변이나 계절의 변화에 따라 옷을 갈아입는 공원의 식물, 그밖에 거리의 크고 작은 움직임들이 뭔가 새로운 감정들로 재발견되는 것을 느낄 때 영화는 더 이상 보는 대상이 아닌 세상을 바라보는 내 안의 또 다른 '눈'을 뜨게 하는 매개다. 거기에 상상력을 더해보라. 고물을 실은 리어카를 거뜬히 끌고 가는 할아버지는 엄청난 무공의 은둔 고수로 보이고, 전화박스에서 전화도 안 하고 마냥 서 있기만 하는 양복쟁이는 슈퍼맨이 된다. 전철 맞은편에 앉아 있는 남자가 들고 있는 노트는 사람들의 수명이 적힌 살생부일지도 모르며, 약국에서 준 두통약을 먹으면 기계인간들이 이 세상을 지배하고 있다는 것을 깨달을지도 모르고, 화장실 문을 열고 나오면 또 다른 차원이 펼쳐질지도 모른다. 영화에서만 '봐' 왔던 상황과 장면 들을 내가 지금 살고 있는 현실세계로 소환시킬 수 있는 재미가 바로 영화 창작에 있는 것이다.

어때 '완존' 재밌겠지?

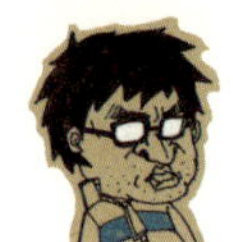# 서른, 신나게 놀 수 있는 나이

서른이 되면 하고 싶은 것이 많았다. 아니 할 수 있는 것이 많아질 거라고 생각했다. 미숙했던 생각이며, 텅 빈 호주머니로 결기만 가득 찬 이십대가 아니라 감칠맛 나는 김치처럼 적당히 익은 노련함과 두둑한 지갑을 빽 삼아 세상에 대해 거칠 것이 없을 줄 알았디.

그런데 가슴이 먹먹해지는 까닭은 뭘까. 나도 서른이 되는데, 학교를 졸업하고 처음 발디딘 사회의 물맛은 그리 달지도, 그렇다고 짜지도 않았다.

영화를 만들다가, 궁여지책으로 들어간 곳이 다시 학교였다. 예전에는 학생이었지만, 이번에는 선생이었다. 궁여지책이라 비정규직 교사이긴 했지만, 그렇다고 선생으로서 사명감이 없는 건 아니었다. 그곳에서 아이들을 만나고, 풀죽은 시금치 같은 그러나 풋풋한 아이들에게 가닿으면 금세 생기를 되찾게 해주는 시원한 물방울 같은 존재가 되고 싶었다.

　학교에서의 생활은 내게 안정적인 수입과 함께 보람도 느끼게 해주었다. 넥타이를 질끈 맨 선생님들의 고리타분한 생각이 때로 부담스럽지 않고 인간적으로 느껴질 때도 있었다. 나도 그들처럼 적당한 수입과 보람을 느끼면서 남은 인생을 별 걱정 없이 해로하고 싶다는 생각이 들기도 했으니까. 처음 들어간 사회생활은 그래서 치명적인 유혹이자, 헤어날 수 없는 수렁이었다.

　그런데 뭘까. 하고 싶은 일이 있었다는 것은. 그것은 뱀의 혀처럼 날름날름 시도때도 없이 불쑥 삼십대로 접어드는 마음에 균열을 일으켰다. 영화를 만들다가 학교에 들어가니 슬금슬금 장난기가 발동했다. '선생질'을 하면서 다시 영화를 만들어보기로 한 것이다.

　내가 몸담고 있는 공간이 학교였으니, 학교영화를 만들면 되었다. 아이들은 하늘이 내려준 배우였다. 생기발랄한 아이들의 에너지는 딱딱한 학교가 가둘 수 있는 그런 것이 아니었다. 아이들의 생기와 학교라는 공간은 지루하게 살지 말라는 신의 계시였던 셈이다.

　그런 아이들을 데리고 영화를 만들기 시작했다. 수업시간에 할 수 없는 일이어서, 방과 후에, 쉬는 휴일에 아이들과 함께 지지고 볶으면서 영화 한 편을 완성했다. 물론 영화제에 출품도 했고, 상도 받았다.

　상을 받고 기뻐하는 아이들의 얼굴을 들여다보면서, 나도 생기를 되찾았다. 그리고 나서 새삼 알게 되었다. 사회생활이 나의 풋풋한 생기를 가두지는 못한다고…

　졸업한 내 친구들은 하나둘씩 직장을 잡고 군대에서 그랬던 것처럼 열심히 ‘삥이’를 치면서 건실한 직장인으로 살아가고 있다. 같이 영화를 만들던 친구도, 함께 축구를 하던 친구도 만날 시간조차 없이 가끔 주고받는 문자질로 안부나 전하면서.

쉽게 만나기 힘든 친구들이지만 만나면 내 생활을 얘기해주고 싶었다. 나 학교생활 ‘졸라’ 재밌었다고. 너도 영화를 한번 만들어보라고… 한 번만, 단 한 편만 만들어보면 사는 게 달라진다고 말해주고 싶었다. 왜 우리들은 직장에, 사회에 끌려다녀야만 하는지, 상사 눈치나 보면서 주말도 없이 일해야 하는지… 같이 얘기해보고 싶었다.

그런데 잘 생각해보면 세상에 틈이 없는 건 아니었다. 우리 마음에 틈이 없었던 것인지도 모른다. 짬나는 휴일에 우리는 당구를 치고, PC방에 가서 게임을 하고, 밤새 술을 마셨던 것 같다. 뭔가 생산적인 활동을 해본 적이 없는 것이다. 취미는 게임, 당구, 독서였지만 그 어느 것도 사는 데 활력을 주지는 않았다. 무엇보다도 감동이 없었던 게다. 감동할 수 있는 나만의 비기를 알려주고 싶었다. 영화 만들기…

무언가를 시작해서 완성한다는 것은 말처럼 쉽지만은 않다. 더구나 영화 만들기라면 장비부터, 상영까지 쉽게 엄두가 나지 않을지도 모른다. 그런 친구들에게 들려주고 싶은 이야기가 목울대를 차고 넘쳐 결국 책까지 쓰게 만들었다. 한 편의 영화가 인생을 얼마나 풍요롭게 만드는지 알려준 셈이니, 이 책을 읽는 친구들은 내게 단단히 한턱 쏴야 한다.

같은 시대를 살아가는 또 다른 친구들, 어쩌면 선후배들에게도 똑같이 한턱 대접받고 싶다. 한번 해보라… 저질러보고 죽자. 딱 그만큼만 인생이 의미가 있다면 그걸로 족한 거 아닌가…

자신만의 영화를 만든 사람은, 남들이 말하는 '영화 같은 삶'을 직접 살아가고 있는 사람이다.

2010년 6월, 영화감독 백승기

서른 살에 처음 시작하는
영화 만들기

© 백승기 2010

| 1판 1쇄 | 2010년 6월 15일 |
| 1판 2쇄 | 2014년 8월 11일 |

지은이	백승기
삽화	조혜원
도움 주신 분	라쿠

펴낸이	김정순
책임편집	박상경
디자인	심신영
마케팅	김보미 임정진 전선경

| 펴낸곳 | (주)북하우스 퍼블리셔스 |
| 출판등록 | 1997년 9월 23일 제406-2003-055호 |

주소	121-840 서울시 마포구 양화로 12길 24(서교동 선진빌딩) 6층
전자우편	editor@bookhouse.co.kr
홈페이지	www.bookhouse.co.kr
전화번호	02-3144-3123
팩스	02-3144-3121

ISBN 978-89-5605-458-2 10680

이 도서의 국립중앙도서관 출판도서목록(CIP)은 e-CIP 홈페이지(http://www.nl.go.kr/cip.php)에서
이용하실 수 있습니다. (CIP제어번호 : CIP2010001735)